论共和国

[古罗马]西塞罗 著
李 寅 译

译林出版社

图书在版编目（CIP）数据

论共和国 /（古罗马）西塞罗著；李寅译. —南京：译林出版社，2023.9

ISBN 978-7-5447-9649-1

Ⅰ.①论… Ⅱ.①西… ②李… Ⅲ.①国家理论 Ⅳ.①D03

中国国家版本馆 CIP 数据核字（2023）第 061265 号

论共和国 [古罗马] 西塞罗 / 著 李 寅 / 译

责任编辑 张 露
责任印制 董 虎

出版发行 译林出版社
地　　址 南京市湖南路 1 号 A 楼
邮　　箱 yilin@yilin.com
网　　址 www.yilin.com
市场热线 025-86633278
排　　版 南京展望文化发展有限公司
印　　刷 江苏凤凰扬州鑫华印刷有限公司
开　　本 880 毫米 ×1240 毫米 1/32
印　　张 8.375
版　　次 2023 年 9 月第 1 版
印　　次 2023 年 9 月第 1 次印刷
书　　号 ISBN 978-7-5447-9649-1
定　　价 66.00 元

目　录

导读:西塞罗的《论共和国》与《论法律》

薛　军*

在绝大多数标准的西方政治思想史教科书中,欧洲古典时代(主要是指古希腊与古罗马)关于政体、法律问题的讨论,是以希腊思想,尤其以柏拉图—亚里士多德的学说为核心来展开的。虽然西塞罗撰写了《论共和国》、《论法律》这两部具有深远影响的著作,但大多数思想史著作认为他是一个缺乏原创性的、希腊思想的浅薄涉猎者,是一个把希腊思想传输到罗马的"搬运工"。这方面的典型例子就是混合政体思想。西塞罗的《论共和国》中对此的确有所涉猎,但被认为是对希腊历史学家波利比乌斯思想的照搬,而且他甚至没有能够说清楚代表了混合政体各个组成部分的究竟是何种罗马制度,因此受到塔西佗的奚落(赞誉混合政体要比实现这一政体容易得多)。

果真如此吗?坊间大多数"思想史"著作,在论述思想史上重要人物的时候,在有限的篇幅中所能做的,无非就是蜻蜓点水般地谈谈其生平,引用其著作中几段通常会被引用的话,然后顺手为其贴上一个现成的标签了事。一个有血有肉的人,就这样被制作成一个干枯的标本,陈列在思想史的橱窗中。要真正进入到一个思想者的思维脉络中,就必须抛开这些思想史的标签,去认真阅读著作本身,只有

---

* 北京大学法学院教授。

这样才能对其思想获得真切的体会。

欧洲古典时代流传下来两本论共和国的著作。一本是柏拉图的"*Politeia*"。这本书在汉语译本中被翻译为《理想国》。译名采取意译方法,不能说非常准确,严格按照字面来翻译的话,应该翻译为《政制》(或《王制》)。西塞罗将其翻译为拉丁语"*Res publica*"(共和国),这同样是一种创造性很强的意译,但产生了深刻的历史影响,成为后世欧洲现代语言中的标准表述方法。西塞罗自己也写了一本《论共和国》。由于西塞罗的书与柏拉图的书,至少在拉丁语的表述上,是同名的,因此引得历代学者试图将二者进行对比。对比的结果似乎也在某种程度上坐实了西塞罗是个希腊模仿者的说法。

但不能仅仅因为二者具有相同的标题、相同的题材以及在某些方面类似的本文结构,就忽视了二者的重要差别。事实上,只有对二者的差别有足够的重视,才能够真正理解西塞罗思想的脉络和其卓越不凡的贡献。这种贡献,即使面对柏拉图这样震古铄今的思想大家,也毫不逊色。我们知道,从人生阅历看,虽然有过几次不成功的从政尝试,柏拉图基本上是一个纯粹的思想者,而西塞罗本人则具有非常丰富的政治实践经验,担任过罗马共和国时期的最高官职——执政官,做出过涉及罗马城邦生死存亡的重大事件的决策。在担任执政官期间,他果断镇压喀提林阴谋,挽救罗马共和国于危亡。一个具有这样丰富的政治阅历的人,对于政治体制的思考,不可能与纯粹的思想家完全相同。正是在这一点上,西塞罗表现出与柏拉图的根本差别。

对西塞罗来说,讨论理论问题,进行抽象的哲学思辨,本身不是目的;只有将思考所获得的成果在实践中加以运用,才是最终目的。正是基于强烈的现实精神,西塞罗不止一次地在讨论国家政体的方法论问题上,对柏拉图所代表的希腊传统表现出批判的态度。在《论共和国》(1.36)中,西塞罗借西庇阿之口直接表明了自己对希腊学理传统的不满，他强调指出，自己关于政体的思想主要来源于实践，而不是基于先验原则的抽象思辨。对希腊政治哲学，西塞罗保持着谨慎的距离，虽然他对希腊思想非常熟谙，但他并没有毫无保留地将其接纳为一种绝对真理。

西塞罗的方法论意识，其实是把自己关于政体的思考，放置在一个与希腊有联系但也存在区别的学理传统之中。这一传统是一种强调实践理性、尊重历史的现实主义的知识传统。与之相对的是则是一种乌托邦的知识传统。乌托邦传统不依托于具体的历史经验，而是以虚构为主要手段。西塞罗在解释他为什么必须从罗马人的历史起源的角度来讨论政体问题时，将二者的区别解释得非常清楚："我会回到罗马人民的'源流'……向你们阐述我们国家如何诞生、发展、崛起，最终变得如此稳定和强大。这样做，比起像柏拉图作品中的苏格拉底那样去描述某个想象出来的社会，对于实现我的目标要容易多了。"（《论共和国》，2.3）

西塞罗对乌托邦式的思维所包含的缺陷有着清醒的认识。根据先验的原则推演出来的政体形态，虽然看上去很美，但是缺乏现实性。而西塞罗认为，现实性是检验知识的品质的最根本依据。一个美好但却与人们的生活和习俗不符合的国家构想，只可能是一种乌托邦。但西塞罗对乌托邦思想的价值并不完全否认，而是站在一个更高的理论层次，合理地承认其理论层面上的价值。柏拉图的政体理论，是理念、形式意义上的，是逻辑推理的构造物。而西塞罗试图要做的，则是贯通逻辑与历史两条线索，探讨"现实的世界"与"可能的世界"。

正是因为西塞罗考察和分析的是"现实的世界"，因此在柏拉图的"理想型"政体类型的分析框架之下，现实的政体类型就不可能不具有某种程度的"混合"政体的特征。现代的研究者总是强调西塞罗的"混合政体"思想与希腊的混合政体思想的类似，却忽略了西塞罗的混合政体思想所赖以建立的知识原则，在根本上不同于希腊人的传统。在希腊人那里仍然是基于思辨的逻辑推演而出现的混合政体思想，在西塞罗这里，已经演变为对一个现实的、历史上真实存在过的政体之特征的描述。

西塞罗的确在《论共和国》之中阐述了混合政体思想。但是在这种阐述中，已经将来自希腊的思想，赋予了自己独特的思考。西塞罗意义上的“国家”(res publica)有着严格的内涵：**“共和国就是公众的财产。但是所谓公众，并非指任何一种形式的人类聚集，而是指通过法律许可和共同利益而结合到一起的群体聚居的形式。”**(《论共和国》，1.39)

西塞罗的这个关于共和国的著名定义，在很大程度上超越了希腊人关于政制问题的一般性的分析：个体作为政治共同体平等一员的身份，以及人民作为政体形态分析的基础，被严格地规定下来。在这个前提之下，西塞罗开始分析政体问题，区分了三种政体形态(《论共和国》，1.42)，即君主制、贵族制和民主制。在分析了三种政体存在的弊端之后，西塞罗论述了混合政体的优越性(《论共和国》，1.69)。西塞罗的论述与波利比乌斯的混合政体思想存在密切联系，这一点当然不能否认。但如果把这一论述放在西塞罗政体理论的宏观背景中，就可以发现，混合政体学说，充其量不过是西塞罗在论述何为最优政体的时候，对政体理论一般性的、导言性质的论述。而他所考虑的中心，仍然是现实的、历史中的政体，这就是罗马人的政制。正是基于这样的考虑，西塞罗在论述了混合政体理论之后，基本上不再停留在抽象的层面上，而是回到他一贯的历史考察的思路之中：

从第二卷开始，西塞罗开始讨论罗马政制的产生和发展过程。关于罗马政制的产生和发展，西塞罗借助于加图之口所说的一段话(《论共和国》，2.2)特别值得关注：**“……从来没有出现过什么天才，厉害到可以确信不会忽略任何事情；从来没有在某个特定时期出现**

过一群精明能干的人，具有足够的远见考虑任何事情；这必须经过相当长一段历史的实际经验的积累。”（《论共和国》，2.2）

西塞罗的这段话，表明他在思想类型上更加接近于英国的埃德蒙·柏克那样的历史主义，认为优良政体的产生基于不同世代的知识累积而获得的进化，而非某个人的理性建构。① 关于罗马政体的产生，西塞罗提到（《论共和国》，2.30），罗马政体的产生是一个历史的过程，是一个从不完美到完善的逐步演进的过程。这是一个类似于生物生长那样的自然过程，具有一种类似于目的论那样的发展和进化的方向、线路。针对希腊世界中广泛传播的类似于莱克格斯、梭伦之类的“伟大立法者”，通过自己的立法为一个城邦生活奠定基本的政制秩序，西塞罗反复强调的是：“我们国家的政体不是一人或一时之功。”（《论共和国》，2，37）

西塞罗关于政体的论述是否因此而纯粹属于一种描述意义上的，而非规范意义上的优良政体学说？他的著作究竟是对罗马人的政制实践的一种阐释，还是关于优良政体的规定性内涵的讨论？西塞罗注意到了这一问题。他在《论共和国》第二卷快结束之时（2.64），对此专门给出了说明。西塞罗强调的是，运用纯粹的想象进行政体的讨论，所获得的知识的可靠性，不如依托于具体历史经验的讨论而获得的知识的可靠性。对此他以罗马的最后一个国王塔克文的暴政为例进行了说明（《论共和国》，2.51）。西塞罗试图为思辨性的希腊思想增加实践性的、历史性的因素。这是一种可贵的知识论上的努力，但就是这种努力，却被后来人不公正地评价为将希腊的思想调和得适合于罗马人的口味。真不知这样的说法从何而来?!

与其政体思想类似，西塞罗的法学思想也往往受到简单的标签

① ［英］柏克：《法国革命论》，何兆武、许振洲、彭刚译，商务印书馆1998年版，第116页。

式的解读。在《论法律》一书中,西塞罗的确表达了具有浓厚的自然法学特质的思想。他在这方面最典型的论述就是主张从自然中寻找法的根源(《论法律》,1.20),并且认为法律是植根于自然的最高理性(《论法律》,1.18)。但西塞罗所倡导的自然法观念,主要的目的并非提出一套规范性的自然法律令与戒条,以此作为实在法的指导,而是主要服务于他对某种形态的实证主义法律观念的批判。

西塞罗在一方面强调人类所具有的理性是来自上帝的馈赠(《论法律》,1,22),另外一方面又对人类是否能够恰当地运用这种理性来立法表示怀疑。“最最愚蠢的是,有人相信一个特定国家的制度或者法律所规定的一切都是公正的。”(《论法律》,1.42)“如果法律通过各族人民的指令、政客们的条规和法官们的裁决而得以生效,那么人们去抢劫、通奸、伪造遗嘱便都可能成为公正的行为,只要这些行为经过人们的投票或者裁决结果得到批准。”(《论法律》,1.43)。在这些论述中,西塞罗把自然与人的意见相对,把自然与人的决议相对,他并没有指出自然究竟是什么,而是对人类在某时某地是否有足够的智慧来制定合适的法律表示出强烈的怀疑。事实上,各民族曾经通过许多危险的、有害的决定,这些决定甚至都不应该被称为法律(《论法律》,2.13)。

西塞罗的自然法观念呈现出强烈的非建构性的特征,这与他在《论共和国》中所表达出来的思想倾向非常类似。尊重自然的观念,在他的法律思想中发挥的主要作用在提醒人民注意其自身的理智的局限性,因而在认识、制定、运用法律的活动中保持足够的审慎和克制。西塞罗认为,“法律不是人类智慧思考出来的,也不是人们通过的什么决议,而是一种通过其指令与禁令的智慧统管整个宇宙的永恒力量”(《论法律》,2.8)。

既然如此,自然在何处显现,并对现实中的立法者发挥指引作用呢?西塞罗在这个问题上的论述显示出强烈的罗马人特征,并且与柏拉图的乌托邦思想传统区别开来。当他开始论述其心目中的理想类型的法律时,他所描绘的法律的图景,基本上就是罗马人的习俗。他借对话者之口承认了这一点:“这一套宗教法律规定和努马法典以及我们国家的风俗习惯并没有什么区别。”(《论法律》,2.23)

西塞罗明确承认其自然法思想中的习俗主义的色彩,并且多次予以强调。自然法在他看来,就体现为与先辈的习俗相吻合的那些规章制度。正是这些习俗,构成了当下的立法者所必须要面对并且予以尊重的智识背景。在《论法律》一书中,尤其是在后半部,西塞罗对于先辈习俗的重要性的强调俯拾皆是(2.23; 2.26; 2.27)。对于先辈习俗为何要如此尊奉? 西塞罗甚至给出了这样的一个解释:“‘要保留他们家族和祖先的仪式’:也就是说,保留可以说是由神传承下来的宗教,因为回溯时间愈往前,离神就愈近。”(《论法律》,2.27)在后面的论述中,他干脆把在祭祀方面遵循祖辈习俗,说成是来自阿波罗的神谕(《论法律》,2.40)。

不仅是在宗教法方面,西塞罗把理想型的法(与自然吻合的法)基本上等同于罗马人的习俗,在官职法方面,也同样如此。以至于对话者在听完他的蓝图之后,马上指出,这差不多就是罗马人逐渐建立起来的制度。西塞罗对此明确承认:“因为我们国家的政体被我们的祖先确定了最明智、最完善的形式,我觉得我们的法律体系中几乎没什么要改动。”(《论法律》,3.12)

细读西塞罗的《论法律》,不难发现,他的思路与《论共和国》中的思路具有内在一致性。虽然他讨论的话题与柏拉图等希腊哲人相同,但他的问题意识,切入问题的方法,以及解决问题的思路却表现出典型的罗马人的特征。西塞罗对哲人的抽象的思辨似乎并不那么放心。柏拉图所代表的知识论传统,在这个务实的罗马人看来,总有些不可靠。相比之下,他更加相信历史,相信世世代代累积下来的先辈的经验,以及作为这种经验的体现的先辈习俗。如果说西塞罗的法律思想是一种自然法思想,那么他绝对不是在倡导一种理性主义的、建构性的、思辨性的自然法思想。恰恰相反,他的思想中的"自然法",并没有什么超验色彩,而是一种强调尊重历史传统、尊重先人习俗,因此带有浓厚的保守主义色彩的自然法观念。

从偏重纯粹的思辨性质的推理,到在思辨的推理中加入历史的、实证的因素,以历史的具体经验来验证、评价抽象的推理,这应该看作是知识研究上的重要进步。关于政体的考察,由希腊而罗马,应该是从抽象而具象的发展。当我们讨论古典时代的政体学说时,往往重视希腊而忽视罗马。但正如西塞罗的思想所启发我们的那样,最好的、最实际的分析,应该是针对某一个具体的、历史上的政体的实例的分析。在这一方面,我认为罗马的价值应该引起我们的高度重视,其原因西塞罗已经说得很清楚。罗马政体运作的实际历史经验值得认真研究和借鉴。而且,就具体制度构架而言,罗马对后世欧洲政制的影响远远超越了希腊。罗马人的政治成就,到现在也被认为是西方政治史上的一个典范。

如果把柏拉图比作一个仰望星空的思想家,相比之下,西塞罗是一个脚踏实地的政治家。柏拉图是政治乌托邦思想传统的开创者,西塞罗则开启了现实主义的传统。有人说,柏拉图之后的哲学无非是对其思想的展开。但西塞罗之后的西方政法思想传统难道不是他的现实主义的隐秘传人?

年　　表

（公元前）

753 年	传说中罗马建立的日期
509 年	塔奎尼乌斯被逐
494—440 年	阶级斗争（贵族和平民家族）
450 年	《十二铜表法》颁布（最早的罗马法典，由十人委员会制定）。
340—264 年	罗马在意大利扩张
264—241 年	第一次布匿战争
218—202 年	第二次布匿战争
202 年	西庇阿在北非的扎马打败汉尼拔
197—133 年	西班牙行动
185 年	西庇阿·阿米利阿努斯出生
167 年	希腊历史学家波利比乌斯被带入罗马
155 年	怀疑论者卡尼德斯来到罗马
149—146 年	第三次布匿战争
146 年	迦太基被西庇阿·阿米利阿努斯洗劫
144 年	斯多葛派帕尼提乌斯来到罗马

133 年	提比略·格拉古任保民官,去世
	西庇阿·阿米利阿努斯在西班牙占领努曼提亚
129 年	西庇阿·阿米利阿努斯去世
123—122 年	盖尤斯·格拉古任保民官,去世
106 年	马略在北非打败朱古达西塞罗出生
102—101 年	马略打败条顿人和辛布里人
98—91 年	罗马与其意大利盟国之间的战争
87 年	西塞罗在罗马随怀疑论者拉里萨的斐洛学习
82—80 年	苏拉独裁
78 年	西塞罗在雅典随阿什凯隆的安条克学习哲学
63 年	西塞罗任执政官;粉碎喀提林叛乱
61 年	克劳狄乌斯的审判和无罪释放
60 年	所谓庞培、恺撒和克拉苏斯的"第一次三头统治"
58 年	西塞罗被流放
57 年	西塞罗回国
54—52 年	西塞罗写《论共和国》
53 年	西塞罗成为占卜师
52—51 年	西塞罗写《论法律》
51—50 年	西塞罗任西里西亚总督
49 年	恺撒渡过卢比肯河,内战开始
47—44 年	恺撒独裁
45 年	西塞罗的主要哲学著作写出
44 年	西塞罗发表《反腓力辞》抨击安东尼
43 年	西塞罗被安东尼派人杀害

论共和国

卷　一①

1—12. 人应该参与政治

［原稿开篇缺17页。西塞罗在其前言中间部分开始批评伊壁鸠鲁学派缺少爱国精神。］

（如果没有这种爱国的责任心，某人）就不可能使（我们的祖国） 1
免受侵略之苦；盖尤斯·杜伊利乌斯、奥鲁斯·阿提利乌斯和卢西乌斯·梅特卢斯不可能使我们的祖国免受迦太基人的恐吓；两位西庇阿②也不可能用自己的鲜血压制住第二次布匿战争战火的蔓延；后

① 卷一：前言缺失部分至少应提到本作品所题献的对象，大概是西塞罗的兄弟昆图斯，并且明确所论述主题，其中无疑还会提到西塞罗自己在写作此书时的立场（《论演说家》的前言可用作比较）。

尽量避开公众生活的出世态度，主要是伊壁鸠鲁学派的观点，尽管这有限制条件（见下文1.10），事实上罗马统治阶级中的很多成员，都将伊壁鸠鲁学派的哲学观与积极向上的政治生涯结合了起来。在我们正文开始的地方，西塞罗从罗马爱国者们的功绩中引申出一个常见的论点，这种类型的论点他在不同哲学作品中也经常用到（《奇谈怪论》1.12，《图斯库兰讨论集》1.39，《老加图》75）。

② 两位西庇阿：指格涅乌斯和普布利乌斯，后者是大西庇阿·阿非利加努斯的父亲。

来，当这场战争再一次更加猛烈地爆发时，昆图斯·马西穆斯不可能使之气力耗尽；马库斯·梅特卢斯也不可能彻底将其击垮；普布利乌斯·阿非利加努斯①也不可能将其从这座城市的门口拖回，并且将其控制在敌人的城墙之内。

或者看看马库斯·加图②，一个没有执政官祖先的无名之辈，一个我们这些从事同一事业者尊为一种楷模的人，一个指引我们坚定不移、品德高尚的人。他本来完全可以在图斯库伦③——一个离市镇很近的适合休养的地方安享退休后的生活。可是这个疯子，正如那些人称呼他的，在完全没有任何强制需求驱使的情况下，选择了在耄耋之年去与狂风骇浪进行斗争，而不是去尽情享受他们所赞美的那种安宁舒适的生活。更不用说那些在和平年代和战争时期挽救了这个国家的数不胜数的个人；我也不想提那些距离我们这一代人记忆并不遥远的名字，因为我不希望任何人抱怨说他或他的某个家庭成员被遗漏掉了。我只想陈述这个基本事实：上天已经赋予人们这样一种行善的冲动，和保护集体利益的欲望，这种力量超过了任何欢娱和安逸的诱惑。

2 然而如果你不去实践它，仅仅拥有高尚的道德④，如同一种技能

---

① 普布利乌斯·阿非利加努斯：指大西庇阿。

② 马库斯·加图：指老加图，西塞罗对其有着特别的崇敬之情，将其视为如同自己一样的“新人”；参比《论共和国》2.1。加图一生在政治上都很活跃，直到公元前149年以85岁高龄去世。他的政治生涯可谓跌宕起伏；据说他经历了44场诉讼而不败。

③ 图斯库伦：即现今的弗拉斯卡蒂。这一拉丁社区于公元前323年被赐予罗马公民身份；参比《论法律》2.5。

④ 高尚的道德：西塞罗此处提到了在古代伦理学上讨论颇多的一个问题；柏拉图的对话中苏格拉底就经常在道德和实际技能或知识分支（例如医药或木工知识）之间进行类比，斯多葛学派继承了苏格拉底关于美德也是一种知识的观点，认为真正智慧并且有德之士擅长于一切，包括政治学，不管他是否真正实践了这些知识。西塞罗此处坚持一种常识性（和逍遥学派的）观点，即只有实际展示出美德，某人才能够被称为道德高尚。

一样，是不够的。你可以拥有某种技能，只需知道**如何**去实践，即使你从未真正试过；然而高尚的道德却完全是需要实践的。而且，它最重要的实践领域就是在国家的管理中[1]，是在我们的朋友们躲在隐蔽角落里呱噪不休的那些方面取得的成就中（是真正的，而不仅仅是语言上的）。因为哲学家们阐述过的东西——至少那些正确且光荣的东西，无一不是由国家法律的制定者们形成和确立的。虔诚从何而来？谁为我们制定了宗教仪式？法律源自何处，不管是国家法律还是我们的民法？公正、诚信和公平交易又从何而来？或者正派、克制、对耻辱的害怕、对歌颂和美誉的追求呢？或者在磨难和危境中的坚强意志呢？是从那些已经获得这些价值的人，他们把已经通过教育形成的价值，要么纳入到传统之中去，要么制定到法律规定之中。
事实上，色诺克拉底，最杰出的哲学家之一，当被问及他的学生们从 3
他那里都学到了什么时，据说他是这样回答的："学到了完全自觉地去做法律所要求的事情。"所以，那些通过官方权威和法律要求强迫每个人去做只有少数人能被哲学演讲劝导去做的事情的政治家[2]，必须优先于在这种事情上只谈理论的教师们。到底为什么哲学演讲能够如此杰出，使其应该凌驾于一个秩序井然的国家的公共法律和风俗习惯之上？对我而言，我认为恩尼乌斯所谓的"伟大的居高临下的城市"要优于小村庄和乡野之地；同样地，我也认为，那些利用自己的谋略和权威治理这些城市的管理者们，就智慧本身而言[3]，要比那些对公共事务毫无经验的人高很多。我们受着要增加人类财富的强烈

① 它最重要的……管理中：参比《论共和国》6.13（在西庇阿之梦中）。

② 政治家：拉丁文为 civis，字面含义是"公民"，但西塞罗在使用这个词的时候，总是设想出一个社区的领袖成员，由其负责社区的管理；参比 1.45"一个伟大公民"和词组 optimus civis（最佳公民），rector rei publicae（统治者、政治家）。

③ 就智慧本身而言：sapientia（智慧）一词经常用来指代哲学，而不带其他限制条件，但也经常指代实践智慧和常识。西塞罗此处两种含义都有。

欲望的驱使;我们热烈地期望能够利用我们的政策和努力,让人们的生活更安全、更富足;我们受着本能的驱使,去实现这个目标。因此,就让我们沿着那条一直被精英们所遵循的道路前进,不理会那撤退的号角,这号角声只是努力要将那些已经前进了的人们拉回来。

4 针对那些众所周知的、已被确定的原则,我们的反对者们首先提出了一些困难,这些困难在保卫国家的过程中是必须要经受的——在任何警惕而且勤勉的人看来肯定不过是个不足道的障碍而已,一个需要藐视对待的障碍,不仅在如此重大的问题上,而且甚至在不那么重要的事情上,例如在个人的追求或社会责任或者甚至个人的日常职业中,都要藐视对待。同时,他们还指出公共生活的危险,利用可鄙的对死亡的恐惧来阻止勇敢的人们——而那些勇敢的人往往认为,如果能有机会献出自己终将重返自然的生命,当作献给国家最高的礼物,与之相比,在风烛残年中自然老去就可怜得多。

在这个问题上,我们的对手们滔滔不绝,能言善辩(他们自认
5 为),历数那些杰出人士遭受的磨难和受到忘恩负义的民众的不公正
对待。他们引用人们熟悉的希腊例证——米太亚德,波斯人的征服
者和驯服者,在那场辉煌胜利中奋勇杀敌时所受的伤痊愈前,如何在
自己同胞们设置的镣锁下断送了他在敌人猛烈攻击中存活下来的生
命;地米斯托克利,被自己解放的国家所驱逐、威胁警告,又是如何在
他曾经打败过的异国他乡,而不是在他曾经挽救过的希腊找到避身
之所的。是的,没错,雅典对待她最卓杰的志士们的反复无常和残忍
可以一遍一遍地描绘出来。然而,我们被告知,在那里起源并且滋长
的恶习也已经蔓延到了我们这个冷静、负责的国度。人们听说过卡
6 米拉斯被放逐[①]、阿哈拉遭受不公正待遇、纳西卡受憎恨、拉伊纳斯被

① 卡米拉斯被放逐……:前两个例子属于早期罗马历史;其他都属于格拉古时代以来的动荡时期。提比略·格拉古是被纳斯卡杀死的:参比6.8。

放逐、欧皮米乌斯被判罪、梅特卢斯被流放、盖尤斯·马略令人震惊地被残忍推翻、其主要支持者们被杀害①，以及紧接而来的大开杀戒的故事。如今他们也经常提到我的名字；他们谈论我的问题时甚至更加动情和亲切，因为(我觉得)他们认为由于我的政策和我冒的危险，他们才得以继续自己宁静的生活。

然而我觉得很难说清当那些人漂洋过海去学习、观察时，为什么……[此处缺1页，大意似为：他们认为**我们**应该被更加重要的事业中类似的危险所阻止。然而，如果他们相信旅行的危险可以通过已经获得的知识证明值得，那么为什么**我们的**危险却不能通过获得 7
的利益证明值得呢？]……在我辞去执政官职务时，我在公众大会上发誓，声明我的行为曾拯救了这个国家②；并且罗马人民也宣告了同样的誓言。(哪怕我被放逐而从未被召回，)对于我所遭受的所有不公引起的焦虑和忧伤来说，那也将会给我足够的补偿。其实，我的不幸带来的收获多于痛苦，荣耀多于烦恼；自己被好人惦记时感到的那种欣慰，要远远超过自己从小人得志中受到的痛苦。但是，正如我说的，如果一切结果相反，我又有什么理由抱怨呢？我付出无比的努力，并未看到任何一点令人惊讶的、任何一点比预料的更加心痛的结果。因为从我自少年时代就涉猎的那些研究中发现的种种乐趣，我可能会从和平中收获到比其他任何人更多的回报。或者如果某些更

---

① 其主要支持者们被杀害：在 C. Mari clades 之后的文本中似乎缺失了部分内容。我们设想此处西塞罗仅仅是在谈论马略一家被苏拉屠杀一事。根据 Appian 的 *Bella Civilia* 1.71 以下，很显然马略是个得到什么就付出什么的人，但西塞罗对其同胞十分忠诚。关于类似的上下文(也许跟重构此处文本有关)参见《论演说家》3.2.8。

② 我的行为曾拯救了这个国家：公元前63年末西塞罗终止担任执政官时想发表一次演讲，但被保民官美特鲁斯·纳波斯阻止了；因此他只是惯例性地进行了宣誓，其中加入了自己曾经“拯救了这个国家”这样的话(指他摧毁了喀提林阴谋叛乱一事)。显然公众，或者当时在场的公众，都赞同他的说法。参比《致友人书》5.2.7(致美特鲁斯·纳波斯的兄弟美特鲁斯·塞勒的信)，《斥皮索》6。

加可怕的灾难降临到所有人头上，我可能会痛苦，也不是什么特殊的痛苦，而是和所有其他人一样的痛苦。然而，作为我这样的人，我会毫不犹豫地直面狂野的风暴和肆虐的雷霆，来保护我的同胞，并且冒
8 着我自己的生命危险，去为其他人争取和平与安定。因为我们的国家并非无条件地赋予我们生命与成长，而不期望，在一定程度上，从我们身上获得一定的回报[①]；它也不是仅仅为我们提供便利，为我们提供一处庇护所让我们享受安逸，为我们提供一块宁静的地方供我们消遣。不，它保留着权利，占用我们忠诚、才能和智慧中最大、最多的部分为它所用，只给我们留下它所需求之外多余的部分供我们自己所用。

9 而且，我们的确不应哪怕是片刻地接受那些借口[②]，那些他们希望不太有良心负担就可以享受到平静生活而往往采用的借口——比如，他们说大多数政治家都百无一用，说耻于与之为伍，而与之争论则让人生厌、充满危险，尤其是当其煽动群众的时候。所以，他们说，聪明人是不会去夺取统治权的，因为他无法阻止群众疯狂的、失控的冲撞；同样，自由者与腐败的、不开化的敌人斗争也不会得到任何好处，遭受无耻手段的猛烈攻击，屈服于智者所不能容的暴行——似乎除了决意不向恶人低头，在他们自己即使有心都无力避免的情形下竭力不让国家被那些人四分五裂之外，那些正直、勇敢、高尚之士参与政治还能有什么更充分的理由。

10 同样地，当他们拒绝智者参与政治时，我试问一下，谁又会对他

---

① 回报：通常是儿女们欠其父母的，在没有老年人的养老金的情况下。这一形象最早见埃斯库罗斯《七将攻忒拜》477；参比吕西亚2.70，柏拉图《理想国》520b。

② 借口：在《论义务》1.71中，西塞罗思考更加深刻，承认两类人没必要参加政治：(a)健康情况不确定者（他大概是指他自己的父亲那一类人，参比《论法律》2.3），和(b)"潜心学识的优秀学士"；但在其他的情况下，他也重申过此处提出的观点。

们的限制条件①感到满意呢——“除非某段危机时刻迫其如此”？似乎任何人都能比我面临更大的危机。如果我不是执政官，我那时会做些什么呢？如果我没有自少年时代起就沿着这条可以使一个像我一样有着贵族出身的人走向最高阶层的道路走下去，那么我又如何能够当上执政官呢？所以说在无论什么样的危险面前拯救国家的机会，不是突然降临的，也不是随心而来的，而是仅仅当你处在一个允许你去这样做的位置时产生的。关于这点，我发现在知识分子的作 11
品中的描述更加惊人：他们假称自己无法在风平浪静的海面上驾船掌舵，因为他们从未被教授过、也从未关注过要获取这些知识；然而他们又声称，当惊涛骇浪来得最猛烈之时，他们一定会接过船舵！那些绅士们公开承认，而且事实上也引以自豪这样一个事实，那就是他们从未学过、也从不教授关于如何建立或者维持一个政府的知识；他们认为这些领域的专长并不适合博学、通晓哲学的人，应该留给在这种事情上有实践经验的人。许诺只有在迫于危机不得已而为之的情况下才去帮助政府，而他们连更加简单的任务都干不了，也就是说在**没有**面临危机逼迫时都管理不了政府，那又有什么意义呢？即使贤达之士确实并非自愿屈尊去学治国之术，不过在迫不得已的时候也不会逃避这个责任，我依然认为他忽视政治学这门艺术是大错特错；他应该随身掌握一切知识，因为不知道何时会要用到。

我已经用了一定的篇幅来阐述这些观点，因为在这本书里我打 12
算就国家进行一下讨论。为了防止这个讨论看起来毫无用处，我从一开始就已经抛掉了人们关于进入公共生活的顾虑。不过，如果任何读者被哲学家的权威性忽悠得摇摆不定，那么他们应该专心一会

① 限制条件：这是伊壁鸠鲁学派的观点。西塞罗对此观点的反驳旗帜鲜明，本段所表达的观点，对于此论点后面部分十分重要的，便是政治是一项事业或职业，其中包括了特别的技能、培训和经验。

儿，听听在最高知识分子圈中享有最大权威和声誉的人[①]的意见。即使那些人本身从未真正治理过国家，但我依然认为他们服务过国家，因为他们对此仔细研究过，大量地写过一些东西。事实上，我注意到，那些被希腊人称作“希腊七贤”[②]的人在几乎所有情况下都在政治生涯中起到过关键作用。的确，比起创建新国家和维持[③]已经建立的国家，再没有任何职业能把人类的卓杰拉得距离神的力量更近。

13—32. 开篇，引至天文学及其与政治学关系的话题

13　因为我时运相济[④]，在政府管理上取得了一些值得一提的成就，而且也有一定的能力来阐述政治原理，不仅仅是源于经验，而且也是通过我对学习和教授权威经典的满腔热忱（对此我并非不合格，而对于多数人而言却非如此）[⑤]；因为我的一些前辈们已经在理论研究上成果颇丰，而在实践中的成就却微乎其微；而另一些前辈，有着可信的实践经验，却缺乏分析技巧。我所要阐述的并非新颖或者原创。我想回顾一场发生在一群人之间的讨论，这些人在特定的时期都曾是我们国人之中最贤达、最杰出之士。我们还年轻的时候，普布利乌

① 享有最大权威和声誉的人：指柏拉图和亚里士多德。

② 希腊七贤：一般人们认为七人包括：泰勒斯、皮塔科斯、毕亚斯、梭伦、克留勃拉、勃吕安德和契罗（尽管还有很多其他版本）。泰勒斯是其中唯一未成为政治领袖的人，也是唯一至今被视为一名哲学家的人。

③ 维持：这正回应了西塞罗自己关于“拯救了”这个国家的说法。

④ 因为我时运相济：参比《论法律》3.14。

⑤ （对此我并非不合格……）：此处文本中明显有遗失；根据 Keyes 的观点，完善文本意义所需要加入的内容应在 auctores 之前。

斯·卢提利乌斯·鲁弗斯曾将这场讨论的内容告诉你我①,那时我们和他一起在士麦那度过了几天时光。我想,其中没有遗漏掉任何对于分析这整个问题②起关键作用的内容。

还是在图狄塔努斯和阿奎利乌斯担任执政官的时期③。普布利 14
乌斯·阿非利加努斯,保卢斯之子,打算在自己的庄园度过拉丁节日④,他最要好的朋友们也都答应期间会来探望他几次。头天一大早,他的侄子昆图斯·杜贝罗就第一个到了。西庇阿见到他很高兴,亲切地和他打招呼。"杜贝罗!"他说道,"你怎么来得这么早? 这个假期一定给了你一个很好的机会,让你博览群书。"

杜贝罗:我的书随时都可看,因为它们才不忙呢。倒是能看到你在这里放松,尤其是在这个国家还是一片混乱的时候,真是幸甚至哉。

西庇阿:啊,没错。你看到我确实是在放松,不过我可以告诉你,更多的是身体上的放松,而不是头脑的放松。

杜贝罗:嗯,你也需要让头脑放松一下。我们好些人都希望能和

---

① 告诉你我:西塞罗很可能是在跟他的兄弟昆图斯说话。所谓的鲁提里·鲁弗斯关于对话的报告是显而易见但貌似合理的虚构。鲁提里曾是西庇阿及其圈子交往的人;从公元前92年到公元前77年去世,他都在小亚细亚流放,公元前78—前77年西塞罗兄弟在参观希腊和东方国家时曾经到那里拜访过他(参见布鲁图斯83)。鲁提里可算作他那个时代的历史学家,毫无疑问,西塞罗从他的写作和谈话中都学习过。

② 整个问题:在 Ziegler 版中原文是 ad rationem omnium <harum> rerum。

③ 图狄塔努斯和阿奎利乌斯担任执政官的时期:即公元前129年,西庇阿·埃米利亚努斯去世的那年。

④ 拉丁节日(Feriae Latinae)是为纪念罗马和拉丁人之间的联盟,传统意义上标志着战事季节的开始;所有的行政官都离开罗马,和其他拉丁国家的领导者们一起到阿尔班山上祭献。西庇阿和他的朋友们那时候还不是行政官,因此可以只是将那个节日当作假日。这是一个"可变动的节日",日子是由执政官们就任时确定的。在共和国早期,节日定在春季,但自从公元前153年以后,执政官年的开始就改成和1月1日民间日历年的开始一致了(参见《论法律》2.54注释;参见 Michels 97—99),拉丁节日显然也就往前挪了;在这个对话中,还依然是在冬季(1.18),尽管天气很好。

你一起按照计划好好利用一下这个假期——当然，如果方便的话。

西庇阿：我肯定是欢迎之至。至少这能给我们创造一个机会，让我们回想起智力活动来。

杜贝罗：好啊，既然某种意义上你邀请了我，而且鼓励我来参与，那么阿非利加努斯，我们能否在其他人来之前先讨论这个问题呢？在元老院报告的第二个太阳[①]是怎么回事？很多行事审慎的人都称他们看到了两个太阳；那么我们就不应该否定他们，而应该去寻找一个解释。

西庇阿：我真的希望我们的朋友帕奈提乌斯也在这里，他对于那些天体问题总是非常谨慎，就像对待其他任何事情一样。不过杜贝

---

① 第二个太阳：西塞罗在《论神性》2.14 中也提到了这个征兆，没有任何理由怀疑关于这一征兆的报告是否来自历史记载；类似的现象多次被提到过，例如西塞罗《论占卜》1.97，李维 28.11.3，41.21.13，普林尼《自然史》2.99。在《论神性》的文章中，这一征兆被认为预示了西庇阿·埃米利安努斯的死亡；如果当时人们通常都是这么解释的话，那么让西庇阿和他的朋友们带着如此理性的自信在此进行讨论，就具有戏剧性的讽刺意味了。这种现象其实是广为人知的一种自然现象，既没有必要认为这一征兆仅仅是一种虚构或幻觉，也没有必要援引文学上的先例，如同在欧里庇得斯《酒神的女祭司们》918 中描述的彭修斯痛苦的经历一样。太阳的影像可能出现在天空不同的部位，是因为大气层中冰晶体上的光线反射和/或折射而造成的。这种现象中最常见的便是假日（parhelion）或幻日，通常是出现在太阳本身的一边；也可能会出现两个，一边一个。假日一般都要比真太阳小的多，也弱的多；它们并非圆形，一般呈泪珠形状，窄小的一端指向背离太阳的一边；因为光线的折射，它们呈现出彩虹般的色彩。假日的出现可能会被人当成第二个太阳，但一个更有可能被人误会的是反假日（anthelion），一般出现在和太阳同一纬度处，但在天空中和太阳的位置是相对的。这种现象不常看到，但据描述其外表和太阳的大小、形状、颜色都一样，只是光线要弱很多。它并没有任何色彩，人们认为其仅仅是反射现象，而不存在折射。（事实上反假日出现在太阳的对立面，也会提升它作为政治对立象征的地位。）古代科学家们对这些现象十分熟悉。亚里士多德《天象论》3.2.6.372a 中进行了简单的解释；塞内加《自然的研究》1.11.2—3 将人们报告的两个或三个太阳现象视为征兆，将其解释为幻日，其形成原因他基本上都解释对了；另参见普林尼《自然史》2.99。关于现代气象学研究解释，参见格迪斯 326—331。我们非常感谢泰恩河畔的纽卡斯尔大学化学系的戴维·琼斯博士提供了这一问题的相关信息。

罗,我还是会坦率地告诉你我的看法。关于那种事,我并不完全同意我们那个朋友的观点。他对一些我们只能去猜测其性质的现象如此信誓旦旦,你会以为他的确亲眼看到了或者牢牢地抓住了它们。我一直觉得苏格拉底更加智慧,他从不去关注这一类的问题,认为关于自然宇宙的问题要么太大,无法理解,要么和人类生活无关。

杜贝罗:我不知道,阿非利加努斯,为什么一直都传说苏格拉底 16
将这一类的思考排除在外,把自己局限在对日常道德行为的研究中。关于他,我们能引用的权威肯定高不过柏拉图,对吧?然而在柏拉图的书中,苏格拉底在很多篇章中的谈话里都或多或少地暗示着:甚至是在他谈论行为、道德价值和政治问题时,他依然热衷于把算术、几何和音乐理论纳入进来,就如毕达哥拉斯一样。

西庇阿:你说得没错,杜贝罗。不过我想你应该听说过,在苏格拉底去世之时,柏拉图首先去了埃及进行学术巡游,接着去了意大利和西西里,想要完全掌握毕达哥拉斯的发现。他在塔伦图姆和阿尔希塔斯、在洛可里斯和蒂迈欧都度过了很长时间,而且能够使用菲洛劳斯的笔记。由于毕达哥拉斯当时在那些中心区享有盛誉,柏拉图[①]把精力投入到研究其追随者和其兴趣之上。于是,由于他对苏格拉底的兴趣要远远高于对其他人,而且希望将一切成果归于他的身上,因而将苏格拉底的魅力和语言的敏锐与毕达哥拉斯的深奥及其对众多领域知识的重要贡献综合到了一起。

西庇阿刚说完这些话,正好看到卢西乌斯·福利乌斯·菲卢斯 17
突然出现在门口。他向他亲切地表示了欢迎,挽着他的胳膊,示意他

---

① 柏拉图:此处的文字提供了古代证明中最为清楚的片段之一,证明柏拉图的对话"苏格拉底"表达的观点和历史上苏格拉底的观点之间的关系——或者至少表明了在西塞罗所处时期人们是如何看待的。关于记载中的柏拉图的旅程,参见 Riginos;埃及旅行的证据被认为是可疑的,尽管意大利的旅行一般被视为是符合史实的。

坐到自己的沙发上。普布利乌斯·卢提利乌斯这时也走了进来,这人正是向我们讲述这场谈话的人物。他一并表示了欢迎,并且请他坐到了杜贝罗旁边的座位上。

菲卢斯:在谈些什么?我们在你们正在谈话的时候进来,希望没有打断你们。

西庇阿:当然没有。刚才杜贝罗提出了一个问题,正是你经常很想思考的问题。我们的朋友卢提利乌斯有时也会和我讨论这些东西,即便是在努曼提亚①的城墙下也是如此。

菲卢斯:那么,如果我可以问一句,讨论的是什么问题呢?

西庇阿:就是那两个太阳的问题。我想听听你的高见,菲卢斯。

18 西庇阿刚说完,一个仆人进来告诉他莱伊利乌斯②已经出了家门,正在赶来的路上。他连忙穿好衣服,穿上鞋子,走出了卧室。在门廊里来来回回踱了几分钟后,莱伊利乌斯就已经到了,还带了几个同伴,他们是斯普利乌斯·姆米乌斯(很要好的朋友),还有莱伊利乌斯的两个养子,盖尤斯·法尼乌斯和昆图斯·斯凯沃拉,两位都是受过良好教育的年轻人,不过也都长大了,足可以担任财务官了③。在欢迎大家后,他转身进了门廊,让莱伊利乌斯走在中间。因为在两个好朋友之间有这么一个规矩,那就是在战场上,莱伊利乌斯必须尊阿非利加努斯为神,因为他享有无比的战神美誉,而在平时,西庇阿得尊莱伊利乌斯为父,因为他年长一些。他们转了两个弯,简短谈了几句,西庇阿对大家的到来表示了衷心的高兴后,决定让他们坐在草坪

---

① 努曼提亚:这个西班牙的堡垒公元前 133 年被西庇阿所攻破,从而使西班牙国内的战争得以停止。

② 莱伊利乌斯:关于西庇阿和莱伊利乌斯的友谊,参见 Powell(1)9。

③ 足可以担任财务官了:关于法尼乌斯和斯凯沃拉,参见《莱伊利乌斯》3,Powell(1)77—78。

上阳光最好的地方，因为此时已是冬季。大家正要入座，这时玛尼乌斯·马尼利乌斯进来了，他是法学界的权威，被所有人当作是让人开心的朋友。在接受了西庇阿和大家的欢迎后，他坐到了莱伊利乌斯的旁边。

菲卢斯：既然大家都来了，我想也没有必要再换一个话题了；我 19
们为何不就这个问题思考得更透彻一些，说一些让他们感到中听的呢？

莱伊利乌斯：请告诉我们一下，你们刚才在谈什么呢？我们打断了你们的什么话题？

菲卢斯：西庇阿刚才问我，关于天上出现两个太阳被大家当成事实接受的问题，我有什么看法。

莱伊利乌斯：真的吗，菲卢斯？是不是我们对于与家国相关的一切问题的研究都已经完成了，因为我们现在开始考虑天上的事情了？

菲卢斯：难道你不认为，了解房子里所发生、发展的事情和我们的家园是息息相关的吗？——我不是指我们用墙围起来的这所房子，而是众神赐予我们、让我们将其作为居留地和祖国来与他们一起共享的这整个宇宙[①]。如果我们对这些问题一无所知，那么我们对于很多重要问题也终将一无所知。我自己，是的，甚至还有你，莱伊利乌斯，以及所有渴求智慧的人，都会乐于去了解、思考这个宇宙世界。

莱伊利乌斯：这个我不反对，尤其是现在是假期。不过我们能否 20
听听高见，还是我们已经来晚了？

菲卢斯：讨论还没开始呢。所以，正好还是一张干干净净的白纸，我很高兴把这个问题抛给你，莱伊利乌斯，请说说你是怎么看待

---

① 整个宇宙：关于整个宇宙就是我们的家园这一观点源自于斯多葛学派；参比《论法律》1.23，《论目的》3.64，《论神性》2.154，塞内加《论闲暇》4.1。

这个问题的。

莱伊利乌斯：不不，还是你先说，除非也许马尼利乌斯认为两个太阳间应该制定一些法令[①]，让它们按照以前各自掌管这个天空的时候一样，现在来共同掌管这个天空。

马尼利乌斯：莱伊利乌斯，你总是喜欢拿自己擅长的职业来逗乐子，而没了这职业，就没人知道什么是他自己的，什么是别人的了。我们会在适当的时候谈到这个的；现在还是来听听菲卢斯的高见吧。我看到已经有人向他请教比普布利乌斯和我研究的还要重要的问题了。

21 菲卢斯：我没有什么新鲜东西要告诉大家；没有任何自己的研究成果或者发现。我记得这个看见的现象被报告出来时，盖尤斯·苏尔皮休斯·伽卢斯[②]（一位十分博学的人，你知道的）碰巧和他以前当执政官时的同事马库斯·马塞卢斯在一起。他让人把天体仪拿出来——那个天体仪是马库斯·马塞卢斯的祖父攻占希拉丘斯时，从那个富饶美丽的城市拿来的，虽然此公没再从一大堆战利品中挑选任何其他物品运回来。由于阿基米德的鼎鼎大名，我以前也经常听

---

① 一些法令：马尼利乌斯是一位著名律师，这篇文字（就像西塞罗的很多其他文字一样）非常幽默地利用了精确的罗马法律术语。此处提到的法令是现状占有令状（interdictum uti possidetis），是土地所有权争议案例中使用的程序中的第一个步骤。罗马诉讼法规定，其中一方必须是真正拥有，另一方则需提起诉讼；取证责任归诉讼提起人。因此首先就必须确定哪一方真正拥有。司法官所颁布的禁令禁止任何一方在初步事实认定过程中不得侵犯另一方的所有权。参见盖尤斯 4.160；查士丁尼《法学总论》4.15.4；《法典》43.17.1；乔罗威茨 273—274。

② 盖尤斯·苏尔皮休斯·伽卢斯：此人对于天文学的兴趣在西塞罗的《老加图》50 中也提到过。他使用地球仪的演示事实上和双日现象并没有太大关系，只不过建立了这样一个原则，那就是天体现象一般来说是能够合理解释的。

说过这个天体仪[①];不过我亲眼看到它时印象倒不是太深。因为还有
一个,也是阿基米德做的,被马塞卢斯放到了德义神庙[②]里,比这个更
加精美,也更为人所知。不过当伽卢斯开始对这个仪器进行十分专 22
业的讲解时,我得出这么一个结论,那就是那位著名的西西里岛人要
比任何以包容并蓄见长的人拥有更多的天才。

根据伽卢斯的说法,那第二个天体仪[③]里面是实心的,是古代的发明;它一开始被米利都的泰勒斯放到车床上加工;然后由尼多斯的尤得塞斯进行标识,据说他是柏拉图的学生之一,在上面标出了星群和天上固定的星星。多年以后,阿拉托斯从尤得塞斯那里得到了全部的结构和设计,在诗歌中进行了歌颂——倒不是有多少天文学知识,而是通过一定的诗歌才能。这个更新型的地球仪虽然表现了太阳、月亮和五颗星星——也就是所谓的游动星或者“行星”——的运动轨迹,然而,它无法安放到最初那个实心地球仪的表面上去。阿基米德的发明是了不起的,只要简单旋转一下,就能重现不同星体以不同速度进行运动的不同轨迹。伽卢斯对这个地球仪进行了操作,在这个黄铜仪器上,月球落后太阳若干圈,因为在天上它是落后那么多天的。因此,在天上和地球仪上都可以看到同样的日蚀现象;接着月

---

① 天体仪:此处提供了我们关于“阿基米德天体仪”的大部分信息,很显然就是一种机械装置,用来演示天体的运行,和现代称为“太阳系仪”的装置相似,尽管其构造的具体细节还有一些不大清楚。它的机械系统很可能和公元前1世纪机械钟表日历一样复杂,后者的残骸是在安蒂基西拉岛上的一艘遇难船只上发现的(参见皮特森21—32)。根据西塞罗《论神性》1.88,哲学家波塞多尼奥斯也有这样一个球体装置。在后文中,有必要注意,阿基米德的太阳系模型是以地球为中心的。

② 德义神庙:在罗马南部入口处的卡丕那城门附近;由M.马塞卢斯在公元前222年战胜高卢人后立誓,17年后由其儿子题献(李维29.11.13)。

③ 那第二个天体仪:大概是一个普通的地理地球仪,用以展示地球的球体样子;欧多克索斯制作过一个天体仪,上面标记着各个星座(展示着外部的天空),而阿基米德的“球体”或“球仪”可能不是固定的,而是安装在环或条的框架之上(称为浑天仪)。

亮慢慢转到地球由于太阳从另一面照射过来而投下的圆锥形阴影①中……

[此处缺5页。西庇阿此时在谈论上面提到的伽卢斯。]

23 ……因为我自己很喜欢这个人,而且我知道我父亲保罗斯尤其喜欢并且赞成这个人。我记得我父亲还在马其顿担任执政官的时候,一次我们在军营(那时我还很小),我们的军队因为迷信而人心惶惶,因为一个晴朗的晚上,明晃晃的满月突然一下子没了。伽卢斯那时是我们的参谋,也就是他被选为执政官的前一年左右。第二天,他没有丝毫犹豫,就在军营发布了一份公开声明,大意是这不是什么先兆;那时发生了,以后在固定的时间,当太阳处于光线无法照到月亮的位置上时,这种现象还会继续发生。

杜贝罗:真的吗?那他最后说服那些本来就是农民的人了吗?他是冒着危险在一帮无知的人面前这么说的吗?

24 西庇阿:的确是的,而且很……[此处缺几行字,应是描述伽卢斯讲话的性质。]不带一点傲慢的姿态,没有一点和一个十分严谨的人的性格不相称的举动。他使那些极度担心的战士们从毫无根据的迷信和恐惧中解脱了出来。那是一份相当重要的功劳。

25 在雅典和斯巴达之间那场残酷战争中也发生过同样的事②。当时出现了日蚀,天空突然一片漆黑,雅典人们一阵恐慌,据说伟大的伯里克利告诉同胞们一个他从自己前任导师阿那克萨哥拉那里听到

---

① 圆锥形阴影:导致了月蚀的形成;关于太阳、月亮和地球的相对位置,这在天文学上还是非常正确的。为了正确地演示,阿基米德天体仪需要加入一盏灯代表太阳,在代表地球的球体的另一边投下阴影。新月时的一次日蚀,通常两周后会有一次月蚀,因为当月球的轨道和地球的轨道处于同一个平面时,二者就发生了。参见西塞罗《论占卜》2.17;普林尼《自然史》2.7。

② 在雅典……也发生过同样的事:这次日蚀发生在公元前431年8月3日;毕克曼87;参见修昔底德2.28;普鲁塔克《伯里克利》35.2。

的事实，那就是每隔一段固定的时间，当整个月球绕到太阳星体的正前方时，这种现象就会出现；所以，这种现象虽然并非是在每次出现新月的时候发生，但除了上述这种情况，其他时候都不会发生。通过指出这一事实，同时辅以解释，他最终帮人们驱除了恐惧。那个时候，认为当月球处于太阳和地球之间时就会规律性地出现日蚀，这还是一个全新的、不被人所知的观点——这是米利都的泰勒斯的伟大发现。后来，这个观点也被我们的恩纽斯记录了下来。他在罗马建国三百五十年左右时写道：

> 六月五日，月亮和夜幕[①]遮住了
> 太阳。

在这个领域，科学如今非常先进，先前的日蚀从这天开始推算（恩纽斯曾记录，《大事纪》[②]中亦有记载），一直倒推到了罗穆卢斯统治时期七月七日那天[③]发生的日蚀。在那片黑暗中，自然规律将罗穆

---

① 月亮和夜幕：这个表达方法虽然初看上去很奇怪，但事实上是很恰当的，因为提到的日蚀发生在日落之时（Skutsh 该处）。通过我们的估算，应该是在公元前 399 年 6 月 21 日。

② 《大事纪》（*Annales Maximi*）是根据大祭司的档案文件专门记录官方事件的编年史。其风格是简明扼要（参比《论法律》1.6）。诸如日蚀等人们认为具有重大宗教意义的事件自然会记录在案。参见《论演说家》2.52；Cornell 13—15；Frier。

③ 罗穆卢斯统治时期七月七日那天：似乎这次日蚀并未得到确定；毫不令人惊讶，因为罗穆卢斯统治时期的日子完全是传奇性的，不可能确定年份或者确定那时日历不准确的程度。

卢斯①带进了正常死亡;不过我们所听到的是,由于他的勇猛,他最后升入了天堂。

26 杜贝罗:阿非利加努斯,你有没有意识到,不久前你的观点还是相反的呢……

[此处缺1页。转到下文时,说话者已换成了西庇阿。]

西庇阿:……这一点其他人也许看得到。而且,对一个思考那些天神领域的问题的人来说,人类的事情有什么能打动他呢?或者对一个理解永恒的人来说,人类的事情有什么是不朽的呢?或者对一个认识到地球的渺小的人来说(既指作为一个整体,也指人类居住的区域而言),人类的事情有什么是令人感到荣耀的呢?我们仅仅局限

27 于其中多么小的一个空间里,尽管我们希望自己的名声能够广为传播,却又有多少国家从未听说过我们。至于说庄园、建筑、牧群,以及成堆的金银财宝——对于一个压根不认为也从不说这些东西是“财产”的人,我们该认为他是多么的有福啊,因为他认为它们带来的快乐是无足轻重的,它们的用处是微不足道的,对它们的占有是变化无常的,并且看到,最差劲的那种人往往却占有着数之不尽的这些玩意!只有他才能真正将一切称为己有,不是凭借公民的权利,而是凭借智者的权利②,不是受到民法的保证,而是受到天地通法的保证。(因为自然法则就规定,任何人不能拥有任何东西,除非他能够掌握并且使用它。)这样的人会认为,我们的军队指挥权和执政官的位置

① 罗穆卢斯:此处作者是用理性态度对待罗穆卢斯神化一事的;参比2.17—20;但在西庇阿之梦中,我们看到所有优秀政治家们的灵魂都升入了天堂(6.13,6.16)。此处文本有缺失,但还是可以大概看出作者的思路。杜贝罗认为西庇阿看起来好像改变了自己的想法(大概是从1.15处)。西庇阿则回答他并不想贬低科学研究(参比下文1.30)。关于随后的演讲,参见Powell(4);Zetzel 117。这一观点源自于哲学上的“劝诫”,即对哲学研究的劝诫。

② 不是凭借……的权利(Ius Quiritium):民法中所有权的法律术语,不同于简单的拥有。西塞罗此处是在利用罗马法律的技术性语言。

属于必需的那一类,而不是想要的那一类[①],并且认为人们获得它们,应是出于责任感的驱使,而不是出于对荣誉或者报酬的觊觎。最终,按照加图的说法,这样的人可以对自己说我祖父阿非利加努斯过去常说的话:他从不比自己无所作为的时候做的更多,也从不比孤身一人时得到的孤独更少。

有谁真正相信,当戴奥尼夏尽其所想地去剥夺公民们的自由时, 28
又比他的同胞、那个显然无所作为[②]、仅仅是制造了前面说的天体仪的阿基米德做的更多呢?同样地,谁又相信,那些在人头攒动的广场上却找不到一个人说话的人,要比那些或者在没有人的时候自言自语、或者可以说是和最伟大的思想家们相伴、欣赏他们的发现和作品的人少一些孤独呢?谁又相信有谁比一个不缺少任何东西(至少是上天所要求的任何东西)的人更加富足呢?或者有谁比一个能得其所求的人更加强大呢?或者有谁比一个不受感情困扰的人更加幸福呢?或者有谁比一个拥有——就像他们所说——能够从遇难的船上带走的一切财产的人,对自己的财产感到更加放心的呢?有什么权力、什么职位、什么王国,能够比拥有藐视一切人类的东西、将它们置于才智之下、自己除了神圣的永恒的东西以外心无旁骛的能力更令人向往的呢,或者比这种信念——虽然别人都被称为人,但只有那些在人类艺术方面有专长的才真正配得上这个称呼——更令人向往的呢?柏拉图的那句话(或者不管是谁说的)让我为之一振。当他在海 29

① 必需的那一类,而不是想要的那一类:参见柏拉图《理想国》347c—d(Lee 的英译):"我相信,[将要被比自己差很多的人所统治的想法]逼迫诚实之人接受权力,他们接受权力时好像并不觉得它是自己可以用来好好利用有所作为而想要的那种东西,而是将其当作不可避免的东西,因为他们再也找不到更好的或者同样有资格的其他人选去承担。"

② 无所作为:即不参加公共事务;这是罗马元老院议员的语言,对他们来说,即使最忙的人,如果没有参与政治和战争,也是在过着"悠闲"(otium)的生活。

上被一阵风暴驱到一个无名之地，被海浪冲到一个荒无人烟的岸边，其他人都因为对那个地方一无所知而战战兢兢时，他却注意到画在沙滩上的一些几何图案。一看到这些，他立刻大喊“大家振作点！我看到有人的踪迹！”显然，他不是根据自己所看到的在地里长着的任何作物，而是根据知识活动的标志得出这个结论的。杜贝罗，这就是为什么我一直很看重知识学问、看重受过教育的人以及看重你的兴趣所在的原因。

30　莱伊利乌斯：也许我不该说，西庇阿，不过你、菲卢斯还有马尼利乌斯对那些问题如此（专注）……［此处缺 1 页，大意是莱伊利乌斯说，他虽然并不反对物理学和天文学，但他认为这些还是没有法律和政治问题那么重要。］……我们的那个朋友，是他[①]父亲这边的亲人，足可以充当他的楷模；我是说

> 埃利乌斯·塞克斯都斯，一位精明能干的人，

他之所以被恩纽斯赞为“精明”和“能干”，不是因为他去探索自己永远不可能发现的东西，而是因为他帮依赖自己的人们驱除了焦虑和担心。每当他反对伽卢斯的天文学爱好时，他总是会引用《伊菲吉妮娅》[②]中阿喀琉斯那段著名的话：

> 为何占卜者要求诸天象？
> 当山羊或蝎子或其他动物

---

① 他：指 Q. 艾伊利乌斯·杜贝罗，此处被认为与塞克斯图斯·艾伊利乌斯·帕伊图斯·加图斯相关。

② 《伊菲吉妮娅》：恩尼乌斯的作品（乔斯林残页 95，第 108，324—328 页），在欧里庇得斯的《奥立斯的伊菲吉妮娅》基础上创作。

出现时，没有人看到躺在自己脚下的
东西；他们扫视着整个天空。

不过，还是这个人（因为我经常听他所言——是的，乐于倾听），会说帕库维乌斯的泽图斯[1]对于文明过于反对。他更赞同恩纽斯的涅俄普托勒摩斯的观点，后者说他想要“不定地”，而不是“完全地”去实践哲学。不过如果您对希腊人的兴趣如此热衷，那么还有其他一些限制更少、范围更广、可以适用到实际生活甚至是政治学行为之中的话题。如果说**您的**技能还有任何益处，那就是可以让人更加敏锐一些，并且可以说来开启年轻人的心智，来帮助他们更容易地学到更重要的东西。

杜贝罗：我不赞同你的说法，莱伊利乌斯；不过我想知道你心里 31
所指的更加重要的事情是什么。

莱伊利乌斯：那么我来告诉你，尽管会招来你的嘲笑。你在问西庇阿那些关于天象的问题，而我则认为发生在我们眼前的事情才更值得探讨。试问一下，为什么卢休斯·保卢斯的孙子和我们这里的朋友的侄子，出身于显赫的家庭和远近闻名的国家，却在询问为什么会看见两个太阳，而不是在询问为什么在一个国家里如今会有两个元老院，会有几乎两个政府呢？你是知道的，提比略·格拉古之死，以及甚至在这之前他任保民官时的整个政策，却将一个统一的民族分裂成了两个阵营。针对西庇阿的批评者们和反对者们最初都是受到了普布利乌斯·克拉苏斯和阿庇乌斯·克劳狄乌斯的鼓动。如今虽然那两位已经去世，但批评者们依然使得元老院的一部分在昆图斯·梅特卢斯和普布利乌斯·穆齐乌斯的领导下，站在你的对立面。

[1] 泽图斯：在欧里庇得斯的《安提奥佩》中战士泽图斯和他的兄弟，即音乐家安菲翁之间的争论在柏拉图的《高尔吉亚篇》中曾被提到；参见《论演说家》2.155。

他们已经煽动了同盟和我们的拉丁族伙伴，他们已经撕毁了契约，每天这三位委员[①]都在图谋一些新的煽动行为；而这里，这位能够挽回
32 这种危险局势的人，却被禁止这样去做。那么，我年轻的朋友，听听我的劝告，不要操心第二个太阳的事了。它也许压根就不存在；或者，就像人们看见的一样，就任其存在，只要没有任何危害。无论如何，我们都对这种事情一无所知，甚至即使我们了解了很多，那种知识也不会使我们过得更好更幸福。只设一个元老院和一个公民政体，这是可以做得到的；如果做不到，那我们就真的很麻烦了。目前来说，情况显然相反，我们可以看到，如果全国一统，我们就会生活得更好更幸福。

33—37. 西庇阿被问到什么形式的政府才是最好的

33 穆齐乌斯：那么莱伊利乌斯，要想达到你的要求，你认为我们应该学些什么？

莱伊利乌斯：要学那些可以让我们更好地服务社会的技能。在我看来，那就是智慧所赋有的最杰出的责任，是高尚道德最有力的证明和功能。所以，为了保证我们能够把这个假期花在关于首先对这个国家有益的问题的讨论上，我们为什么不请西庇阿给我们讲讲，在他看来什么形式的政府才是最好的呢？然后我们就可以继续讨论其他问题了。在阐明它们之后，我希望大家能够针对那些问题一步一

① 这三位委员：这个委员会根据提比略·格拉古的法案提出要对公众土地进行再分配，将意大利的土地所有者们赶走，分给更加穷困的罗马公民。这一提案将元老院和人民之间隔离开来，正如此处明确所示。西庇阿支持现状，维护意大利拥有土地的阶级（“盟友和拉丁人”）的利益。（毫不令人惊奇地）此处整篇文字都是从西庇阿的支持者、格拉古的反对者们的角度写成；毕竟，是西庇阿最伟大的朋友在谈话；但西塞罗本人采取的也是差不多一样的态度。

步来解答，最终对现在困扰大家的难题有个系统的理解。

在菲卢斯、马尼利乌斯和姆米乌斯都表示热烈赞同后……［此 34
处缺 1 页。转到下文时，莱伊利乌斯正在谈论他对西庇阿提出的请求。］

……我希望这种事情能够发生，不仅仅因为关于国家的话题更应该让一位政治领袖来发表看法，而且因为我记得您以前跟帕奈提乌斯和波利比乌斯①有过多次交流（这两位希腊人也许是政治学理论方面最专业的人）；那时您总会援引无数的论据来证明最好形式的政府就是我们从祖上继承下来的这个政府。既然您在那场辩论中如此精湛，那您一定会发表您关于国家的高见，让我们大家一饱耳福（如果我可以代表在场所有人的话）。

西庇阿：好吧，我不能假称还有什么话题能比你提议的更让我关 35
注了，莱伊利乌斯。我知道，每个工匠在自己的行业领域，如果他算个好工匠的话，都会想要、思索并且努力在那个领域提高自己，别无他求。我从我父母和祖上那里继承了这个任务，那就是，监督和管理这个国家。所以我想，比起那些工匠们对自己的小玩意付出的努力而言，如果我对这个伟大艺术倾注得更少，那我就是承认自己比任何
工匠②都要懒惰。然而，我并不满意那些最杰出、最睿智的希腊人 36

① 帕奈提乌斯和波利比乌斯：两人都是接受西庇阿保护的人。此处提到他们，人们往往以为这是一个隐秘信号，接下来西塞罗应该会具体利用帕奈提乌斯或波利比乌斯或二者的某些作品，但这又超出了能从文本中合理推出的内容。显然西塞罗的政治理论和对罗马政体的解释与波利比乌斯的十分相似，但也有着明显的差异（参见 Zetzel 22—24），也很难看出从帕奈提乌斯那里受到什么确定的影响。此处提到这两人的名字，仅仅是一种想象的场景设定。

② 工匠：这是苏格拉底的类比（参见上文，对 1.2“高尚道德”的注释）；西塞罗再一次强调政治是一门艺术。他此处对罗马统治阶级的世袭责任的强调是值得思考的：西塞罗本人并非出身于罗马元老院议员家族，而是靠自己爬上去的。

留给我们的关于这个问题的文字。我也不会贸然把自己的观点摆到他们的观点之上。所以,请听好,我希望诸位把我看成对那些希腊观点并非一无所知,也不认为那些观点高于我自己的观点,尤其是在这个领域。我希望诸位把我当成一位穿着托加袍的人[①],在父辈慈祥的关切下接受过一点开明教育,从少年时代起就燃起了强烈的求知欲望,但却接受了比书本更多的实践和家训的训练。

37 菲卢斯:西庇阿,我确信您的才能无人能出其右,并且您在处理国家大事方面的经验远比其他人丰富得多。我们都知道您一直以来所从事的研究。所以,像您刚才所说的,如果您也对这门科学(或者我应该说这门艺术?)有所关注的话,我很感激莱伊利乌斯的建议。我想您所说的将会比希腊人留给我们的文字更加丰富、有益。

西庇阿:好吧,你对我的谈话寄予了厚望——这对于每一个要谈论如此重要话题的人来说,的确是个沉重的负担。

菲卢斯:无论我们的期望多大,您总是会超出我们的期望,您一贯如此。当您对政治学理论滔滔不绝时,根本不用担心您雄辩的威力会失效。

38. 西庇阿确定规则

38 西庇阿:我会尽力。首先我要提出一个规则,为防止混淆不清,要求所有发言的人都必须遵守:那就是,如果讨论的某个话题的名称被大家所接受(无论是什么名称),那么必须解释这个名称的涵义[②]。

---

① 穿着托加袍的人:"罗马人,世界之主,是个穿着托加袍的民族",维吉尔(《埃涅阿斯纪》1.282)后来这样描述道。这里我们不应将托加袍视为与戎马生涯相对应的平民标志,而应当作一个国家民族的标志。

② 这个名称的涵义:从定义开始,这是哲学解释中的一个熟悉技巧,无疑是受了柏拉图对话中苏格拉底的习惯的影响;参见《论至善与至恶》1.29。

只有大家都同意这一点，才能开始讨论。因为如果人们首先没有理解讨论的是什么，就无法理解要探讨的话题的范围。那么，既然我们在探讨国家，就让我们首先来确定我们要探讨的问题的精确涵义。

莱伊利乌斯点头表示赞成，于是西庇阿继续说道：既然探讨的话题大家都知道并且很熟悉，那我就不用再回到专业人士通常处理这种问题时提到的基本要素上去了。也就是说，我不会先从男女最初的结合①开始讲起，再讲到他们的子孙后代和血缘支系。我也不会经常性地指出每件事务如何定义、用何种方式表达。毕竟，在座诸位都是才智过人之辈，在战争与和平时期都对这个伟大的国家做出过赫赫的贡献；所以我不会让我的谈话变得比我目前选定的这个话题还要晦涩。要阐述这个问题，我不奢望能像一个专业教师一样穷尽无遗；我也不能保证不会遗漏任何一个细节。

莱伊利乌斯：就我而言，我对您刚才所承诺的那种高见会洗耳恭听。

39—42. 政府的三种简单形式

西庇阿：好吧，共和国就是公众的财产②。但是所谓公众，并非指 39
任何一种形式的人类聚集③，无论是以什么形式聚居到一起，而是指

---

① 最初的结合：希腊哲学对于政治学的解释往往就是这样的；例如亚里士多德《政治学》1252a。

② 公众的财产（res populi）："republic"一词（res publica）字面意义就是"公众财产"（尽管 res 的意义更加广泛，至少还有"事务"、"事件"之意）。此处给 res publica 赋予的定义是基于拉丁词源的：参见 M. Schofield，"西塞罗关于 Res Publica 的定义"，Powell（3）。

③ 并非指任何一种形式的人类聚集：参见亚里士多德《政治学》7. 1328b，城邦（polis）必须是自给自足的；斯多葛学派（迪奥·克里索斯托 36.20 引用）在定义中包含了法律。

通过法律许可和共同利益而结合到一起的群体聚居的形式。人们聚集到一起的根本原因与其说是由于脆弱，不如说是由于人类天生想要组成集体的欲望[1]。因为我们这个物种不是由单个个体或者孤独的流浪者所组成的。从出生开始，它就是这样一个种群，即使是当它拥有丰富的日用品…… ［此处缺 1 页，应是西庇阿在谈论人类固有的组成社会的冲动。］

41 ……<如果没有>一定的种子，可以说，就无法找到<那种方
式>去确定其他美德甚或建立社会本身。所以那些出于刚才所述的
原因而形成的集体，首先在某个固定的地点建立起定居点，就是为了
建造住所。当他们借助地势，自己动手，将这个地方建造得安全可靠
时，他们就将这样一个聚居之所称为小镇，或者，当那个地方再被建
上圣祠和公共场所时，就称之为城市。所以，每一个种族（即上述的
一种群体聚居形式）、每一个社会（即民众的一种组织形式）和每一
个共和国（即如我刚才所说的，公众的财产）如果想要长久，就必须通
过某种决策程序[2]来加以管理。首先，这种程序建立的原因必须是和
42 社会产生的原因相一致。其次，这种程序必须委托某个人或某个选
举出来的团体实施，或者就由全体民众执行。当某个人被赋予最高
权威时，我们称之为国王，将那种社会的政府称为君主政体。当某个
选举出来的团体被赋予最高权威时，那个社会就可以称为被贵族所
统治。一切靠全民作主的社会称为民主社会。只要彼此之间最初将

① 脆弱：将社会的起源解释为一种相互保护的契约，这在古代十分常见。尤其与伊壁鸠鲁学派相联系（参见卢克莱修 5）；波利比乌斯也相信是这样的，在 6.5.7 中引用“脆弱”作为社会发展的理由。西塞罗此处反对这一观点，支持亚里士多德和斯多葛学派的观点，即是人类的一部分本性促使了社区的形成，而与利用无关。

② 决策程序：此处所用的词语 consilium，既指“政策”（比较“counsel”），又指“协商机构”（比较“council”；英语单词的拼写受到了与另一个拉丁词 concilium“聚集、集会”错误关联的影响）。

大家联系到一起形成社会的那种关系牢固,那么上述三种形式虽然也许不是真正完美的,或者在我眼中不是最好的,但至少是可以接受的,尽管三者之间也许有着优劣之分。一个公正睿智的国王,或者一个选举出来的精英公民团体,或者民众本身(尽管这是最不可取的一种)似乎依然能够确保一个相当稳定的政府,只要不让任何形式的邪恶或者贪婪有机可乘。

43—45. 各种形式的缺点

不过,在君主政体下,其他民众在社会的立法和辩论中扮演的角 43
色微乎其微;在贵族统治下,人民群众很难享有自由,因为他们被剥夺了一切参与讨论和决策的机会;而当政府完全由民众自己掌管时(无论如何节制有序),他们之间的平等本身就是不平等的,因为它没有价值区分。因此,尽管波斯的居鲁士大帝是一位罕见地公正而睿智的君主,但在我看来,那种形式的政府不是最可取的;因为公众的财产(也就是我所说过的共和国的定义)全由一个人的点头和意愿①掌控着。同样地,如果受我们庇护的马赛利亚人,就如目前的事实,的确由一个选举出来的精英公民团体凭借堪称典范的公正所统治着,那人民群众依然处于一种类似奴隶的地位。如果在废除最高法院后的某段时期,雅典通过人民群众的决议和法令履行其所有的职能,那么这个政府也就不再享有其良好的声誉,因为它没有区分价值之间的不同。

这里我提到的三种政体形式,不是指它们混合交叉在一起的状 44
态,而是指它们保持各自独立形式的状态。这三种形式各自存在着

① 点头和意愿:我们接受了卡斯蒂里奥尼的猜测 nutu ac < voluntate; eodem > modo。

上面所提到的种种不足，而且还都有着其他可能是毁灭性的缺点。事实上这几种形式的政府都是走在一条陡峭湿滑的小径上，向着另一个腐败堕落版本[1]的自己发展下去。居鲁士大帝（要举个最明显的例子的话）算是一位过得去的、甚至（我可以让你这样说）是一位值得喜欢的君主。然而在他下面却是一位暴戾乖张[2]的法拉利斯，他就是个人统治经过一个顺利流畅的过程堕落到最后的形象。马赛利亚的政府由那么几个精英公民共同管理，却和那个一度统治过雅典的臭名昭著的三十人僭主集团形成对应。雅典人民行使的最高权力（毋需再举他例）转变成了一群暴徒疯狂失控、不负责任的乖戾行为…… [此处缺1页，下段开头几句话有误，在翻译中被略去了。不过，很显然这几句话是在谈论一个政体如何从另一个政体中产生的过程。]

45 ……同样，我刚才描述过的那几种形式中的一种往往是从其中突现出来。政府在其连续的变革中所经历的循环[3]和可以说是革命是相当惊人的。去关注它们是智者的任务；但是在管理国家的过程中看到它们发生、矫正其影响、掌控其方向——这需要一位伟大的公民和一位几乎有着超人能力的人士。因此在我看来，第四种政体才是最好的；也即前面提到的三种形式按照一定严谨的比例混合而成

---

[1] 腐败堕落版本：自从柏拉图以来希腊的政治理论中，标准做法便是将可能的政体划分为好与差的版本，差的版本有时被视为是好的版本腐败堕落的结果，而有时则是因为其他原因形成。因此暴君统治便被视为是君主政体变坏的结果，寡头统治是贵族统治变坏的结果，暴民统治是民主变坏的结果。

[2] 暴戾乖张：我们认同原文为 ad immutandi animi licentiam，将其视为修饰 crudelissimus 的副词状语。

[3] 循环：关于政治变化循环发生的观点在柏拉图的《理想国》中十分明显，也是波利比乌斯的政体理论中十分重要的元素，且更加详细：参见 Walbank 131—132，139—146。关于这一主题的阐述见下文 1.64—68，2.45。

的形式[①]。

46—50. 为民主政治辩护

莱伊利乌斯：我明白那是您所倾向的，阿非利加努斯，我经常听您提起。不过，如果不麻烦的话，我还是想听听您认为您刚才所说的三种政体中哪种最好。因为这会帮助我们辨别…… 46

［此处缺1页。西庇阿在为民主政体辩护。］

西庇阿：……每个政府的本质都取决于其统治政体的性质和意愿。所以说自由除了在民主政治中以外的任何其他国家都找不到家园。再没有什么能比自由更加美好的了。然而如果它不是完全平等的，那它就根本不是民主。因为，我且不说在一个毫无疑问存在着奴隶制度的君主制国家，就连在那些人人都只是名义上享有自由权利的国家里，自由又如何能够完全平等呢？他们登记自己的投票，他们赋予别人军队指挥权和政治职位，他们被人游说拉票，被要求回答是或者不；但是他们给予他人——即便自己不想也要给予——他们自己所没有的东西。尽管别人向他们要求这些东西，他们自己却还没有。因为他们在至高权力，或者国家政策制定，或者法律决议（这些都是特别指定的法官们决定的）上没有立足之地。所有这一切都是根据一个人的世系或者财富进行分配的。但在一个罗得斯人[②]或者 47

① 混合而成的形式：这是第一次提到“混合”政体的概念，在接下来的谈话中将是一个关键概念。这个混合政体的理论再一次特别和波利比乌斯相关：关于他的版本及其此前的描述，参见 Walbank 132，135—137。然而，西塞罗首先论述了任何单一政体，即君主政体、贵族统治和民主政体，是否优于其他政体的问题。西庇阿接连在后面的章节中为民主政体和贵族统治进行了辩护。他自己并不赞同这些论点；我们更应认为西塞罗也不赞同它们。

② 罗得斯人：罗得斯的政体甚至要比雅典的政体更接近纯粹民主政体：西塞罗在下文 3.48 中进行了阐述。

雅典人的自由社会中,没有任何公民…… [此处缺 1 页。西庇阿仍
48 然在论述同一个话题] ……我们被告知,当某个或某些异常富有昌
盛的人从普通平民中脱颖而出,其傲慢自大和藐视一切的态度就会
导致(一种专制统治或寡头政治)的产生;因为怯懦软弱的人会退让
臣服于其财大气粗的傲慢。但是如果人们紧紧抓住自己的权利,他
们说,没有什么能超过其权力、自由或者幸福,因为他们会掌控法律、
法庭、战争、和平、协约、个人生死和财富。他们坚持认为,只有这种
形式的政体才是名副其实的"共和国"(也即,公众的财产);他们认
为,正因如此,共和国政体最终会由某个国王或者参议院的统治中回
复到自由,而不提倡国王们或者富足而大权在握的贵族们从自由人
49 民的手中去攫取。他们认为,不应因某群无约束的暴民犯下的罪行
而拒绝自由民众这一整体概念。当人们心中怀着团结一致的精神,
根据自身的安全和自由去判断一切的时候,他们认为,没有什么会更
不容易改变或者摧毁。在一个人人有着共同利益的国家,和谐就很
容易维持。如果有互不相容的利益,异人异政,那就会导致纷争。正
因如此,当某个参议院掌权时,国家的稳定就无法保证。在君主政体
中更难得以保证,正如恩尼乌斯①所说,君主政体"没有丝毫神圣的
合作关系或者信任"。那么,既然一个公民组成的群体通过法律的纽
带聚合在一起,而法律所体现的公正对大家都是一视同仁的,则在公
民的地位本身就不平等的状态下,又通过什么权利能将他们聚合起
来呢? 如果均财富不可行,每个人的能力均等是不可能的,那么法律
权利至少在那些处于同一社会中的同胞公民中应该平等。因为什么
是国家,如果不是一个司法公正中的平等合作关系的话? …… [此

① 恩尼乌斯:西塞罗在《论义务》1.26 中也引用了这一句,但对于其原文并未提供任何信息:乔斯林残页 169,第 141 页。

处缺 1 页。依然在论述同一个话题。]①

……接下来阐述的是其他形式的政府并无权享有它们自己希望被冠以的名字。假设某个对统治或绝对权利十分贪婪的家伙，骑在被压迫人们的头上作威作福，我为什么要使用最伟大的朱庇特这个头衔称他为“王”，而不叫他“专制者”呢？专制者们可以是乐善好施的，正如国王们可以是苛刻压制的一样。所以，对人民而言，唯一的问题就是他们当的是仁慈主人还是暴戾主人的奴隶。无论是哪一种，他们都必须是奴隶。当人们认为斯巴达会在其政治组织上出类拔萃时，因为它必须接受一个只要是王室家族②出身之人为王，它又如何能够保证总能有个善良正直的国王呢？至于那些“贵族统治者们”不是通过人民一致赞同，而是通过他们自己的选举集体得到这个头衔，谁又能够容忍他们？基于什么标准，一个人才能被尊为“最伟大的王”？根据他的学识、技能和言行，我听说……[此处缺 2 页。] 50

51—53. 为贵族统治辩护

[西庇阿继续发言]……如果(国家)把这种选举程序留给机会， 51
那么就会和从乘客中抽签选举③出人掌舵的轮船一样很快倾覆。但是，如果自由的民众选择了自己所信任的人们，而且如果怀着真正对安全的期望，仅仅选择最出类拔萃的人，那么毫无疑问，这些国家的

---

① 这一节几乎可以肯定来自于民主主义者的演讲。毕希纳和其他一些人试图证明它是来自于一篇遗失了的支持君主政体的演讲稿；但这一节的内容几乎无一能与君主制主义者的观点契合，因为其论点就是所有君主都等同于暴君。

② 王室家族：斯巴达采用的是二王制；其中一位国王都是来自阿基亚得家族，另一位来自尤利彭狄得家族。

③ 抽签选举：很多雅典官员都是由抽签确定的，这种方式被认为比民意选举更加“民主”，不过在候选人的选择中会设法防止出现对任何人压根不合适的任命。

安全就依赖于贵族统治者们的政策，尤其是自然规律已经决定，不仅是具有出众品德和能力的人应该统治那些稍逊者，而且后者应该自愿服从前者的统治。

然而他们坚持认为，这一理想的国家却被那些无法公正看待问题的人所损毁——那些人对于价值一无所知（这种价值只存在于少数人里，并且只被少数人所理解和评价），以为贵族统治者们都是那些拥有巨大财富和家产或者出身于名门望族的人。由于这种庸俗误解，当少数拥有财富而不是价值的人掌控了整个国家，那些领导者们会牢牢抓住"贵族统治者"这一头衔，即便事实上根本无权冠以此头衔。金钱、名望和财产，一旦在个人生活及引导他人生活中脱离了正确的判断和优秀的才能，则将会滑入彻底堕落和无比傲慢的深渊。
52 的确，与那种最富有者被当作最伟大者的国家相比，再没有更加堕落的了。但是在一个由价值所统治的国家里，统治别人的人不被贪欲所控制，领导者具备自己所宣扬并且向其公民所提倡的种种优点，从不将自己都无法遵守的法律施于别人身上，而是能将自己的生活当作同胞们的行为准则，还有什么能比这种国家更美好呢？

如果一个人就能符合所有这些要求，那也就没有推选多个人的必要了。如果所有民众都能判断什么是最好的，并且都能就此达成一致，那么也不会有人会提倡推选领袖了。正是制定政策的困难使得权威从国王们那里转移到更大的集体手中，正是大众错误的判断和草率使之又从群众转移到那一少部分人手中。于是，贵族统治者们占据了能力不够的独裁者和草率民众的中间地带。再没有什么能比这个更加合适的了。有这些人来保卫国家，人民一定非常幸运；让其他人来为自己无牵无挂的生活负责，他们再没有了种种麻烦和焦虑的困扰。那些其他人必须保护好，而不应给人们任何理由去抱怨
53 说自己的利益被领导者们所忽视。而这往往总是个风险，因为自由人民如此珍惜的法律面前人人平等的原则不可能永远得到保证；因

为民众自己即使摆脱了所有约束，也往往给很多个人赋予了特权，而即使在民众中间，对人及其地位又总是给予了很多偏袒。所谓的平等却是最大的不公；因为当最高地位和最低地位的人（这些人在任何国家都会存在）被给予同样的尊重时，平等本身便是最大的不平等。这不会发生在由最佳精英所统治的国家里。这些，连同诸如此类的其他内容，大致就是那些坚持认为这是最佳政体之人的论据了。

54—64 当被要求在简单政体形式中选择一种时，西庇阿倾向于君主政体，但承认其具有不确定性

莱伊利乌斯：但是您自己是怎么想的呢，西庇阿？[①] 前面这三者 54
之间您最赞同哪个？

西庇阿：你问我在这三者之间最赞同哪个，算是问对了，因为我认为独立看来，其中任何一个都不理想。与其选择其中独立的一个，我更倾向于将三者都结合起来。但是如果非要从中选择独立的一种，我还是愿意选择君主政体……［此处最后几行文字缺失。］国王这个头衔就像父亲一样，也就是说一个国王会把子民当作自己的孩子一样去为之着想，而且与……相比，会更加尽职尽责地看护……他们受着一个人，一个最伟大且最受人爱戴的人奉献的爱护。

---

① 但是您自己是怎么想的呢，西庇阿？：西庇阿被莱伊利乌斯进一步提问，于是自己提出了选择君主制的理由。一共有六个论据：(1)朱庇特掌管着整个宇宙；(2)罗马在不久前还有国王；(3)君主制就像理智控制激情一样；(4)这和某个个人掌管房产或家庭等具有共通性；(5)在危急关头罗马人会将国家交给某个执政官进行统治；(6)像罗穆卢斯这样公正的国王完美无缺。但是，西庇阿仅仅是在理论上、在和其他两种单一政体进行比较时才支持君主政体的，而非无条件的赞同(2.47—48 中更加清楚)；还应注意西庇阿在这篇文章中并未从其他谈话者中得出完全的赞同意见。文中十分明确，他认为君主政体是一种十分危险的政体形式，因为它极易转变成专制，而混合政体则杜绝了这种可能性。

55　再来看看那些贵族统治者，他们认为自己能够更加有效地执行这一职责，声称一个群体要比个人具有更加正确的判断，而同时又能同样地公正和可靠。但这时又会有人站出来，用尽气力地喊着表示自己绝不会臣服于某个独裁者或寡头统治集团；认为没有什么能比自由更加美好，即使对野生动物而言也是如此；还说这种福祉不属于任何臣服于某个国王或贵族统治阶级的人。相应地，国王统治胜在仁爱，贵族统治胜在公正，民主统治胜在自由。因此在对三者的比较中要选择一个最赞成的，的确很难。

莱伊利乌斯：我相信您是对的；可如果您不解决这个问题，那接下来的那些问题就很难弄明白了。

56　西庇阿：那么好吧，让我们来看看阿拉图斯①的例子，他在自己伟大著作的开篇指出应该以朱庇特起头。

莱伊利乌斯：为什么要以朱庇特起头呢？您的谈话和他的诗歌又有什么关系呢？

西庇阿：我只是觉得，在我们的谈话开始时，应该以一个大家——包括博学者和无知者都公认为诸神和人类唯一之王的人，作为开头。

莱伊利乌斯：为什么？

西庇阿：你说为什么呢？道理很显然。一个理由就是，国家的统治者们出于实际利益考虑，大力鼓吹天上只有唯一的王，用荷马的话说②，“一点头就能震动整个奥林匹斯山”；并且宣称他应该被尊为所有人之王和父。在这种情况下，会有很大的权威和众多的例证（如果普天下的证词能如此描述的话）：遵照他们统治者的命令，各国一致

---

① 阿拉图斯：根据西塞罗的说法，他的诗歌开头是：Ab Iove Musarum primordia；这种开头被其他诗人所采用，包括维吉尔（《牧歌集》3.60）。

② 荷马的话：《伊利亚特》I. 530。

相信众神归于一个神权所统治,同意国王地位高于一切。然而,如果我们从小到大都受到教育,认为这种信仰只是一种建立在无知者错误想法上的谎言,那么让我们来听听那些可谓受过教育者的共同老师们的说法吧——也就是那些可以说是透过双眼看到了我们听到但却无法理解的东西之人。[①]

莱伊利乌斯:请允许我问一句,他们指的是谁呢?

西庇阿:那些从整体上研究过实在本质、认识到这整个世界是由(一种)意志(所控制)的人…… [57 此处缺 2 页。西庇阿继续谈论支持君主政体的理由。] ……但是莱伊利乌斯,如果你愿意,我来介 58
绍几个并不十分远古也毫不野蛮粗暴的例证。

莱伊利乌斯:我愿洗耳恭听。

西庇阿:好。你知不知道这个城市没有国王已经差不多四百年了?

莱伊利乌斯:当然知道。

西庇阿:对于一个城市或一个国家而言,四百年并不十分长久,是吗?

莱伊利乌斯:不长久,才刚刚崛起。

西庇阿:那么在四百年前,罗马有个国王。

莱伊利乌斯:是的,还是个傲慢王[②]。

西庇阿:在他之前呢?

莱伊利乌斯:一个正义王[③];从那位开始往前推至罗穆卢斯,他大概生活在六百年前。

---

① 一些编者在此处插入残页1(见卷一末尾),但还有一些编者将其放在第34节的断节处。似乎很难判断放在哪里才是正确的。说话者大概是莱伊利乌斯。

② 傲慢王:暗指塔克文·苏帕巴斯,人称"傲慢王塔克文"。

③ 正义王:指塞尔维乌斯·图里乌斯(参比 2. 38)。

西庇阿:也就是说即便是他也没有生活在那么久远以前,是吧?

莱伊利乌斯:一点没错。希腊那时候都已经衰老了[1]。

西庇阿:那么你告诉我,罗穆卢斯那时候的国民是野蛮之徒吗?

莱伊利乌斯:如果照希腊人的说法,凡是希腊人以外的都是野蛮人,那我觉得恐怕那时候的国民**确是**野蛮之徒。但是如果这个词是用来形容人性,而不是仅仅作为语言称呼,那么在我看来,罗马人丝毫不比希腊人野蛮多少。

西庇阿:但是在我们这场讨论中,我们所关注的不是国籍,而是本性。如果在不久以前,明智的人们希望有国王统治,那么我举的例证尚还不算远古;并且也不是野蛮、没开化之人。

59 莱伊利乌斯:西庇阿,我承认您能举出一大堆的例证来!但对我来说,对任何一位公正的评判者而言,论据要比例证有力得多。

西庇阿:很好,莱伊利乌斯;你可以用你的自我意识作为一个论据。

莱伊利乌斯:什么意识?

西庇阿:无论何时——或者**如果**有的话——你意识到自己生别人气的时候。

莱伊利乌斯:这种经历倒是发生得比自己希望的还经常。

西庇阿:啊。那么当你生气的时候,你会让愤怒控制自己的头脑吗?

莱伊利乌斯:当然不会。这我是从阿契塔那里学来的。有一次,在回到他乡下的住处时,他发现自己的指示根本没有执行。"唉,你真是个没用的东西!"他对自己的代理人骂道,"我要不生气,非当场揍死你不可!"

---

① 希腊那时候都已经衰老了:这是夸张的说法;罗穆卢斯大约生活在公元前8世纪。

西庇阿：很好！这么看来，阿契塔很显然正确地将愤怒（也就是 60
说当愤怒和自己的判断不一致的时候）当作头脑内的一种反叛，而他很急于通过理性反省将它压制下去。由此推至贪婪、欲望和对权力与名誉的渴求；这样你会意识到，如果说在人类头脑中存在一种控制力量的话，那就是一个单个元素的控制，也即理智（因为这是头脑中最好的部分了）。只要理智具最高地位，就没有欲望、愤怒或者不负责任行为的立足之地了。

莱伊利乌斯：这倒没错。

西庇阿：这么说你认可这种结构的头脑？

莱伊利乌斯：当然；没有比这更好的了。

西庇阿：那么你一定不会认可理智被剔除、无数形式的欲望和愤怒完全控制的头脑了？

莱伊利乌斯：在我看来，那种头脑，以及拥有这种头脑的人，是世上最邪恶的了。

西庇阿：所以你也同意，头脑的一切活动都应在一个元素的控制之下，这个元素便是理智？

莱伊利乌斯：我同意。

西庇阿：那么你为什么对自己关于集体统治的观点心存疑虑呢？如果这个东西放到多个人手里，显然就不会存在统管的权力；因为如果权力一分散，就等同于没有。

莱伊利乌斯：请问，个体统治和集体统治，如果后者受正义的鼓 61
舞，它们的差别又何在呢？

西庇阿：我注意到，莱伊利乌斯，你对我的例证并不怎么上心！不过我不会放弃的。接下来我将你作为我的一个例证，来确认我的观点。

莱伊利乌斯：我？你打算怎么做？

西庇阿：最近，当我们在你位于福尔米亚的别墅里时，我发现你严格要求员工只能听从一个人的指示。

莱伊利乌斯:是的;我的代理人。

西庇阿:那么你在城里的房子呢?是交给很多人来打理的么?

莱伊利乌斯:不是;只交给一个人。

西庇阿:整个家庭呢?除你之外还有别人掌管么?

莱伊利乌斯:当然没有。

西庇阿:那你为什么就不愿承认,同样在一个国家里,一个人的统治是最好的呢,如果他很公正的话?

莱伊利乌斯:您说得我几乎都要认可您的观点了。

62 西庇阿:莱伊利乌斯,如果我抛开船长和医生这些类比[①](这些例子说明,如果他们胜任各自的职业,那么就该把船交给前者一个人开,把病人交给后者一个人治),接着列举更有说服力的例子,你会更加欣然同意我的观点的。

莱伊利乌斯:您还有什么例子?

西庇阿:嗯,我猜想你意识到正是因为塔克文傲慢专横的个性,才导致国王这个头衔被我们的人民所唾弃。

莱伊利乌斯:我的确是这么认为的。

西庇阿:如果是这样的话,你也一定意识到另外一个事实,这个事实我将会在我的论述中详细阐明,那就是在塔克文被驱逐后,民众沉迷于一种过度的自由之中。这种沉迷就发生在当无辜的人被流放,当大批人的财产被作为赃物没收,当每年两名执政官被选出,当权威的指挥棒在民众面前被贬低,当各种申诉成为可能,当普通民众的分裂不断发生,当事实上颁布的大部分措施确保一切都掌握在民众手中的时候。

63 莱伊利乌斯:没错,那确是事实。

---

① 船长和医生:这些类比在柏拉图的作品中耳熟能详,故西塞罗在此一带而过。

西庇阿:这就是和平和安全时期往往发生的事情。因为当你无所顾忌的时候,你就会不负责任地乱来。在船上同样如此,在轻度病症的例子中也经常如此。但是当海上情况突然恶化、病症更加严重的时候,船员和病人会向某一个人请求帮助。我们的民众,和平时期在家里发号施令、威胁真正的执政官、拒不服从他们的命令、针对他们提出各种申诉、反对他们的决策,而战争时期就会顺从每个执政官,似乎他们就是王;因为那个时候安全优先于个人的欲望。在更加严峻的战争时期,我们的同胞一致决定,最高权力不应分散,哪怕是分给一个同僚,而应归于某个个人手中,其头衔便反映着他手中权力的本质特点。之所以被称作独裁官①,是因为其任命是被提名任命的(尽管在我们的占卜官的书里②,莱伊利乌斯,你会记得他是被称为"人民统领"的)。

莱伊利乌斯:是的,这我知道。

西庇阿:所以那个时候的人们很聪明……[此处缺1页。]…… 64
当人们没有了公正的国王,他们就像孤儿一样了。一种失落感长期徘徊在他们内心深处。就像恩尼乌斯③在那位出色的国王驾崩后写的诗句一样:

> 一直以来他们都这样众口相传
> "啊,罗穆卢斯,啊,神圣的罗穆卢斯,
> 您就是上天派来的我们家园的守护者,

---

① 独裁官:参见附录,关于罗马政体的注释。奇怪的是西塞罗忽略了 dictator 一词很显然的原意"发布命令的人",而是专注于独裁官"被任命"(dicitur)的事实。

② 我们的占卜官的书里:西庇阿将莱伊利乌斯看作是占卜院的一名成员,西塞罗本人在公元前53年也成了其中一员(当时他正在写作《论共和国》)。这些书是程序手册;它们在占卜院外的人中流传程度尚不确定。

③ 恩尼乌斯:关于引用的恩尼乌斯的诗句,参见 Skutsch 105—109。

啊,我的陛下,啊,我的父亲,您就是众神之子!"

对自己所遵从的那些人,人们并没有冠以"主"或者"主人"甚或"我王"之类的称呼,而是使用了"我们家园的守护者"、"父亲"和"众神"——这是有充分的理由的;不信看看他们接下来怎么说的?

是您把我们领进了光明之都。

生命、尊严、荣耀——他们认为正是这个公正的国王给他们带来了这些福祉。如果国王的这种品德能够保持不变,那么这种美好的愿景也便能代代相传。但是正如你所知,由于某一个人的邪恶,导致了整个政体的崩溃。

莱伊利乌斯:的确如此。我很有兴趣想听听那些变化是怎么发生的,不仅仅是指我们这个国家,而是泛指所有的国家。

65—68. 单纯一种政体的不稳定性

65 西庇阿:当我向你阐述关于我所认可的最佳政体形式的观点的时候,我应该更详细地谈谈普遍而言政体之间是如何由一种转变成另一种的,虽然最佳的政体,我想,不会十分容易经受这些转变。但所有变化中第一个、最不可避免的便是取代君主政体的那种。一旦某个国王开始昏庸无道,那种政体便将很快崩溃,因为这个国王已经变成了一个暴君。这是最差的一种政体,同时也离最佳政体最为接近。如果,就像经常发生的那样,暴君统治被贵族阶级所推翻,那国家就会转变为上述政体中的第二种形式。这时有点像君主政体,因为那些内心真正关心人民疾苦的领袖们组成一个元老集团。如果暴君直接被人民杀死或驱逐,后者都会理智行事,只要他们保持着明智和洞察力。他们对自己所做的一切十分满意，并且渴望能够保持他们亲自建立起来的政体。但是，如果人民使用暴力或相反方式废除了一个**公正的**国王，或者，就像更加常见的那样，如果人民舔舐着贵族阶级的鲜血，将整个国家带进自己狂暴的变化无常之中（请不要误解这点，任何暴风雨或者火灾，无论多猛，都没有这种被新鲜权力所控制的暴徒们更难平息），那么结果就正如柏拉图[①]无比精彩地描述过的一样，如果我能够用拉丁语准确表述出来的话。（很难，但我可 66
以试试。）他说："当暴民永不知足的喉管因对自由的渴求而干渴无比，当凭借其所雇用的邪恶走狗们的力量，将自由一饮而尽，而这自由，如果不明智地稀释一下的话，将会产生猛烈的效果，那么，除非其执政官和领袖们非常温和纵容，并且能够深得其心、宽大无比地给予这种自由，否则暴民就会指责他们，抨击他们，声讨他们，把他们称为专制者、君王和暴君。"我想你应该了解这段文字。

莱伊利乌斯：嗯，十分了解。

西庇阿：那就好，文章接着写道："那些接受领导者们指示的人被 67
民众扰得困苦不堪，被他们称作心甘情愿的傀儡。那些行事极力模仿普通公民的公众官员们，和那些成功去除了平民和官员之间差异的普通公民们，被种种褒扬和荣誉所环绕。在这样一个国家里，完全自由一定会成为主导。所有私人家庭里都没有了权威人物——这是一种病症，即便是家里的动物都在所难免。父亲害怕儿子，儿子无视父亲，完全毫无尊重可言。为了确保全天下的自由，公民和外国人再无区别；老师害怕自己的学生而极力讨好他们；学生则不把老师放在眼里。年轻人获得了年长者的权威；后者则不惜屈尊加入年轻人的消遣活动，生怕自己不受欢迎被人唾弃。如此一来，即便是奴隶，也享有了过度的自由，妻子们享有了与自己丈夫同等的权利，在这种遍

① 柏拉图：《理想国》8.562c 以下。

及各个角落的自由中,狗、马,甚至驴子都无所顾忌地横冲直撞,街上的人们只得躲到一边。一旦这种毫无约束的放任占据了人们的头脑,"他说,"公民们就会变得脆弱无比,而且高度敏感,只要看到一丁点权威的苗头,他们就会暴跳如雷,忍无可忍。结果就是他们也会开始忽视法律,而最终走向无政府状态。"

莱伊利乌斯:没错,柏拉图说的这段话您表述得非常准确。

68 西庇阿:那么,回到我自己的谈话风格,他接着说,这种过度的放任,也就是无政府主义者们所认为的唯一的真正的自由,可以说为暴君的出现提供了温床。正如贵族统治因其自身过度膨胀的权力而消亡,自由本身也会将过度自由的民众带进奴隶社会。所有这些毫无节制,无论这种过度繁荣出现在天气中,或是土地上,或是人们的身体内,通常都会走向反面。这一过程尤其在国家中十分常见。无论对于集体还是对于个人,过度的自由都会倾覆,陷入过度的奴隶制度。极端的自由培养了暴君,随之而来的便是极端严苛邪恶的奴隶制度。因为从那些野蛮而且的确残暴的民众中,通常会推选出一名首领来和那些如今遭受迫害、被赶下台来的领导者们对抗——这种首领就是个厚颜无耻、肮脏污秽的家伙,他往往能够不加考虑地去侵扰那些在很多情况下为国家做了不少贡献的人,能够把人们自己的财产和别人的财产一起授予人们。

如果他依然是个普通公民,那他会面临许多威胁。于是他得到了那时已经四处泛滥的权力。他就像雅典的庇西特拉图一样,身边带上一众保镖。最终,他针对那些自己从中发迹的人群施行暴政统治。如果这个人被正派人士所推翻,正如常见的那样,宪政便得以恢复。但如果被毫无道德可言的暴徒所取代,则会形成一个小集团,只不过是另一种形式的暴政统治而已。这种集团还可能产生于某个往往表现不错的贵族统治政府之中,如果一些奸佞小人诱骗那些领导者们偏离正道的话。于是政治权力就像一只皮球一样从一个集团传给另一个集团。暴君们从国王们那里攫取到，贵族统治者们或者民众又夺了过来，接着又被转到寡头小集团或者回到暴君手中。这种政体从来不会长久持有权力。

69. 综合政体才是最好的

尽管我认为君主政体是三种基本政体形式中最好的，但君主政 69
体本身还是不如三种处于最佳状态的基本政体综合起来形成的平等明智的综合体，其原因就是我上面所说的。一个国家应该拥有具备王室最高权威的成员；另外一些权力[①]应该分配给贵族阶级；还有一些事务应该留给群众，让其决断和满足其期望。首先，这种政体拥有一种普遍的平等元素，缺少这个，自由的人民就无法持久。其次，它具有稳定性，因为尽管上述三种原始政体形式极易退化崩溃（从而分别产生一个暴君而不是国王，产生寡头集团而不是贵族统治者，产生无组织的暴徒集体而不是民主政治），而且尽管这些单一政体形式经常互相转变，但在一个代表综合体和明智的混合形式的政治结构中却很少发生——除非政客们都腐败至极。因为在一个国家里，当每个人都能稳稳地确定在自己的岗位上，而这个国家下面再没有其他相应的政体形式能让它突然衰败而转变过去，那么这个国家是没有理由要变的。

70—71. 罗马政体的例子

不过，莱伊利乌斯，还有其他几位我善良而又博学的朋友们，我 70
还是担心你们可能会感觉，我在这样滔滔不绝时，把自己装成了一个

① 另外一些权力：残留手抄本原文为 aliud。

传教士或者老师，而不是和你们在一起进行探讨。所以接下来我会谈论大家都熟悉的、我们长期以来致力研究的问题。我认为、坚信并且断言，无论是在结构组成，还是在功能分配，或者是在规则秩序上，没有任何形式的政体能够和我们父辈从他们先辈继承然后传给我们这一代的政体相提并论。所以，如果你们同意（因为你们希望我谈论一个你们自己都很清楚的话题），那么我将阐述其本质特点，并且展示其优越性。那么，在将我们现有的政体设作典型之后，我会尽我所能，在就最佳可能的政体这个话题进行阐述的整个过程中，将其作为一个参考。如果我能紧扣这个目标，最后形成一个结论，那么我认为，我就圆满完成了莱伊利乌斯分给我的任务。

71　莱伊利乌斯：嗯，当然这是您的任务，西庇阿，而且是您一个人的任务。因为您的祖先本身就特别显赫，有谁能比您更有资格谈论我们祖先的制度呢？或者谈论最佳可能的政体呢？如果我们能够拥有这样的政府（目前我们还没有），又有谁能比您发挥更加积极的作用呢？或者有谁能够更合适地制定将来的政策呢？因为您击退了威胁我们城邦的两大危险[①]，您自己[②]已经为今后的日子奠定了良好的基础。

卷一残页

1. ［洛布古典丛书，34］所以，请您将谈论的话题从天体问题往下降一降，降到更加贴近我们实际的问题上来（诺尼乌斯，1.121 和 2.446）。

---

① 两大威胁：指迦太基和努曼提亚。

② 您自己：原文是 ipse，Watt 对手抄本的猜测是 esse（在后来的拉丁语发音中，这两个词的发音十分相似甚至没有区别；比较意大利语 esso 和 ipsum）。

2. [洛布古典丛书,残文 2] 所以,因为我们的祖国为我们带来更多的福祉,而且是比我们的生身父亲持久得多的家长,它当然比生身父亲更应得到感恩(诺尼乌斯,3. 688)。[此句似应属于序言部分。]

3[①]. [洛布古典丛书,残文 3] 如果没有完善的政策和培训体系,迦太基也不会繁荣昌盛长达六百余年(诺尼乌斯,3. 845)。

① 残页 3:归于卷一,但其具体位置很不确定。

卷　二[①]

① 第二卷中所存内容大部分都在阐述罗马政体的发展。目的不只是为了考古的癖好，尽管在有些细节上似乎存在着这样的因素（如西塞罗在2.55中使西庇阿实际上承认了）。就像西庇阿在对话中多次提到的，其目的就是要提供一个真正的历史例证，证明最佳形式的混合政体究竟何意，以及在管理国家的过程中可能产生的种种变化，而不是仅仅用理论术语来讨论这些问题，或者像柏拉图一样，提出一个假想中的理想国。按照西塞罗的理解，罗马的早期历史为他提供了下列例证：(a)纯粹的君主政体（罗穆卢斯统治时期），但很快掺入了贵族统治和民主政体元素；(b)暴君统治（塔克文·苏帕巴斯，以及后来卡西乌斯、梅利乌斯、M. 曼里乌斯试图掌管国家的努力）；(c)纯粹的贵族统治（十人委员会），很短时间内腐败成了寡头统治（第二个十人委员会）；(d)如果不是纯粹的民主政体，至少有一段时期人民为自己争取更多权利（紧随在君主被驱逐之后）以及两次人民起义（两次平民脱离）；(e)与斯巴达或迦太基相类似的不完美的混合政体（塞尔维乌斯·图利乌斯的政体）；以及(f)完全成熟的共和政体，比设想的任何其他政体都要好的一种混合政体。一旦(f)达到了，叙述也就结束了。这并不意味着西塞罗就认为公元前449年的共和政体是最理想的或完美的，而是在希腊政治理论的概念框架下，其后没有再发生其他重大急剧的变革。因此，尽管这个解释碰巧是关于君主时代和共和国起源的最早现存的阐述，它并不很完整；例如，其中很少谈到"争取大治的斗争"或者罗马作为地中海权力的升起。很明显，西塞罗对其历史研究是相当审慎的，但很多材料还是取自传统和传说，或者来自对现存机构起源试图进行解释的古文物中，而不是来自于真实的历史记载。事实上，西塞罗主要所指的还是他自己所处时期的罗马政体。他的阐释也许可以与我们关于那一时期的其他主要资料进行比较，包括李维和哈利卡纳苏斯的狄奥尼修斯，二者写作更晚，但提供了更加详尽的史实描述。另参见 Cornell；E. Rawson(1)36—37；Ferrary(3)；Hathaway。关于西塞罗与波利比乌斯之关系的问题，参见 Walbank 147—148。

1—11. 罗马的建立

因为大家都急于想听听西庇阿的见解，于是他继续往下说： 1

我第一个观点来自老加图。大家都知道，我特别喜欢他，也十分崇拜他。通过我两位父亲[①]的推荐，更因为我自己的浓厚兴趣，我从很早开始就全心全意地倾注于他。他的高见我怎么也听不够——这个人的政治经验十分丰富，这都是他在和平年代和战争时期长久而卓著的生涯中所积累起来的。他那不温不火的谈话方式同样让人印象深刻，既严肃又幽默，既有获得和提供信息的极大热情，又在自己的言与行之间达到高度一致。

加图曾经说过，我们的政体是最好的，因为在其他政体中，经常 2
会由一个人来为整个国家制定各种法律和制度，比如，克里特岛的弥诺斯和斯巴达的莱克格斯，还有一些人给雅典带来一连串的变革（忒修斯、德拉古、梭伦、克莱塞尼兹以及很多其他人），直到最后它苟延残喘濒临崩溃，又被那位博学多识之士法勒鲁姆的德米特里所挽救。另一方面，我们这个政体的建立，不是借一人之力，而是靠众人之力，不是仅靠一个人一生的奋斗，而是经过了多少年和多少代的努力。他常说从来没有出现过什么天才[②]，厉害到可以确信不会忽略任何事情；从来没有在某个特定时期出现过一群精明能干的人，具有足够的远见考虑任何事情；这必须经过相当长一段历史的实际经验的积累。

在我的阐述过程中，正如加图过去常做的一样，相应地我会回到 3

① 两位父亲：指西庇阿的亲生父亲卢基乌斯·埃米利乌斯·保卢斯和养父普布利乌斯·科涅利乌斯·西庇阿（阿非利加努斯·西庇阿之子）。

② 厉害的天才：此节文字在拉丁文中十分冗长，大概体现了加图本人的行文风格。西庇阿在其叙述的前言中以自己的观察心得开篇，即提出罗马政体是循序渐进的结果，而且这样才更好：这正是对激进改革观点的一个含蓄批评。

罗马人民的“源流”[①]（我很满意能借用他的原话）。而且，如果我向你们阐述我们国家如何诞生、发展、崛起，最终变得如此稳定和强大，这样做，比起像柏拉图作品中的苏格拉底那样去描述某个想象出来的社会，对于实现我的目标就容易多了。

4 大家无不赞同这点，于是他继续讲下去：诸位可曾听说过还有哪个国家能像罗穆卢斯[②]建立的这个城市一样拥有如此辉煌卓著的开篇呢？他是战神玛尔斯的儿子——这里我们就不要质疑一个广为接受的传说，这个传说不仅古远而且经过了我们祖辈的精心流传，那就是，伟大的公仆们应该被看作生而为神，而且具有神的力量。根据传说，罗穆卢斯和他的兄弟瑞摩斯一出生就按照阿尔巴国国王阿穆利乌斯的命令被抛弃在台伯河岸边，因为国王担心自己的王国会被推翻。在那里他靠森林里的一只野兽的乳汁才活了下来，直到被牧人救起，这个牧人将他抚养成为了一个农民。传说他长大后，不管是在气力上还是在人格魅力上都远远超过别人，居住在那片乡村，也就是今天首都所在地的所有人都心甘情愿地服从他的领导。据说他被拥戴为头后（现在从传说变成史实了），就击溃了阿尔巴隆加，当时的一个强大无比、固若金汤的城市，并且将国王阿穆利乌斯处死。

5 在取得这一辉煌成就后，据说罗穆卢斯的第一个年头就是通过

---

① “源流”：加图的历史著作题目为《罗马历史源流》；著作第一部分确实阐述了罗马和意大利其他社区的起源（参见内波斯《加图传》3.3）。虽然无法证明真实性，但西塞罗确实可能是以此书为史料的。

② 罗穆卢斯：这里对罗穆卢斯的故事叙述非常简单，并未提到瑞摩斯被杀事件，不过这一情节，无论真正意义如何，在此与西塞罗的写作目的无关。母狼仅仅是作为“一头森林里的野兽”出现；西塞罗有意使自己与民间传说区别开来。

占卜仪式[①]建立一座新城，创建一个政治社会。他选定了一个非常有
利的地点作为新城地址——这可是任何想要创建一个永久社会的人
都必须审慎考虑周密计划的事。他没有选择海岸地带，虽然按照当
时的军队和资源规模，他完全可以轻而易举地长驱直入鲁突利亚人
和阿波利吉奈斯人的领土；他本来也可以把新城建在多年以后安古
斯国王建立殖民地[②]的台伯河河口。通过超乎常人的想象力，这位伟
人清楚地意识到，对于一个想要长久并且强大的城市而言，沿海地带
并不是特别适合的地点[③]，首先因为沿海地区面临着无数的并且是不
可预见的危险。因为，如果在内陆地区，敌人接近时，无论是否在意 6
料之中，总会有一些事先的警示线索，包括一定的不可避免的噪声和
喧闹。无论敌人速度如何快，都不可能进入我们的领土时，我们还不
知其已来袭、不知其是谁、不知其从何而来。但是一支敌人的海军队
伍却可能在无人知晓的时候突然接近我们；而且当其接近时，不会公
开其身份或国籍甚至其目的。甚至连他是敌是友都无法分辨、无法
推测。

其次，沿海城市的道德本性容易堕落腐朽。因为他们处于奇怪 7
言行的混合环境中。国外的风俗习惯随着商贸往来被带了进来，于
是自己祖先留下来的制度习俗无法得以保存。这种城市里的居民都

① 占卜仪式：参见下文2.16。根据传说，罗穆卢斯和瑞摩斯分别去寻找吉兆以确定谁应该成为国王。瑞摩斯登上了阿文丁山，看见了六只秃鹫；罗穆卢斯登上了帕拉廷山，看见了十二只秃鹫。这使得罗穆卢斯占了上风。西塞罗这里再次省略了两人竞争的情节，而将罗穆卢斯当作罗马占卜制度的创建者，（本身作为一名占卜师）他多次对这种制度赞赏有加，尽管他从哲学上对占卜预言这个概念很难解释清楚（参见L. 2.31以下，和《论占卜》2）。

② 殖民地：即奥斯蒂亚；参见2.33。

③ 沿海地带并不是特别适合的地点：希腊人曾辩论城市是否应该建在海边：参比柏拉图《论法律》704a—705b，亚里士多德《政治学》7.6。李维很可能在5.54.4中提到了此文（卡米路斯劝说罗马人不要放弃城市的演讲）。

不愿意待在家里,而总是怀着不切实际的幻想和憧憬匆匆奔向国外。
即便是他们待在家里没动的时候,也总是满脑子想着在国外闯荡。
迦太基和科林斯[①]的最终颠覆(已经长期被侵蚀),其主要原因便是
由于其公民的不安分和四处流散;因为他们都忙于去航海经商,钻营
8 贸易利欲,而不去照顾自己的家园、加强自己的军队。靠海还通过非
法掠夺和进口货物给人们带来了对奢华享乐的欲望,这给国家造成
了严重的损害。不管怎样,他们所处位置的吸引力就体现在纵情享
乐的多种诱惑上,无论是通过奢华还是懒惰。我认为,我刚才所说的
关于科林斯的内容总体上也可以同样公正地用到希腊身上。因为伯
罗奔尼撒半岛几乎整个被海包围,除了菲留斯以外[②]其他所有社区都
挨着海。在伯罗奔尼撒半岛以外,只有艾伊尼安、多利安[③]和多洛普
远离海边。我都毋需提起那些希腊岛屿,都被海水包围,几乎一个个
9 全都连同其城市的风俗制度随波沉浮。这些地方,我前面说过,都属
于希腊国。但是想想她派出去到亚细亚、色雷斯、意大利、西西里和
非洲所建立的殖民地吧。除了马格内西亚,其他所有的都被海水所
侵蚀。最终,可以说一条希腊的海岸边界似乎和蛮夷之地连接了起

---

① 迦太基和科林斯:二者在公元前2世纪中叶都被罗马无情地摧毁。迦太基自然是被这里谈话的西庇阿所摧毁的,科林斯则是被L.穆米乌斯所打败,此人系本篇对话中一个小角色斯普里乌斯·穆米乌斯的兄弟。参比 Purcell。

② 除了菲留斯以外……:西塞罗在给阿提库斯的一封信(6.2.3)中谈论了这篇文字。阿提库斯对所有伯罗奔尼撒半岛上的社区都有海岸这一说法提出疑问:那么阿卡迪亚呢?西塞罗回答说他本人十分惊讶地在迪西阿克斯的一部作品中发现了这说法,此人是一名十分严谨的研究者,本人在伯罗奔尼撒半岛居住;不过西塞罗询问了自己博学的奴隶狄奥尼修斯,他的这位奴隶一开始同样迷惑不解,但随后指出阿卡迪亚有一个出口通往勒普雷昂的海口,而其他一些明显被陆地所包围的社区都是后来才建立的。“因此,”西塞罗说,“我用这么多话将迪西阿克斯的观点转述成了这篇文字。”菲留斯位于伯罗奔尼撒半岛的东北部。

③ 多利安:并不是指更广意义上讲多利安方言的人,而是更窄意义上的希腊北部称为多利斯地区的居民。

来。这些蛮夷之地的人原本并不出海，除了伊特鲁里亚人曾经做过海盗，还有腓尼基人曾经出海经商。出海显然就是希腊灾难，包括其政治上的不稳定性的源头，因为这导致了沿海城市本质上的堕落，这一点我刚才已经简单谈到过。不过除了那些地理位置上的不利之外，还是有一个极大的优势。世界各地的产品可以通过海洋运抵你所居住的城市；相反你的人民也可以将自己土地上生产的货物出口运抵自己希望的任何国家。

那么，除了将罗马城建立在一条宽广、缓和、经久不衰地汇入大海的河流岸边之外，罗穆卢斯如何还能更加卓越非凡地成功得到了一个海岸城市的优点，同时规避了其缺点呢？这样城市就可以通过海洋进口自己所需要的任何东西，同时出口自己过剩的产品；而且借助同一条河流，它不仅可以通过海洋引进自己生活和文化所必需的商品，还可以将这些商品运到内地。因此在我看来，罗穆卢斯已经预见到了这个城市将会发展成为这么一个地方，成为一个世界帝国的中心。在意大利任何其他地方建立的城市都很难如此轻易地拥有这么广泛的政治力量。 10

至于城市自身的自然屏障，难道还有人视而不见，不能清晰而熟悉地铭刻在心吗？正是由于罗穆卢斯和其他几位国王的明智，城市城墙的边线和走向被设计成横穿陡峭险峻的大山。唯一的入口在埃斯奎利诺山和奎里纳尔山之间，建有高高的城墙，挖有豁大的壕沟；而在这种保护下的城堡则被环绕修建在悬崖峭壁之上，那些看上去就好像是每一边都被削去了一片，正是如此，即使在高卢人入侵的可怕时期，城堡都固若金汤，岿然不动。选定的地点还有丰富的泉水资源和健康的环境，即使周围瘟疫肆虐；因为山风吹过，相应地为山谷提供了避难场所。 11

12—44. 王政时期

12　罗穆卢斯在很短时间内完成了上述所有功绩。他建立了城市，规定城市以他的名字命名为罗马；接着，为了强大新社区，他采取了一个新奇而又有点粗野的计划①，但却显示出了一个伟大而具有远见卓识的人物形象，因为这一举巩固了王国和人民的资源。名门出身的萨宾姑娘们纷纷在康苏斯节日时来到罗马，参加罗穆卢斯开创的每年一度的宴会，最后都被依照罗穆卢斯的命令抓了起来，分配给显
13 赫家族的年轻男子为妻。于是，萨宾人开始对罗马人发起了进攻，战争局势一时混乱不清，结果难以预料。这时，罗穆卢斯根据被绑架的所有妻子们的要求与萨宾王提图斯·塔提乌斯达成了和约，根据和约内容，他承认萨宾人成为罗马公民，享有相同的宗教仪式，并且接受萨宾国王与自己具有同等的身份地位。

14　塔提乌斯死后，整个统治权力重又回到罗穆卢斯手中。在此之前，他和塔提乌斯共同选出了一个由城市贵族组成的皇家议院，那些人因其所受的爱戴而被称作"长老"②。他还将人民分为三大部落③，命名为罗穆卢斯、塔提乌斯和卢库莫（罗穆卢斯的一位追随者，在与

---

① 一个新奇而又有点粗野的计划：关于强抢萨宾女人，参见李维 I. 9—13。

② 长老：在一些语境中，元老院议员们被称为"长老"（patres）。"贵族阶层"（patricians）估计就是君主时期元老院议员们的后裔（见下文 2.23）。

③ 三大部落：在古代罗马公民群体被分为三个部落，即拉丁人、萨宾人和伊特鲁里亚人（参比下文 2.36）；此处上下文为这些名称提供了解释（光从语言学上看几乎难以令人置信）。它们可能反映了早期的种族群体（拉丁、萨宾和伊特鲁里亚人）。每个部落又被分为十个"投票区"（curiae）。这样划分的罗马人的集会就被称作库里亚大会（comitia curiata，参比附录）。在后期的共和国时代，这些分区依然存在，主要用于仪式目的，但这三个古老部落的所有实际职能长久以来被三十五个部落的更新体系所替代（Cornell 173；Staveley 122—123；Taylor(2)3—5）。

萨宾人的战斗中被杀死），其下又分成三十个选举区域，分别以那些被绑架的、曾经呼吁订立和平协定的萨宾女人的名字命名。虽然这些管理机构在塔提乌斯生前都已设立，但其死后罗穆卢斯在履行其国王的职责时更加倚重这些权威机构和**长老们**的意见。

通过这些做法，罗穆卢斯成为第一个意识到并且接受一些情况 15
的人，这情况莱克格斯在斯巴达①也略早一些时候就已经认识到了，
那就是当所有优秀者都可以去影响绝对君主时，依靠国王手中唯一
的权力和威望，能够更好地统治和掌控国家。于是，在这个皇家议
院——也就是一种元老院——的保护和支持下，罗穆卢斯对其邻国
发动了多次战争并且都取得了辉煌的战绩；他从不将战利品拿到自
己家里，而是不断地使人民的财富越来越多。而且，罗穆卢斯在进行 16
占卜时非常小心谨慎，这个习惯我们至今依然保留着，对我们国家也
非常有益。他在建立这个城市的时候就进行过占卜——这标志着我
们国家的诞生；并且在每次公开活动开始前，他都会指定从每个部落
选出一名占卜官，来帮助他进行占卜。他还将普通民众都分配给领
导公民们加以管理（后文将会对这种安排的重大优势加以解释②）；
对于民众他并不是通过残酷的处罚加以控制，而是采取罚以牛羊的
方式；因为那时候的财产主要包括家畜③（pecus）和土地（loci），故而
当时富人被称作“财丰家畜”（pecuniosi）和“富多广地”（locupletes）。

罗穆卢斯统治了三十七年，奠定了国家的两大意义深远的基石，17

① 斯巴达：人们经常会比较罗马的元老院（Senate）和斯巴达的元老院（Gerousia）：两个词语都含有“老年人的集会”的意思；参比下文2.50。

② 后文加以解释：不在现存的文本中。关于庇护体系，参见 Cornell 289—292。

③ 家畜：西塞罗认为单词 pecunia（钱）来源于 pecus（牛），这是对的。英语单词 fee（费用）明显也有同样的语义迁移；参比德语单词 Vieh（牛），来自一个与 pecus 同源的德语词根。英语中的“牛”（cattle）这个词则走了相反的发展方向；最初一般意指“财产”，比较“chattels”（动产）、“capital”（资产）。

即占卜和元老院。他的成就如此卓著，以至于突然发生一次日蚀①而
他再也没有出现的时候，人们都认为他被召入了众神之中，任何没有
19 果敢勇猛和刚正不阿的显赫声誉之人是不可能被冠以这种传说的。
这对于罗穆卢斯来说尤其让人惊讶，因为其他那些被认为应该尊为
神的人都生活在更加蒙昧的历史时期，人们喜欢捏造神话并且普通
民众轻信这些神话；而我们知道罗穆卢斯生活在不到六百年前的时
期，那时著述和学习已经广为人知很长时间了，而且所有那些只属于
愚昧社会的原始迷信统统去除殆尽了。如果像希腊编年表告诉我们
的一样，罗马是在第七届奥林匹亚竞技会的第二年②建立的，那么罗
穆卢斯时期的希腊已经满大街都是诗人和音乐家了，除了一些远古
的事件，人们更加不信那些神话传说。第一届奥林匹亚竞技会是在
莱克格斯编成法典后一百八十年时举行的，尽管有些人因为重名而
混淆③了，认为竞技会是由同一位莱克格斯所发起的。荷马，保守点
估计，大概生活在莱克格斯时期以前三十余年。由此可以推知，荷马
生活在距罗穆卢斯很多年以前。因而那个时候，人们已经受到了教
育，已经开始了启蒙，几乎不存在捏造神话的可能了。古人们相信神
话故事，尽管那些故事有时候编得并不怎么高明④；但从那之后的时
期，直到如今都已大大开化进步，无疑会对那些不可能发生的事嗤之
以鼻，不屑一顾。

---

① 日蚀：比较上文 1.25。

② 第七届奥林匹亚竞技会的第二年：第一届奥林匹亚竞技会于公元前 776/5 年举办，因此此处给出的年份是 751/0，波利比乌斯也赞同这一数字（比较下文 2.27）。如今常规说法的年份 753 是西塞罗的朋友阿提库斯提出来的；瓦罗使其得到普及，从而使之有了“瓦罗式”年代测定的名称。参见 Zetzel 175—176；Bickerman 7—8。

③ 因为重名而混淆：有人认为是另一位伊利斯城的国王莱克格斯发起了奥林匹克运动会。

④ 有时候编得并不怎么高明：本篇剩余部分在手抄本中缺失，但被圣奥古斯丁保存了下来。缺失部分提到了诗人赫西奥德，据说是斯泰西科拉斯的祖父。

［此处有残缺，下文行数根据残文片段进行标记。西庇阿似乎谈到了罗穆卢斯升天传说被人接受的那个时期的一些希腊诗人。］

……他的外孙，正如一些人所说的那样。到第五十六届奥林匹 20
亚竞技会举行的那一年，（斯泰西科拉斯）去世，西蒙尼德斯出生。当
人之生死本质为人所熟知、讨论和理解已经有相当长一段时间，而人
们依然相信罗穆卢斯的不朽，这更能让我们认同。毫无疑问，正是由
于罗穆卢斯超乎寻常的睿智和人格魅力，人们才会相信农民普罗库
卢斯·朱理乌斯所说的关于他的事迹——这种事数代以来人们都从
未相信在其他任何凡人身上发生过。根据元老院的要求，为了急于
驱散罗穆卢斯逝世所带来的种种猜疑和敌意，据说普罗库卢斯在公
共集会上声明，他曾在如今叫做奎里纳尔山的山顶上看到过罗穆卢
斯；罗穆卢斯要他让人们在山顶上为其修建一座神殿，并说，他自己
已经成了神仙，名字就是奎里纳斯。

那么，现在你们是不是也赞同，正是由于这一个人的睿智，不仅 21
使一个全新的民族得以诞生，而且，当他离去的时候，这个民族已不
再是摇篮里哭啼的婴儿，而是一个接近成年的小伙子了。

莱伊利乌斯：是的，我们都同意，并且知道从一开始您就在用一
个全新的阐述方法，这是在任何希腊论述著作中都看不到的。在这
个问题上的作家鼻祖①就选择了一片处女地，在那里他可以按照自己
的设想建立一个国家。那当然是个理想的国家，可惜跟人们的现实
生活和习惯毫不相关。他的后继者们就政治结构的形式和体系纷纷 22
发表高见，但都从未提及任何确定的国家模式或形式。在我看来，您
似乎想要二者兼顾。因为在您的开场白里，您说更愿意将自己的发
现结果归功于别人，而不是像柏拉图笔下的苏格拉底一样，归功于自
己；在谈到城市选址问题时，您从理论上阐述了罗穆卢斯由于机缘或

① 作家鼻祖：指柏拉图。

必要性而做出的决定；在论述过程中您没有漫无目的地从一个国家跳到另一个国家，而是始终围绕一个固定的例子进行阐述。因此请您接着讲下去吧。随着您接下来对其他几位国王的评述，我想我可以预见到一个羽翼丰满的国家站立起来了。

23 西庇阿：那好，在罗穆卢斯去世后，他那个由最优秀的人①组成的元老院——这个国王对那些人如此敬重，甚至要求人们称他们为"长老"，称他们的孩子为"贵族"②——试图摆脱国王自行管理国家。但是人民不答应，他们在为罗穆卢斯的离去而伤心时，强烈要求推选一名新的国王。于是贵族统治者们聪明地发明了一个其他任何国家都没有过的全新程序，那就是设立一个空位期③。这一做法确保在正式的君主尚未选定前，国家不应没有国王，也不应有一个长期管理的替
24 代者。因此这就防止了出现某个习惯了权力的人不愿放弃统治权或者过于容易篡权。即便在当时，诸位可以看出，这个新成立的国家认识到了连斯巴达的莱克格斯都没有想到的问题。莱克格斯认为国王不应是被选举出来的（如果这个的确是在莱克格斯的权力范围之内的话），只要是赫拉克勒斯的后代，不管他是什么样子的人，就应该被接受。但即使在那个时候，我们务农的祖先们就都认识到，看一个国王就要看他的果敢勇猛和远见卓识，而不是看他的贵族血统。

25 由于努马·庞皮留斯在这些方面享有很高的声誉，国人撇开了自己的公民，而是根据元老院的推荐从外面引进来了一个国王，邀请

---

① 最优秀的人（optimates）。这个词最初只是指"贵族"，在《论共和国》中也是这样用的。

② "贵族"：比较上文2.14注释。

③ 空位期（Interregnum）：在共和国时期，执政官们有责任主持其继任者的选举。如果两个执政官职位都空缺，则元老院任命一名临时执政者（interrex，字面意义是"国王之间"），由其仅执政五天时间。临时执政者们连续被任命，直到可以举行选举为止。罗马人认为，正如职位名称所暗示的意义一样，这一程序可以追溯到君主政体时期。

库里斯的一个萨宾人来统治罗马。当他来到罗马，尽管人们已经召集了选举区大会①来推选他为国王，但他还需要由同一个机构通过一项法律正式确认他的王权。接下来，当他看到罗马人在罗穆卢斯的影响下，对于军事有着强烈的渴望，于是他认为对他们那种生活方向需要做一点点改变。

首先，他将罗穆卢斯所征服的土地在所有公民当中按照人头分 26
配下去②，并且指出如果他们不再打斗抢劫，他们就可以获得耕种自己那片土地所需的所有用品。与此同时，他还向人们逐渐灌输爱好和平和轻松生活的思想，这为培养公正和诚实的风气创造了极为有利的环境，也为人们耕种土地和享受收获提供了最好的安全保障。

---

① 选举区大会：参见附录及上文2.14。西塞罗在此指出君主的任命分为两个阶段。首先君主通过库里亚大会(comitia curiata)选举出来；然后由同一机构正式通过法案，授予他君主的权力。这一法令被称为库里亚权力约法(lex curiata)。在共和国时期，高级行政官的选举不再由库里亚大会掌管，而是由百人团大会(comitia centuriata)决定，有关信息参见下文2.39ff，但确定的人选的职位仍然要通过库里亚权力约法正式确认。在西塞罗的政治生涯中，库里亚权力约法经常成为人们争论的话题。人们很不清楚，它究竟能让一名行政官做什么事，是他在实践中没有它就做不了的。西塞罗暗示它与指挥军队的权力相关(*De Lege Agraria* 2.30)。在公元前54年，当西塞罗还在酝酿《论共和国》的写作计划时，关于任命阿庇乌斯·克劳狄乌斯管理西里西亚省的正常程序遇到了明显的阻力。阿庇乌斯宣称即便未经法律批准，他也会自费去他的那个省(《致友人书》1.9.25，《致阿提库斯》4.18.4，《致昆图斯》3.2.3)。然而，西塞罗在这里是否直接影射这些政治纠纷尚不得而知。更有可能的是他脑子里关心的是合法性，他的目的是从最开始去追溯罗马政体的民主主义元素，并且将群众大会的职能强调为政治权力的合法来源。他先后在提到四位接连任职的君主，即图鲁斯·豪斯提利乌斯、安库斯·马尔西乌斯、塔克文·普里斯库斯和塞尔维乌斯·图利乌斯中的每一位时，都会提到库里亚权力约法。

② 将……分配下去：最初征服的土地属于公众财产(ager publicus populi Romani)。对于这部分财产可以做两件事：既可以租给佃户，佃户向国库交纳租金，也可以进行划分后分配给私人所有。在历史上，最值得注意的是格拉古时期，这种分配法总是会激起激烈的争论，因为其中总会牵涉到已经出租了的土地，这样分配就意味着剥夺原来的土地承租人，造成国家财产的流失。西塞罗本人十分反对这种方式。但在这里他设想了一种理想化的原始场景，即土地所有权简单化，不归任何人所有，而且可以在不侵犯任何人利益的前提下分配给个人，就像一些早期希腊殖民地的情况一样。

庞皮留斯还扩大了占卜的范围，在原来的基础上增加了两名占卜官；并且从贵族统治者们中间任命了五位牧师[①]掌管各种宗教仪式。他引入了法律[②]，至今在我们的记录中依然保存着，通过将人们的注意力转向宗教仪式，他使那些习惯并且渴望连年征战的激进头
27 脑得以平和下来。而且，他还设立了祭司、舞蹈祭司[③]和维斯太贞女，在宗教生活的各个方面都组织得小心谨慎。努马的希望是，虽然宗教仪式本身应该谨小慎微而且复杂繁琐，但设施应该非常简单。他设计了很多仪式[④]，要求人们用心体会、坚持不懈，却毋需花费任何金钱。通过这种办法，他让人们更加关注宗教职责，同时又削去了成本。

努马还发起了集市和比赛，以及各种其他集体参加的活动。通过组织这些活动，他使得那些曾经因对战争狂热而暴躁凶悍的人安抚下来，变得谦和有礼。在持续和平融洽地统治了三十九年后（这里让我们引用权威人士的说法，即我们的朋友波利比奥斯，这个在年代学问题上无与伦比地精确的人），努马去世了。此时，他已经牢牢地奠定了两个重要基石，即宗教和人道行为，这两个因素超过了任何其他因素，确保了国家的长久繁荣。

28 西庇阿讲到这里时，马尼利乌斯问道：阿非利加努斯，您刚才谈到的努马王是毕达哥拉斯的学生，或者至少是一名毕达哥拉斯派信徒，这个说法是否正确呢？我们的前辈们经常这样断定，而且有人推

---

① 牧师：指祭司；参见附录。

② 法律：所谓的 leges regiae（皇家法案），关于宗教程序的规定，据说来源于努马统治时期。

③ 舞蹈祭司：一种高等的贵族宗教互助会，负责与战神相关的一些仪式，包括正式的战舞，从而得名（salire = 跳或舞）。

④ 仪式：仪式规则必须丝毫不差地进行朗诵；一旦出错，整个仪式必须从头开始，同时还要进行赎罪祭献。

断这种观点被很多人所认可。然而通过查阅公共记载,发现这一点并没有完整地记录下来。

西庇阿:不是的,马尼利乌斯。整件事都不对。这不仅是一个谎言,而且是一个十分蹩脚、荒唐的谎言(要容忍这种不光错误而且明显不可能的谬论实在是很难)。研究已经表明,只有当卢西乌斯·塔克文·苏佩布执政超过三年之久时,毕达哥拉斯才来到锡巴里斯、克
罗顿和意大利的那个地方。第六十二届奥林匹亚竞技会那年便是苏 29
佩布执政开始和毕达哥拉斯到来的时候。所以把这些国王在位的年数加起来,我们可以推知,毕达哥拉斯在努马去世大约一百四十年的时候才来到意大利。这个年代学研究专家们得出的结论,是从未受到任何质疑的。

马尼利乌斯:我的上帝!这真是个天大的笑话!想想人们居然被这个谎言蒙蔽了这么长时间!不过,我还是很高兴地认识到,我们的文化不是靠舶来的东西,而是根据我们自己的特点发展起来的。

西庇阿:的确如此。但是如果你想象一下,我们国家是通过一个 30
自然过程一步步发展成长达到最佳政体的,你就会更加赞同这一点了。你会发现,即使是从国外借来的一些特征,在这里也会比在其起源之地和我们借鉴之处发展得更加完善,如此你会认为我们祖先的智慧更加值得称道。你还会发现罗马人民变得更加强大,不是出于偶然,而是凭借自己的聪明智慧和坚强的价值体系发展起来的——当然我们也承认,运气确实一直伴随着他们。

庞皮留斯王去世后,人们通过空位期临时执政者主持的选举区 31
大会,推选出图路斯·荷提留斯担任国王。按照庞皮留斯的做法,图路斯依次通过各个选举区的批准最后正式登上王位。他凭借着自己在战场上立下的赫赫战功,享有很高的军事声誉。通过变卖自己的

战利品，他修建了一座元老院议事厅[①]和一个供人们集会的场所[②]。他还制定了一套宣布战争的法律程序。为了表达更加准确，他使用非常清楚明确的术语确定了程序，然后通过将其融合到缔约神官[③]举行的仪式中，他规定任何没有被宣布和声明的战争都应被视为非正义和不神圣的。请注意看，我们的国王们已经多么坚决地认为，应该赋予人民一定的权利(关于这一点等会儿我还会详细阐述)。图路斯甚至没有冒险地在未获得人民许可的情况下接受王权的标志。为了使十二名侍从官[④]手持束棒跟随在自己身边变得合法化……

[此处缺1页。根据圣·奥古斯丁(《上帝之城》3.15)的说法，西庇阿说图路斯·荷提留斯并没有像罗穆卢斯一样被人们认为化成了神。]

33 莱伊利乌斯(?)：……因为从您开始讲述以来，我们国家不是在缓慢前进，而是在向最好的政体快速飞去。

西庇阿：继他之后，努马·庞皮留斯的外孙安古斯·马奇路斯被人民推选为国王，他同样也由选举区大会通过一项法律来正式批准其王位的合法性。安古斯在战场上打败了拉丁人，并且接纳他们成为罗马公民。他还扩大了城市版图，将阿文丁和西莲两座小山纳入了进来。他将征服的土地分配给人民，将占领的所有沿海森林交给人民，在台伯河河口建立了一座新城，并且派去殖民者定居下来。在统治了二十三年后，他去世了。

---

① 元老院议事厅：共和国的元老院议事厅被称为 Curia Hostilia，应该是图鲁斯·豪斯提利乌斯修建的。现今该处的建筑修建时间可以追溯到戴里克先王政时期。

② 供人们集会的场所：指公民大会广场(Comitium)，元老院议事厅前的开阔地。

③ 缔约神官：指负责宣布战争和终止契约仪式的祭司；比较《论法律》2.21。

④ 侍从官：在君主面前，或者在共和国时期在高级行政官面前行走的侍从，手中持着束棒(fasces，即捆成束的笞棒)，代表着王权或执政官的权力。共和国的执政官们有权带12名侍从官，和以前的君主一样。

莱伊利乌斯：没错，他同样是一位令人敬佩的国王。不过罗马的历史的确有些模糊，因为我们只有这位国王母亲的记载，却对其父亲一无所知。

西庇阿：没错；但是，除了国王以外，那个时候人们的名字往往是隐藏起来不为人知的。

不过，如今我们国家可以说通过移植一种国外的教育体系，第一 34
次似乎在文明上向前跨了一大步。因为这不是从希腊流入这个城市的小溪流，而是涌进来的精神和艺术的丰富洪流。据说一位来自科林斯名叫笛玛拉都斯的人，在声望、影响和财富上轻易地成为了公民之首。当再也无法忍受科林斯王塞普瑟鲁斯的暴政时，他应该是带着一大笔钱财来到了伊特鲁里亚最繁华的城市塔昆尼。当他听说塞普瑟鲁斯的专政已经牢牢扎根，这个勇敢的、热爱自由的人毅然抛弃了自己的祖国，投向光明。他被接纳成为了一名塔昆尼公民，在当地社区组建了自己的家庭。在他塔昆尼的妻子为他生下两个儿子后，他完全按照希腊人的做法在各个学科上来培养他们…… ［此处缺 1
页。西庇阿开始谈论笛玛拉都斯之子卢库莫］……（卢库莫）轻而易 35
举地获得了（罗马的）居民身份。凭借着讨人喜欢的性格和聪明才智，他成为了安古斯王的朋友——两人亲密无间，以致他被认为参与了国王所有决策的制定，几乎成了国王的合作伙伴。而且，他还十分讨人喜欢，乐于助人，给每位需要的公民提供帮助、支援、保护和经济上的援助。因此，在马奇路斯去世后，人们全票通过推选卢西乌斯·塔克文为国王。（他选择这种形式接受这个希腊名字，表明自己在各个方面都遵守这个国家的风俗习惯。）在自己的王位通过法律正式批准后，他首先将元老院的人数在原来的基础上增加了一倍，称原来的成员为“伟大家族的长老”，称自己新招进来的成员为“次等家族的长老”[1]。他总是会邀请前者先发表意见。

36 接着他在这个体制中组建了骑士[2]，这一体制一直延续到今天。他未能改变替提人、罗马纳人和卢克雷人的名称，尽管很想这么做，但遭到阿图斯·那维乌斯，一位十分受人敬重的占卜官的坚决反对。（我偶然发现，科林斯人也曾一度十分谨慎地给公众分摊马匹饲养任务，让无子嗣的男子和未婚女子负担饲养费用。[3]）不管怎样，卢西乌斯在原来的基础上扩增了骑兵队伍，使骑兵总数达到一千二百人[4]，比原来增加了一倍。随后，他在战场上击败了埃奎人，当时埃奎人是一个威胁着罗马的强大彪悍的部落。他还在城墙上击退了萨宾人，用骑兵将他们驱散，赢得了决定性的胜利。此外我们还知道，卢西乌斯是第一个举办“罗马庆典赛会”[5]的人；在与萨宾人战斗最激烈的时候，他发誓要在卡匹托尔山上为最伟大的朱庇特[6]修建一座神庙；在统治三十八年后他去世了。

---

① 伟大家族和次等家族：关于“伟大”和“次等”贵族家族之间十分模糊的区别，参见 R. E. Mitchell，第 134 页注释 11 和第 153—154 页。

② 骑士：参见附录。

③ 我偶然发现……饲养费用：这句插入的文字解释了一个罗马传统的起源（通过塔克文·布里斯库的科林斯父亲），即通过对没有孩子的和未婚的妇女们征税的方式支持骑兵建设，毫无疑问就是为了弥补她们未能提供人力的事实（尽管别人认为 orborum et viduarum 意指“寡妇和孤儿们”：Nicolet 36—45）。但李维 1.43.9 将这种税法（只针对寡妇们）的引入归于塞尔维乌斯·图里乌斯，而非塔克文·布里斯库，此处西塞罗的这篇文字是证明这种税法在科林斯存在过的唯一证据。除了其可能不太确定的内容之外，这句话的叙述突然中断，表明可能是增补进去的；参见 Nicolet 29—31。

④ 一千二百人：有人对这个数字持怀疑态度；在李维 1.36.7 中，在谈论同一事件时，在一些原稿中数字似乎是 1800，在另一些中则是 1300。显然 1300 是错误的，因为这个数字必须能被平均分成 6 个相等的“百人团”。但因为李维作品中的原文也不是十分确定，我们还是保留了手抄本的原文。

⑤ 罗马庆典赛会：即罗马节（Ludi Romani），在九月份举办，为期两周。

⑥ 最伟大的朱庇特：建在加庇多山上的“最伟大的”朱庇特神庙是凯旋队伍的终点站，人们在那里祭献俘获的战利品。基督教祭献式题字刻写的三个字母“D. O. M.”（Deo Optimo Maximo，“献给至高无上的主”）代表着一种文艺复兴仿古典的回归。

莱伊利乌斯：这也更进一步印证了加图的说法，那就是我们国家的政体不是一人或一时之功；因为很显然随着各代国王相继当政，就会带来越来越多的益处和优势。但在所有的国王当中，我个人认为，接下来的那位对政宪问题的理解最为深刻。 37

西庇阿：一点儿没错。据说在塔克文去世后，塞尔维乌斯·图里乌斯是第一位没有经过人民正式选举而当上国王的人。其母亲应该是一名来自塔昆尼的奴隶[①]，其父则是国王的受保护人之一。他从小在仆人中间长大，伺候在国王的餐桌旁；但是这个孩子的聪明智慧已经锋芒大露，很难不引起人们的注意了——他十分胜任自己的职责，并且能够说到做到。当时塔克文自己的孩子还很小，因此对塞尔维乌斯宠爱有加，视如己出。国王倾其心血教会了他自己所知道的一切，使之达到了希腊最严格的标准。

塔克文被安古斯的儿子们密谋杀死后，就像我前面所说的，塞尔维乌斯没有经过人民正规的选举就登上了王位，但并非表示人民不同意。之所以如此，是因为当时官方制造了一个假消息[②]，说是塔克文尽管受了伤，但依然活着。塞尔维乌斯戴着王冠，进行合法决策，自己负责挽救债务人，并且通过自己无比的亲和力让人们感到非常满意，认为他就是在根据塔克文的指示执行管理。他并没有屈服于元老院，在塔克文被埋葬后，他要求人们承认自己的地位。在人们的欢呼声中他被宣布为国王，并且经选举区大会依法正式批准。他一上位，便发动了对伊特鲁里亚的复仇之战；结果…… [此处缺 1 页。西庇阿开始介绍塞尔维乌斯王的政体改革，尤其是关于百人大会的 38

---

① 奴隶：塞尔维乌斯这个名字和 servus 这个词（意思是“一个奴隶”）之间也许存在着某种联系；比较 Cornell 131—132。

② 官方制造了一个假消息：比较李维 1.41，根据其观点，这一事件是由王后坦娜奎尔一手策划的。

改革。]

39 ①……十八个最富有的(骑士百人团)。接着,在整个人民集体中划出相当数量的骑士后,他将剩下的人分为五个等级,各个等级中又将年长和年轻的区分开来。通过这样划分的设计,选举的优势就不会掌握在多数人手中,而是控制在富人手里。由此他确保了一个在政治上应该一贯遵守的原则,那就是最大的权力不应该掌握在大多数人手里。如果你们对这种区分制度不太熟悉,我来解释一下。事实上,你们可以看出这种制度如今是这样操作的:如果你将所有的骑士百人团(包括原来的六个②)和第一等级合到一起,然后加上分

① 此段文字解释了百人团大会(comitia centuriata)制度,即在共和政体期间选举较高级的地方执政官的大会。显然西塞罗指出了这种大会的主要目的:"选举的优势不应该掌握在多数人手中,而是控制在富人手里。"人们根据各自的财产(财产每五年调查一次)被划分为"等级"。每个"等级"包括一定数量的"百人团",各拥有一票的权利,但穷人的百人团比富人的要大得多,而且更穷的公民的单个投票几乎不算数。最高等级就是骑士团。剩下的人,原来都是步兵,被分为五个等级。第一等级包括那些财产达到10万塞斯特斯及以上的公民。每个百人团投票时都会公开;投票按照财产递减的顺序进行,一旦多数通过(即193票中有97票通过),便停止投票。这里西塞罗想象了一种情况,这种情况显然并不少见,那就是第一等级连同骑士团和"木匠"都投同样的票。在这种情况下,只需再有八个百人团的票数即可确保多数通过。这样的结果就是,只要富人之间投票几乎一致的话,穷人就根本没有投票的机会。这种百人团大会不仅原本就是在军事架构的基础上发展起来的,而且事实上正式被称为 exercitus(军队);集会地点就在战神广场,也是罗马人传统的阅兵场(虽然都是穿着普通人的衣着)。投票优势掌握在富人手中,也许会让现代的民主主义者大吃一惊:罗马人的理由是,战争与和平的事务原本就是这个大会的主要决策内容,那些获得或失去最多的人应该有最大的影响。参见李维 1.43;狄奥尼修斯 4.16—18;Cornell 179—197;Staveley 123—129;Taylor (2) 85—106。

② 原来的六个:sex suffragia(字面意义是"六个票数")代表着塔克文·布里斯库建立起来的六个最初的骑士百人团。

到木匠[①]中间的百人团(因其对城市有用),那么总票数就是八十九,
那就还剩下一百零四票。因此,只需要另外八个百人团投同样的票,
那么其他所有人的投票就都没有任何效果了;剩下九十六个百人团
中数量占优的人 < 对投票结果已经没有了发言权。这样塞尔维乌斯
的制度就确保了多数群众[②] > 既没有被剥夺投票权(否则就是专制
独裁了),又没有被赋予太多的权力,否则就会十分危险。在执行这
些措施的过程中,塞尔维乌斯十分谨慎,即便是关乎名字和头衔方面 40
都是如此。他称呼富人为 assidui[③],取自 as[铜币]和 do[我提供]。
至于那些财产不足 1500 塞斯特提或者一无所有、除了人头无法评估
财产的人,他称其为 proletarii[④],意思是希望他们能提供子嗣[pro-
les],也即国家的下一代。那个时候,那九十六个百人团中的任何一
个所拥有的人数几乎都比第一等级所有人数还多。因此,虽然没有 42
任何人被剥夺投票的权利,但最大的投票权还是掌握在那些最关心
国家应该尽可能稳定的人手里。而且,当那些预备役军人、传令官、
喇叭手和"子嗣提供者"都加进来…… [此处缺 2 页。]

① 木匠:他们被编到单独一个百人团中,无疑是因为他们在军队中具有独特的职能;他们和有产公民第一等级一起投票。有一些文献提到第二个工匠(fabri)百人团(大概是金属制造工)。还有一些特殊的百人团,如 accensi(预备役军人,没有召唤入伍服役时就充当服务人员)、号兵、喇叭手,比较下文 2.40,但这些人是在第五等级之后、无产阶级之前投票。

② < 对投票结果……多数群众 >:文中语句到此处突然变化,文本中似乎可能出现断句;我们对此进行了可能可行的修复。

③ assidui:这个词和普通的拉丁词 assiduus(即我们的词语"assiduous 勤勉的")一样,意思是"确定了的";但西塞罗此处将其和一个不可能的词源联系在一起,即 as,一个硬币的名称。

④ proletarii:"无产者",即所有没有财产的公民(西塞罗对这个词的词源分析是正确的:proles 意思是"孩子"),都被集合在一起编成一个单独的"百人团",排在最后投票(因此只有在前面 192 个百人团所投票数形成平局的时候才有机会投票)。

残页 1(在卷二末尾)可能放在此位置。

……(在迦太基也存在类似的情形，这比罗马)要早六十五年；因为它是在第一届奥林匹亚竞技会前三十九年建立的。著名的莱克格斯也注意到了同样的问题。因此在我看来，这种公正，这种三种形式综合的政体是我们和那些国家所共有的。但是如果我能做到，我会更加详细地描述我们国家独有的特点。这是无比杰出的优点之一，并将证明是其他任何国家所没有的一个特点。前面我提到过的那些
43 政体形式在早期的罗马、斯巴达和迦太基[①]都被混合起来过，但都没有很好地掌握平衡[②]。无论在什么国家，一个人掌握着永久的权力，尤其是国王的权力——即使也许还有一个元老院，就像罗马王政时期一样，以及像莱克格斯体制下的斯巴达一样，而且即使也许还有一定程度的民众权力，就像我们的王政时期一样——王权依然高于一切，这样的国家在名义上和事实上都不可避免地成为君主政体。那种政体形式十分容易改变；因为当某个人的无能导致它被颠覆时，没有什么能够阻止它瞬间完全崩溃。君主政体本身并无可非议；我还是认为，比起另外两种单一政体形式而言，它要优越得多(如果我可以让自己认可任何一种单一政体形式的话)，但前提是要保持其正当的形式不变。要保持其正当的形式，就要求一个人的永久权力、综合正义和智慧能够掌控社区的安全、平等权利与和平。

同时，由一个国王掌控的社区完全失去了很多优势，特别是自由，这不是拥有一位公正之王就行的事，而是需要完全没有国王才

---

① 斯巴达和迦太基：从亚里士多德《政治学》以来混合政体的标准例子。

② 没有掌握平衡：拉丁原文是 temperata，“克制的”或“受控制的”(比较 2.65 与 2.69 中的音乐形象)。不清楚西塞罗此处是否已经有了一个完全成熟的政体“相互制衡”的理论，尽管在下文 2.57—59 中讨论保民官时出现了更加类似这一理论的东西；他肯定不是在以现代英国的认识谈论着君主政体。在例如塞尔维乌斯·图里乌斯这样的君主和一位共和国的行政官之间的主要差别，就在于后者有限的任职期限。塞尔维乌斯的政体依然可能会被某位昏庸的君主所颠覆(就像塔克文·苏帕巴斯一样)。

行……［此处缺1页。西庇阿此时在谈论塔克文·苏佩布，认为他代表了君主政体的衰败。］

……（人民）容忍了他很多年，因为尽管他苛刻不公，这位国王在 44
位期间还是取得了成功。他征服了整个拉丁姆，占领了一个繁荣富足的市镇苏埃萨波美提亚。在自己掠夺到大量金银富裕起来后，在卡匹托尔山上修建了朱庇特神庙，实现了父亲的誓言。他建立了殖民地，并且依照他祖先的传统，给特尔斐城的阿波罗神送去了豪华的礼物，可以说将自己的第一批战利品献给了他。

45—51. 塔克文·苏佩布变成了暴君而遭到驱逐

很快循环①开始了。你们应该从一开始就习惯了它的自然发展 45
和循环；因为这是政治智慧无与伦比的成就（这也正是我谈论的内容所在），它能预测公共事务在迂回曲折中的前进方向。那么，当你知道事物的发展方向后，你就能够及时阻止或者有了迎接它们的心理准备。

我谈到的这位国王，从一开始，内心就惴惴不安；因为他的双手沾满了一位卓越国王的鲜血。由于害怕要为自己的罪恶最终受到惩罚，他决定对别人采取恐怖手段。受到自己征服别人和财富扩张的
鼓舞，他的傲慢疯狂滋长，导致根本无法控制自己的行为和自己家人 46
的淫欲。最终，他的大儿子强暴了卢克利希亚（特里西皮提努斯的女儿，科拉提努斯的妻子）；这位谦恭而高贵的女人不甘受辱而自杀。这时，卢西乌斯·布鲁图斯，一位有着非凡勇气和才能的人，打碎了套在罗马同胞们脖子上的无情奴役的枷锁。虽然只是一个普通公民，布鲁图斯还是一肩扛起了整个国家的责任，在国家历史上他第一

① 循环：比较上文1.45；1.64—68。

个证明了当人民的自由需要得到维护时,大家都不再只是一个普通人。在他的榜样激励和亲自带领下,全国人民被卢克利希亚的父亲及其亲人们的控诉、塔克文的傲慢自大以及他自己及其儿子过去所做的种种伤天害理之事所激怒了。结果,国王连同自己的儿子们以及整个塔克文家族都被流放。

47 因此,难道诸位还看不出来,一个国王怎样变成一名暴君,而因为某个人的无德导致这种形式的政府从好一下子堕落成为可能最坏的吗。后者这种政体的代表就是希腊人称为"暴君"的那种政治精英。在希腊人眼中,"国王"就像父亲,处处为自己的子民着想,努力让人民尽可能过上最好的生活。这个,正如我所说的,是一种很好的
48 政体形式,但也很不稳定、可以说很容易颠覆成为最险恶的政体。一旦某位国王向更加不公正的政体迈出了第一步,他很快就会成为一名暴君。那是人们能想象出来的最恶劣、最难以忍受的动物,也最引起人神共愤。虽然披着一身人皮,其残忍无比的恶行却连最凶猛的禽兽都不如。任何一个与自己子民、事实上也和整个人类脱离了任何法律关系、没有了丝毫文明关系的人,又怎么能够称之为人呢?不过,当谈话的主题要求我继续讨论那些在自己国家已经得到解放却依然试图掌握专制权力的人①时,还会有更加合适的场合来加以阐述谈论他们。

49 这里你们看到了一名暴君的最初形成;这是希腊人对无德无良国王的称呼。我们的同胞则对所有掌握着统治人民的永久性权力的人都冠以"国王"这个称号。因此据说斯普里乌斯·卡西乌斯、马库

---

① 试图掌握专制权力的人:在下一节中提到了名字。几乎可以肯定的是,在后面遗失的文字中,提比略·格拉古就是责难的对象。比较《莱伊利乌斯》36 以下。

大概此处的论点就是分配给元老院和人民的权力本身并不足以阻止一名君主变成暴君。

斯·曼利乌斯和斯普里乌斯·麦利乌斯都曾试图攫取王权,最近…… [此处缺1页,显然是在谈论提比略·格拉古。西庇阿此时在谈论斯巴达的元老院。]

……(莱克格斯)在斯巴达将他们称为"元老"。值得注意的是元老院成员数量很少——事实上只有二十八人;然而他希望他们能够掌握最高劝谏权力,而国王保留着最高执行权力。我们的同胞便以之为样,采纳了这一做法。莱克格斯所谓的"the Elders"被他们称作"the body of elders"[senatus,元老院]。(我曾说过,罗穆卢斯在挑选出**长老们**时,已经迈出了这一步。)然而,国王的权力、影响和头衔依然绝对。试想一下,像莱克格斯和罗穆卢斯一样,将一定的权力赋予人民;你会发现,让他们尝试了自由的滋味,你不但无法满足他们对自由的渴望,反而更加吊起了他们的胃口。而且,人们心中的恐惧就像悬在头上挥之不去的乌云一样,就像经常发生的那样,人们担心国王会变得不公正起来。于是,就像我先前说过的一样,当人民的命运依赖于某一个人的善良和仁慈时,就会无法得到保障。 50

所以,暴政形式、种类和产生过程的最早例子,不是在柏拉图那篇著名对话中苏格拉底根据自己想象描述出来的国家里出现的,而是在这里,在罗穆卢斯得到上天庇佑建立的这个国家里出现的——我是说,塔克文没有攫取任何新的权力而只通过滥用手中已有的权力,是如何将这种王政彻底毁坏的。让我们来将他与另一个人①做个比较——那个完全理解什么才能保护国家的利益、提高国家的威望的仁义智者,那个可以称为国家守护者和管理者的人;这些称呼是那 51

① 另一个人:由于文本碎片断断续续,并不是很确定这个"人物"特指布鲁图斯(就像Zetzel的观点)或者仅仅是指某一种睿智的政治家,即暴君的对立面。不管是哪个意思,它都被用作第一次引入理想政治家这个概念的方式。上下文解释得很清楚,以前在拉丁语中没有足够的词语来表达"政治家"这个意思,西塞罗则求助于许多不同的意象(舵手、保护人等等)来表达这个概念。比较Powell(2)。

些掌管和统治这个社会的人应得的。请确保自己能够识辨出那种人,因为他才是那种凭借自己的明智判断和鞠躬尽瘁能够保护整个国家的人。因为目前这个概念在我们的语言中还没有得到普遍使用,而且因为上述那种人在接下来我的谈话中会经常提到……[此处缺6页。]

52—56. 普布利科拉通过向人民让步保全了元老院的权威

52 ……(柏拉图)构建了一个令人向往却并不可行的国家。这是他所能设想的最小的国家,尽管事实上并不可行,还是能够让读者明白政治是怎样运作的。不过,只要我能做到,我会利用他推论出来的那些原理,尽量阐述清楚其运作过程,并且不是在头脑中构想的模糊国家,而是在一个真正伟大的国家中的作用。如此,就像拿着根教鞭一样,我将指点出公共生活中的每一个善因与恶因。

当两百年的君主政体结束(或者如果算上空位期的话可能更长一点),当塔克文被流放,罗马人对国王这个称呼充满了仇恨,这种仇恨就像罗穆卢斯去世,或者说离开后人们对他的怀念一样强烈。那个时候,他们不能没有国王;如今,在摆脱塔克文的统治后,他们对国王这个词都无法容忍……[此处缺8页。]①

53 ……那个法律②被完全废除。正是这种怨恨情绪导致我们的祖先驱逐了无辜的科拉提努斯,人们因为他(与傲慢王塔克文)的家族关系而心存疑忌,并且因为对这个名字的憎恶而驱逐所有其他的塔

① 此处缺失的部分应有对王权时期的总结。残页2(在卷二末尾)可能属于此处,或者在下一个缺失的部分;也有人将其放在2.43位置。

② 那个法律:由于上文缺失,无法知道此处指哪个法律。

克文姓氏。考虑到这一怨恨情绪，普布利乌斯·瓦莱里乌斯第一次命令，当他在人民集会上讲话时，必须放下束棒。接着当他意识到自己开始在维利亚山顶不远处图鲁斯王曾经居住过的地方建造居所而引起了民愤时，又将居所移到了山脚下。他还向人们建议通过一项法律，事实上这是百人团会议所通过的第一个法案，大意规定任何执政官不得在不允许上诉[①]的情况下鞭笞或处死任何罗马公民，借此表明自己是卓越的"人民之友"[②]。（不过，祭司们的记载表明，即使是 54
国王的判决也可以被上诉，这一点在我们占卜官的书里也得到了印证。《十二铜表法》也在其中若干条文中指出，针对任何判定和裁决提出上诉都是合法的。而且，对于制定法典的十人编撰委员会的决定，人们无权提起上诉，这一传统充分证明，过去对于其他执政官的决定，人们是有这种权利的。卢西乌斯·瓦莱里乌斯·波提图斯和马库斯·荷拉提乌斯·巴尔巴图斯这两位为了和平而明智地赢得了民众支持的人，颁布了执政官法，规定任何执政官除非其统治可以上诉，否则不予任命。最终，波西安法，大家都知道，是由三位不同的波西家族人员提出来的三个法案，其中除增加了一条对强奸的处罚规定外，并没有引入任何其他新内容。）

接着，在颁布那项关于上诉的法案后，普布利科拉立即命令将束 55
棒上的斧头拿掉[③]。第二天，他又将斯普利乌斯·鲁克雷提乌斯选为自己的同事；他还命令自己的侍从官跟随斯普利乌斯，因为对方年长

① 上诉：针对某位行政官的决定向公民大会提起上诉（provocatio）的权利，是罗马公民权利中十分重要的部分。西塞罗在此处指出这一权利在王权时期就已存在，尽管在瓦莱里乌斯·普布里科拉的法典以及后来的瓦莱里亚·霍雷希亚法和波尔其亚法中明确规定了。关于 provocatio 参见 Lintott（2）226—267。

② "人民之友"：瓦莱里乌斯的姓普布里科拉（Publicola）的涵义。

③ 将斧头拿掉：在古时候，只有当行政官在罗马城墙外行使其权威的时候，束棒（上文 2.34）才带有斧头。

一些。他还开创了一种习俗，即侍从官必须每月轮流①跟随在一位执政官身边。这样做是为了防止自由共和国政体中权力的标志超过王政时期。在我看来，通过赋予民众适度的自由而更轻易地保存了贵族公民的权威，这不是个寻常的人。你看，我这样滔滔不绝地向你们讲这些陈年往事，是有理由的。从那些著名的人物和时期里，我指出了人和事的例子，作为接下来我的阐述的参考例证。

56 那么，在那个时期，元老院将国家维持在下面这种状态：虽然人民自由了，但并不能决定什么事；大部分事情都是根据习惯和先例通过元老院的权威得以决定。执政官的权力虽然在时间上限制在一年以内，但本质和合法性上和以前国王并无二致。并且（也许是维护贵族统治权力最重要的一个因素）一个毫不动摇的原则就是民众的集体决定未经元老院权威的认可便无效。同一时期，实行首任执政官制度后大约十年，提图斯·拉尔基乌斯被任命为独裁官。这被认为是一种新的权力形式，与君权模式十分相似。不过，人民一致同意，所有权力牢牢控制在贵族公民的手中；在那些时期，卓越的战功由那些行使最高权力的骁勇之士建立，无论是独裁官抑或是执政官。

57—60. 人民要求更多实质性的让步

57 然而稍后不久，共和政体开始后大约十五年，在波斯图姆斯·科米尼乌斯和斯普里乌斯·卡西乌斯担任执政官时期，摆脱了国王统治的罗马人民又僭取了更多的合法权利——这在事情发展本质上而言是个必然的结果。也许在这件事上缺少深思熟虑；但政治的本质却往往超越了深思熟虑。诸位要记得我一开始说过的话，也就是除

① 每月轮流：在共和国时期两位执政官轮流由十二名侍从官一次跟随一个月；通常获得选票最高的优先。

非一个国家在权利、义务和功能上达到了一种公正的平衡(即执政官拥有充分的权力、贵族议会具有足够的影响力、人民拥有充分的自由),否则其宪政体制无法避免变革。不管怎样,当社会处于一种因 58
债务奴役制带来的混乱状态中时,普通人民首先占据了圣山,接着占据了阿文丁山。请记住即使是莱克格斯的体系也未能将希腊人口牢牢掌控住。因为同样在斯巴达,在提奥庞普斯统治时期,被称为五长官的五位官员(在克里特则是十位,称作十长官)被任命,以取代国王的权力,正像我们这里平民保民官们被选出来以限制执政官的权威一样[①]。

在债务问题普遍存在的情况下,我们的先辈们也许的确有一套 59
缓解的办法,这种办法在不久前雅典的梭伦就曾提出来过,我们的元老院此后不久也注意到了。(后来,由于某个人残酷无情的欲望[②],所有公民的债务奴役关系得以解除而再未恢复。自此之后,当普通庶民不堪承受经济负担[③]而濒临破产时,政府总会推出一些缓解或补救措施,以确保社会的稳定。)但当时元老院未能推行这一举措,于是人民找到了借口,要通过煽起暴动推选两名平民保民官,以削弱元老院的权力和权威。然而,这种权威依然深重而广泛,因为是一群最睿智、最勇敢的人凭借明智擅断和军事武力二者的结合保护着这个国家。他们的权威广受尊重,因为虽然他们声望远高于别人,但自己得到的享乐却少得多,而且通常并不比其他人富裕多少。每个人的价

---

① 请记住……执政官的权威一样:这两个句子(在拉丁语原文是一个句子)打断了陈述,而且“处于如此严酷的统治之下”这个短语在语境中也让人迷惑。怀疑是后人增补的。

② 由于某个人残酷无情的欲望:指李维在 8.28 中所描述的事件。无力偿还债务的情况下,以前的传统是债务奴役(nexum)。某个叫卢修斯·帕皮里乌斯的人因为一份继承债务而虐待一位被债务奴役的年轻人,导致元老院最终决定废除这一体制。

③ 负担:oneri(Moser),而手抄本中为 generi。

值在公众生活中愈受尊重，因为当涉及到私人问题时，他们总是通过自己的行动、建议和经济支援尽职尽责地帮助每个公民。

60 当备受群众爱戴的斯普里乌斯·卡西乌斯被财政官控告密谋篡位的时候，国家的局势便是如此。大家知道，当其父亲作证说他发现斯普里乌斯有罪时，群众一致同意将其处死。在实行执政官制度大约五十三年后，斯普里乌斯·塔皮乌斯和奥卢斯·阿特尼乌斯这两位执政官颁布了另一项广受欢迎的关于罚款和没收[①]的法律，并且经百人团大会通过。二十年后，由于监察官卢修斯·帕皮里乌斯和普布利乌斯·皮纳里乌斯强制执行罚款制度，导致大量的牛被从私人手中收取充公，盖尤斯·尤利乌斯和普布利乌斯·帕皮里乌斯两位执政官颁布一项法律，规定对包括牛在内的罚金实行更加宽松的估价方式。

61—63. 十人委员会编纂法典，继任者相形见绌

61 早些年的时候，当元老院拥有至高权威、人民尚且恭顺服从的时候，有一个想法被大家所接受，即执政官和平民保民官应该辞去职务，任命成立一个十人委员会[②]。这个委员会将拥有最高地位，其裁决不受上诉。除了拥有至高无上的权力之外，他们另一个任务便是编纂法典。当凭借自己的超群智慧和无上公正完成了《十铜表法》时，他们提名另外十个人第二年任职。

第二个委员会在其公正公平上并没有获得同样的赞誉。不过，

① 罚款和没收：比较上文2.16。

② 十人委员会：指被任命编纂《十二（原为十）铜表法》的十个人（decemviri）；Cornell 272—276。

其中的一位，盖尤斯·尤利乌斯[1]，却大获认可。他声称当从一位贵族卢修斯·塞斯提乌斯的卧室中挖出一具尸体时，他自己便在场。然而尽管作为十人委员会的成员，他拥有绝对的权力而可以不受上诉，他仅仅命令将卢修斯取保候审。他声称，卓越的法典规定除非经百人团大会批准，否则不许对任何罗马公民判处死刑，自己绝不会违反规定。

接着是第三年的十人委员会。成员依然没变，因为他们拒绝任 62
命继任者。当时政体处于这种局势之下（我此前说过多次，这种政体无法持久，因为它并非对所有社会阶级都能平等公正），整个国家掌控在贵族统治者手中。最高出身的十人委员会大权在握，没有平民保民官的反对；再未增加其他执政官；任何针对鞭笞和死刑的指控不 63
许人民提出任何异议。因此，由于委员会的不公正，一次大规模的剧变发生了，随之带来了整个政体的变革。十人委员会在《铜表法》中增加了两条不公正的法条，规定庶民和贵族之间不得通婚——这是一条蛮横之至的规定，因为这种权利即使在不同国家公民之间通常都是许可的。（这条禁令后来被卡努莱乌斯的平民法所废除。）在其所有的官方法令中，他们都极不负责任，而且在对人民的统治中充满残暴和贪欲。德基姆斯·维尔吉尼乌斯的故事当然广为人知，在无数的文献作品中都有记载。他在广场上亲手杀死了还是处女的女儿，使其免受十人委员会中某个成员的兽欲侵害。当他满怀悲痛逃到当时驻扎在阿尔基多斯山上的军队里，战士们停止了正在进行的战斗，带着武器，首先占领了圣山，就像他们原来因为相同原因所做

---

① 盖尤斯·尤利乌斯：显然西塞罗认为尤利乌斯是第二个十人委员会中的成员，但李维（3.33）认为他应该属于第一个委员会。

的那样，接着占领了阿文丁山…… [此处缺 4 页。] ①

(现在我们讲到了)我相信我们祖先最认可而且也十分明智地保留下来的政体形式。

64—66. 西庇阿重述要点

64 西庇阿讲了这些话，大家都默不作声，等他继续讲完的时候，杜贝罗说道：既然在座的各位长者没有问题问您，那么阿非利加努斯，也许您能允许我说几句您谈话中没有提到的内容。

西庇阿：当然可以；我很乐意听你说说。

杜贝罗：在我看来，您似乎赞扬了我们的政体形式，尽管莱伊利乌斯请您谈论的不是我们这个特定的政体，而是普遍意义上的政体形式。即便如此，您的谈话中我并没有听到，在建立和维护您所提倡的那种政体时，我们到底应该采用什么样的道德体系、风俗习惯和法律制度。

65 西庇阿：杜贝罗，我想我们马上就会有一个更合适的场合来谈论政体的建立和维护。至于最佳的政体形式，我想我已经对莱伊利乌斯的问题做了非常充分的回答。因为首先，我区别了三种可以接受的政体形式及其各自对应的无法接受的形式。接着，我阐述了这些
66 单一政体不是最理想的形式，而其中任何一种都比不上三种可以接

---

① 一个仅仅四页的中断出现在西庇阿对历史的陈述末尾。他肯定是说在十人委员会垮台之后，罗马的共和政体差不多就发展到了今天的样子。这跟波利比乌斯(6.11.1)的说法是一致的，后者说罗马国家自从公元前 449 年起就"管理得很好"了。没有理由说西塞罗的解释在具体细节上依赖于遗失了的波利比乌斯的部分(比较 Walbank 147—148)；两位作者都将十人委员会倒台看作持续的共和政体的开始。西塞罗和波利比乌斯都没有表示在此之后就无法再进一步发展了；波利比乌斯明确地说罗马体制只有在汉尼拔战争时期发展到了完美状态。

受的政体恰当的综合形式。至于我拿我们的国家作为例子，自有其价值，不是用来定义最佳政体（因为这个即使不用例子也能做到），而是通过最伟大的国家的切实经历来证明我的理论所阐释的内容。但是如果你要问最佳政体的本质，那我们需要借用自然所呈现的例子①，因为你对我们一直采用的城市及其人民的例子（并不满意）……［此处至少缺2页。］

67—70. 最理想的政治家

西庇阿：……我寻找这么一个人已经很久了，我很期待能碰到他。 67

莱伊利乌斯：也许您在寻找明智擅断的人？

西庇阿：正是。

莱伊利乌斯：那您在我们在场的这群人里就可以发现好些。比如说您自己呢？

西庇阿：没错。但要是在整个元老院里也能达到这样的比例才好！比如说吧，就像我们经常在非洲看到的，有人骑着巨型野兽②，只需轻轻拍它一下或者命令一声，就能控制它，指引它去自己想去的地方，随意叫这个巨型畜生朝东或者朝西——这样**他**才是一个明智擅断的人呢。

莱伊利乌斯：我知道您所说的这种人；我在您的麾下时经常看见。

西庇阿：嗯，那些印度人或者迦太基人控制着一只温顺、熟悉人类方式的动物。但是人类头脑中的、也是头脑的一个部分，被称为理

---

① 自然所呈现的例子：此处指代不明；无法推测。

② 野兽：指大象。

智的才能，所驯服和控制的可不仅仅是一只动物，而且还是一只很容易训练的动物——如果真能做到的话。当然很少能成功，因为那只凶猛的野兽需要强大的控制能力……

［此处缺2页，西庇阿在谈论作为政治家的困难所在。参见书后的残页。］

69 莱伊利乌斯：现在我明白您对我期待的人物赋予的职责和功能了。

西庇阿：啊，事实上他不应有除此之外的其他职责，因为光这一点就涵盖了所有——那就是他永远不应停止对自身的反省和检查，激励别人仿效自己，通过自己卓越的思想和言行，让自己的同胞们引为楷模。就像弹奏弦乐器①或者吹奏管乐器或者在歌唱家们的声音里，不同声音中必须保持一定的起音（如果没有定音或者定音不准，那种效果是受过训练的耳朵所无法忍受的），正如那个定音，虽然是从不同音高的控制中产生的，却能发出让人愉悦惬意的声音一样，一个国家亦是如此，通过在最高、最低和中间阶级之间调整各自的比例，就像调整音高一样，最终达到定音。在唱歌时音乐家们所称作定音的，在国家管理中称为和谐；它构成了最紧密、最有效的安全纽带；而缺少公正，这种和谐就根本不能存在。

［此处缺12页。奥古斯丁（《上帝之城》2.21）认为，这里菲卢斯针对常人所认为的没有不公正现象国家就无法管理这个观点，请求

① 就像弹奏弦乐器……：这种音乐比喻源自柏拉图的《理想国》443d；读者应该注意原文中提到的古时候音乐术语“harmony”的意思相当于我们今天所说的“tuning”（调音，定音），古时候的音乐理论中尚没有我们今天所说的高度发达的“harmony”（和声）体系。此处文字（包括从我们手抄本中缺失的一些文字）被奥古斯丁《上帝之城》2.21所引用，他还对上下文作了一个总结；将公正比作国家的和谐（与柏拉图在其《理想国》中公正的概念差不多），这一概念使得政体理论顺利过渡到下卷关于公正的辩论上去。

西庇阿更加详细地阐述公正这一概念。]

西庇阿:我完全同意,而且我还会强调,我们目前所认为已经建 70
立的关于国家政体的一切几乎为零,我们没有往前推进的基础,除非我们驳倒没有不公正的存在政体就无法继续这个观点,并且结论性地证明,没有最高程度的**公正**,政体就无法继续下去。不过,如果诸位不反对,我们今天就说到这里,明天再接着讨论,因为要说的话还有很多。

大家都表示赞同,于是当天的讨论告一段落。

卷二残页

1. [洛布古典丛书,41] <我认为>最佳的可能的政治体制表现为那三种形式明智的综合:即君主政体、贵族统治和民主政体。它不会因为惩罚某个野蛮粗暴的观点而受到不良影响……(诺尼乌斯,2.542)。

2. [洛布古典丛书,53] 因此,在罗穆卢斯创建的这一杰出政体历经二百二十年未被动摇之后……(诺尼乌斯,3.845)而且奥古斯丁的说法也许与此相关,即在发现国王的统治无可忍受的时候,罗马人每年推选出两位首席执政官;他们被称为 consuls,源自动词 consult(商议)。(《上帝之城》5.12)

3. [洛布古典丛书,68] ……在血流成河中得以繁荣,在凶猛残暴中肆意狂欢,对于无情的屠杀毫不满足(诺尼乌斯,2.466)。

……贪婪、肉欲、淫荡、沉迷于色肉之欢(诺尼乌斯,3.788)。

……第四,焦虑、惯于哀悼、悲痛、总是自己困苦不堪(诺尼乌斯,1.102)。

……被痛苦和不幸所困扰,或者因恐惧和怯懦而屈服(诺尼乌斯,1.338—339)。

……就像一位无能的驾车人被拖出战车,遭到践踏、撕裂、碾压至死(诺尼乌斯,2.453)。

4. ……<我必须请您>回答卡涅阿德斯的问题,这个人利用自己聪明的欺骗手段,经常让本来很正常的案例听起来无比荒唐(诺尼乌斯,2.402)。

卷　三

1—7. 人的才能和成就

［西塞罗本人在发表议论。此处缺4页，但按奥古斯丁在《驳尤利安》4.12.60中的说法，西塞罗断言，尽管人类有着生理上的弱点，有着恐惧和精神上的不足，但与其他动物不同，人类的内心深处有着理性智慧的神圣之火。］

①……（智慧使其能够）利用交通工具弥补行动缓慢的不足。而 3
且，听到人们用含混不清的声音发出来的浑沌混乱的噪音时，（智慧）将这些声音区分开来，分成若干单元，对万物标以名字，就像标识一样，并且通过说相同语言这一令人欣喜的纽带使先前分散而居的人聚集到一起。也因为这一智慧，看起来数不胜数的声音通过一些发明的记号全部被确定、表现出来。这些记号使得相隔很远的人能够进行对话，人们的愿望得以表达，过往的事情得以记载保存。接着发

① 这是第二对书的前言的一部分。西塞罗（本人在说话）在讨论文明的起源，直到政治艺术的发展为止。

明了数字,这是生活中不可或缺的,也是唯一不会改变和永恒存在的[①]。是它最初促使我们仰望天空,让我们能够理解地凝视星辰运转、通过划分黑夜白天(计算周年)。

[此处缺4页。西塞罗在谈论道德哲学和政治才能的不同行为表现,以及二者结合的可能性。]

4 ……他们的智慧更高,并且在思想或者言行上成功地达到了一
些堪称我此前所谓的上天赋予的才能。所以我们应该把那些将伦理
原则理论化的人称作伟人,事实上他们也的确是的;我们应该承认他
们是关于真理和美德方面的学者和老师,但我们要承认这个研究的
另一分支毫不可鄙,无论它是被那些潜心于不断变化的政治世界的
人所发明的,还是被那些哲学家在其平和的研究中所实践的——我
在谈论的是管理和教育人民的艺术,这种艺术在那些善良有才者中,
和过去经常发生的一样,依然能够培养出不可思议和常人难及的那
5 种卓越。那么,如果像这些书本里记载的参与这场讨论的人一样,有
人认为他应该在自己与生俱来的和国家制度所赋予的智力才能上,
再增加学识和对这个世界更为深刻的认识,那就无人能够否认他是
不可超越的。因为除了将对管理重大事务的经验与对那些其他艺术
的研究和掌握结合起来,还有什么能更加让人印象深刻呢?还有谁
能比普布利乌斯·西庇阿、盖尤斯·莱伊利乌斯和卢西乌斯·菲卢
斯更能胜任呢?——这个三人组合为了确保能涵括一切能给伟人们
带来最显赫声望的内容,而将这一源自苏格拉底的国外的学问引到
6 自己祖先所建立的本土传统之中来。因此我的观点就是,任何达到
这两个目标的人,即熟悉我们的本土风俗制度**以及**理论知识,就已经
具备了出类拔萃所必须的一切条件。然而,如果人们必须在通往智

---

① 不会改变和永恒存在的:这反映了柏拉图将数学存在归于永恒概念领域的哲学观点。

慧的途径中加以选择，那么，即使有人认为让一生在对最高艺术的研究中平静度过将会更加快乐，还是毋庸置疑，政治家的一生才是更加令人钦佩更加杰出无比的。正是这样的一生才使得那些最伟大的人声名赫赫——例如玛尼乌斯·库利乌斯，

用钢铁或金银都无法征服的人，

或者……[此处缺3页。]

……(尽管人们承认两种途径)都最终通向智慧，但两个群体所 7
采用的方法却在这个方面有着区别：一个利用言辞技巧激发了人们天生的潜能，另一个则是通过法律和制度。如今这个国家独自培养了更多另一类人，如果不叫“哲学家”的话(因为前面那个群体对于这个称呼如此难以割舍)，也是无疑值得最高赞誉的人，因为他们推进了哲学家们的规则和发现。而且，照理来说设计一个可以持久下去的政体形式需要具有最高的实践智慧，那么试想一下所有曾经美好而且依然美好的国家：如果我们仅仅将一个这样的人分到上面的每个国家，那么我们前面将会涌现多少杰出的人才啊！如果，在意大利以内，我们准备考察拉丁姆人或者萨宾人或者沃尔西人，继而考察桑尼姆、伊特鲁利亚和大希腊；如果接下来(考虑)亚述人、波斯人、腓尼基人……[此处缺6页。]

8—28. 菲卢斯认为不公是必要的，也是有益的

①菲卢斯：您要我来为邪恶辩护，这是给我的多好的案例啊！ 8

---

① 这一节引入了菲卢斯和莱伊利乌斯关于公正的争论。关于这两篇演讲争论的重新修复，参见Ferrary(1)和(2)。

莱伊利乌斯：尽管如此，如果你提出一些通常反对公正的观点，你大可不必担心[1]大家会认为你真正相信自己所说的。毕竟，你自己绝对是一个传统正直和善良的楷模；而且大家都知道你习惯对一个案例正反两方面都要辩护一番[2]，因为你认为，那是获得真理最简单的方式。

菲卢斯：那好吧。我就按照您的吩咐做，故意给自己涂满污泥。这是金矿勘探者们不会闪避的；因此我想在挖掘真理的过程中——这可是远比世上任何黄金都要珍贵的东西，我们不应试图去躲避代价，无论多么污秽。我只希望，在我采用别人的辩论观点时，也能够借用别人之口。实际上，卢西乌斯·福利乌斯·菲卢斯必须坚持卡涅阿德斯[3]（过去常常持有的）观点，这位希腊仁兄经常为了有利而设计一些口头辩论…… ［此处缺 2 页。］

12 ……（柏拉图）试图发现（公正）并且为其辩护，另一位（亚里士多德）专门围绕这个主题写了四部重头著作。至于克里希普斯，在辩论时总是坚持自己一贯的风格，并不通过事情本身的重要性，而是通过词语本身的功能去研究问题，我从不指望能从他身上发现什么重

---

① 大可不必担心：原文为 verendum < non > est（Leopardi）。

② 你习惯对一个案例正反两方面都要辩护一番：如果从戏剧性的表面意义看，这暗示着菲卢斯遵循着辩论的学园派方法；不管他是否是这样的，但西塞罗肯定是这样做的。

③ 卡涅阿德斯：指公元前 155 年三位希腊哲学家对罗马的著名辩论。学园派的卡涅阿德斯、逍遥派的克里托劳斯和斯多葛学派巴比伦的戴奥真尼斯被推选出来，代表雅典人为减轻因对邻国奥罗普斯的不公正待遇而强加的处罚进行辩护。除了执行公务以外，卡涅阿德斯也作了公开演讲。有一天，他指出公正对于政府而言是不可或缺的；而在第二天，他又说出了相反的观点，说政府必须建立在不公正的基础之上（这第二次演讲，尤其是从一名官方外交官口中说出来，自然震动了思想传统的罗马人）。这也启发了西塞罗在这里陈列出两篇针锋相对的演讲，不过他调换了一下顺序，使得支持公正的一篇看起来显得更加有力一些：西塞罗的第一篇演讲（由菲卢斯说出来的）建立在卡涅阿德斯的第二篇基础之上，然后莱伊利乌斯反驳了菲卢斯的观点。

要或者让人印象深刻的观点。那些高尚伟人的目的就是要将那种美
德从地面上提起，然后将其安放到那个神圣宝座上的智慧旁边——
那种美德，一旦出现，便是世上最慷慨最大方的，爱任何人都胜过爱
自己，其存在的目的就是为了保证别人而非自身的利益。当然，他们 13
并不是没有这些良好的意愿；否则他们写作还会有什么其他的动机
或者可能的目的？他们也不是没有才华（相反在这方面他们无人能
及）。但是他们观点的缺陷对其良好意愿和表达才能而言有点过了。
因为我们所讨论的公正是一个政治现象，而不是一个本质元素。如
果它**是**本质的一部分，就像热和冷或者苦和甜一样，那么公正和不公
正对每个人来说便都是一样的了。

事实上，如果有人坐在帕库维乌斯笔下著名的翅龙驾驶的战车[1] 14
里，能够俯瞰一下众多不同的城市与国家，他首先会看到在埃及，有
一片比其他国家都成功地摆脱了变革、保存了过去无数个世纪中事
件的书面记载的土地，有当地居民视为神物的埃皮斯神牛，以及许多
其他独特非凡的东西，包括在众神当中被膜拜的各类神兽。接着在
希腊，就像和我们一起一样，他会看到很多辉煌的神庙，被用来祭祀
塑造成人形的雕塑，这在波斯人看来是亵渎神圣的。事实上，薛西斯
一世[2]据说曾经命令将雅典的神庙烧毁，仅仅因为他认为将本应以整
个宇宙为家的众神囿于高墙之内是不敬之举。后来，曾经计划攻打 15
波斯的菲利普和真正攻打了波斯的亚历山大都为自己辩护，称其想
代表希腊神庙报仇。希腊人自己认为不应将神庙修复，这样后世子
孙就能看到这个波斯人亵渎神明的永久性纪念碑。

---

① 翅龙驾驶的战车：指美狄亚的战车（帕库维乌斯，残页 242，见 Warmington 译，《古拉丁遗迹》iii）。

② 薛西斯一世：希罗多德关于波斯人占领雅典的描述（8.50—55）并未提到此处所指的辩护。

试想一下所有那些国家，比如黑海海岸上的杜林人、埃及国王布西里斯、高卢人和迦太基人，都将人类以身献祭视为一种神圣之举，认为最受永恒之神们的喜爱。事实上，不同民族的风俗习惯千差万别。克里特岛人和埃托利亚人认为武装抢劫是一种风光的职业。斯巴达人认为他们用标枪所能投到的每一片土地都归自己所有。雅典人过去常当众宣誓，这样所有盛产橄榄油和玉米的土地都是自己的
16 财产。高卢人认为通过播种耕种收获玉米是可耻的，所以他们派出军队去抢别人的粮食。我们罗马人作为公正的典范，禁止阿尔卑斯山以外的部落种植橄榄树和葡萄，以便提高我们自己产品的价值。我们的这种做法被人说成是明智之举，但有失公正。所以你可以看出，智慧和公正是绝然不同的。制定了无与伦比的法典和公正法则的莱克格斯将富人的土地分给了普通人——让后者充当奴隶去工作。

17 如果我要描述各种不同的法律、制度、风俗和习惯，我不仅可以展示这么多国家中存在的种种差异，而且可以描述某一个城市里发生的上千种演变——甚至就是我们这个城市。我们的朋友马尼利乌斯，博学多闻的律师，现在要向我们阐述关于女性在遗产和遗赠方面的权利的观点，这和他以前年轻的时候，在《沃科尼法》[①]颁布之前持有的观点有所不同。我想说的是，那部法律是为了维护男人的利益而颁布的，其中包括了对女性的严重不公正的规定。凭什么女人就

① 《沃科尼法》：马尼利乌斯的年龄以及他在法律方面的专长在此是相关联的：在《沃科尼法》通过之前（大概是公元前169年，即此对话假设的日期前40年），他就已经是一名有资格的法学家了。此法案全称为 Lex Voconia de mulierum hereditatibus，有如下规定：(a)妇女不能成为价值超过10万塞斯特斯财产的继承人，(b)妇女可以成为遗产受赠人，但任何独立的受赠人不能获得超过继承人所获得的财产；这两项规定综合起来的结果，便是规定妇女不能继承任何实质性财产中超过半数的金额；(c)在未留遗嘱而死亡的情况下，女性亲人中只有一名母亲、一名女儿或一名姐妹能够有继承权。值得注意的是西塞罗至少十分清楚这些规定中对妇女的不公正。

不该拥有属于自己的钱呢?① 为什么只有维斯塔贞女②才可以订立遗嘱而她的母亲却不能呢?如果一个女人的财产必须受到限制的话,为什么普布利乌斯·克拉苏的女儿——假设她是其唯一的孩子——能够合法地拥有一亿塞斯特提,而我的女儿却连三百万都不允许呢?[此处缺1页。菲卢斯还在发表观点。]

……(如果上天)来制定我们的公正体系,那所有国家的法律都 18
会完全一样,一个国家不同时期的法律也不会有任何变化。如果说
作为一名公正的人和良好公民,其职责就是遵守法律,那谁能告诉我
指的是哪些法律?是指任何现有的法律么?可是美德不容忍有矛
盾;上天不允许有差异;而且无论怎样,法律是靠处罚得以执行,而不
是靠我们对公正的感觉。所以就公正而言没有什么是自然而有的。
由此推出,即便是公正的个人也不是天生就公正的。或者是否它们
意味着,既然有各种不同的法律,自然好人遵守的是**现实的**,而不仅
仅是假设的公正?我们被告知,一个善良公正的人的职责就是公正 19
地对待每一个人。那么首先要问的是,我们应该公正对待不会说话
的动物吗?毕达哥拉斯和恩培多克勒学派③(不说普通人,只说最伟
大最显赫的思想家们)声称所有有生命的动物在法律面前一律平等,
并且还大声宣称任何伤害动物的人都会面临无法逃脱的惩罚。所以
伤害动物等于犯罪,任何打算(违犯)这一罪行的人……[接下来的
80页中仅存4页。所缺失文本中一部分内容可从拉克坦提乌斯和德
尔图良的作品中推测出来,阐释如下。]

为什么国家法律规定各不相同?难道不是因为每个社会都是根

① 拥有属于自己的钱:在罗马法律中妇女是无权处理自己事务的(sui iuris),其财产在法律意义上是属于其父亲或监护人的。

② 维斯塔贞女:维斯塔贞女是罗马妇女中唯一被允许可以订立遗嘱的。

③ 毕达哥拉斯和恩培多克勒学派:毕达哥拉斯学派(恩培多克勒便属于此学派)一般都主张素食主义,因为他们相信人类灵魂是可以在动物身上得到转生的。

据自己的特定条件而制定的吗？罗马人自己证明了公正和利益之间的差别。通过祭司院的祭司们宣布战争，他们给非法的行为赋予了似是而非的合法性；通过攫取别国的土地，他们建立了一个世界帝国（拉克坦提乌斯，《神圣制度》6.9.2—4）。

每个帝国都是通过战争建立起来的，其中总是充满了对被征服者的神明和被征服者本身的伤害（德尔图良，《护教学》25.14—15）

卡涅阿德斯认为没有自然的法律。他声称，一切有生命的动物，包括人类，都追求自身的利益。如果说存在公正这种东西，那是极度的愚蠢；因为在为别人争取利益时，却伤害了自己。如果罗马人决定变得公正起来，把别人的财产归还回去，那么他们会立刻回到从前的贫困状态，住着草棚（拉克坦提乌斯，《神圣制度》5.16.2—4）。

你自己的优势就是别人的劣势。因此你建立一个帝国，那就侵占了别人的领土，用别人的代价让自己富裕起来。肆意侵略的将士们被视为勇猛和杰出的化身。哲学讲师们为愚蠢和罪恶盖上了传统与权威的遮羞布（拉克坦提乌斯，《神圣制度》6.6.19 和 23）。

23 菲卢斯：……因为所有掌握着整个社会生杀大权的人都是暴君，但他们却喜欢被人称作国王——这是最伟大的朱庇特应得的头衔。当某一些人借助其财富或出身或其他优势掌控着一个国家时，这就是一种寡头集团，但其成员被称作统治贵族。如果人民拥有最高权力，任何事情都由人民决定，那就叫自由，尽管事实上这是一种放纵。但是当个人与个人之间、阶级与阶级之间彼此存在着畏惧，那么，因为没有人能够依赖自己的力量，在人民与有权力的少数人之间就会形成一种协定。在此基础上就产生了西庇阿所推荐的折衷，也即综合政体形式。由此可见，公正之母并非自然，亦非善意，而是弱点。因为当一个人面临三种选择：(1) 制造伤害而不经历伤害；(2) 制造伤害并且经历伤害；(3) 不制造伤害也不经历伤害，最好的选择就是制造伤害而不受惩罚。次之便是不制造伤害也不经历伤害；最次的选择就是总是处于水火不容之中，制造伤害和遭受伤害交替进行。[此处缺4页。菲卢斯依然在发表观点。]

智慧促使我们制造钱财，让我们增加财富，扩大疆土（因为如果没有从别人手中攫取任何东西，那在我们最杰出的将军的纪念碑上刻着的颂词——“他扩大了帝国的疆土”又有什么意义呢?）；同时让我们统治尽可能多的臣民，纵情享乐，沉迷于权力、地位和霸业。另一方面，公正也教会我们宽恕一切人类，关心人类利益，公正待人，不去觊觎属于神明、国家或他人的东西。那么服从智慧的安排又能得到什么呢？财富、权力地位、领土、官职、军权以及对个人或国家的统治权力。但既然我们是在谈论国家，国家行为更加显著，并且既然在上述两种情况下公正本质上并无二致，我想我们应该将讨论范围局限到公众环境下的智慧上。暂时撇下别的不谈，只考虑我们这个国家，在昨天的讨论中阿非利加努斯已经从源头开始追溯了其历史，而且这个帝国如今已经控制了整个世界。这个国家是借助公正还是智慧才从最小的弹丸之地发展成现今最大的帝国的呢？[此处可能缺2页。] 24

……除了阿卡迪亚和雅典，我猜想这两国的人担心这一出自正义之手的规定[①]可能在某个时候开始实施，因而创造性地声称自己最初是像田鼠般从地底下冒出来的。 25

针对上述观点，往往会有下面的辩驳，最初是由一群思想家们[②]提出来的，这些思想家在辩论中丝毫没有不诚实的表现，而且在这场辩论中更占上风，因为在谈论好人（我们都希望这种人是正直坦率 26

---

① 出自正义之手的规定：大概所有通过武力征服得到的土地都应该归还到原来的所有人手中。雅典人和阿卡迪亚人都自称“原著民”，即是各自领土内的首批最早的居民。

② 一群思想家们：指伊壁鸠鲁学派。

的)时,他们辩论起来并不像满怀恶意的老油条一样。这些人坚持认为聪明人不是因为享受善良与公正本身而做好人,而是因为好人过着一种没有恐惧、担忧、焦虑和危险的生活,而恶人心中总有挥之不去的疑忌,不断出现受审、受罚的场景;没有任何利益或报酬,如果是通过不诚实手段获得的话,能够足以消除这种从不间断的恐惧和关于报应总在眼前或即将到来的念头…… [此处缺4页,但第27节中的一半内容(即菲卢斯依旧在谈论的内容)可从拉克坦提乌斯的《神圣制度》5.12.5—6中推测出来。]

27 现在来想想这种可能性。让我们设想两个人——其中一个有着崇高品格、绝对公正、正直,而且异常可靠,另一个非常邪恶、厚颜无耻。再让我们假设某个国家颠倒黑白,认为这个好人邪恶、缺德、无良,而认为这个恶人完全无可指责、诚实可靠。接着让我们假设,由于所有公民都有着这种错误的想法,因此好人被侵扰、逮捕,双手被砍掉,双眼被挖出;然后被判刑、戴上镣铐、烙上印记、遭到驱逐、穷困潦倒,最后所有人也有充足的理由认为他极度肮脏无耻。而相反,这个恶人却被称颂、受到重视、备受崇拜,官职、军权、钱财和各种各样的财富滚滚而来;总而言之,人人认为他无比善良,完全理所应当拥有所有的财富和好运。现在请告诉我,有谁会疯狂到拿不准自己到底更想当哪个人?

28 ①对于个人真实存在的,对于国家同样如此。没有哪个国家会那么愚蠢,宁愿高尚地被征服而不愿邪恶地去统治。我毋需再去列举例证。我担任执政官的时候你们是我的顾问团,我就努曼提亚条约征求你们的意见。众所周知,昆图斯·庞培乌斯制定了一个条约,曼奇努斯也一样。后者是位令人敬佩的人,竟能支持我依照元老院的推荐颁布的法案;而前者则猛烈地为自己的行为进行辩护。如果我

① 比较柏拉图《理想国》2.361a—361c。

们寻找的是自尊、正直和荣誉，那么曼奇努斯在辩论中体现了所有这些美德；然而如果我们要的是清醒头脑、实际常识和对我们切身利益的认识，那庞培乌斯则胜出一筹。①

29—31. 菲卢斯对其为不公的辩护进行总结

[此处缺了若干页，但菲卢斯描述的卡涅阿德斯关于智慧对比公正的观点可以部分地从拉克坦提乌斯的《神圣制度》5. 16. 5—13 中推测出来，阐释如下。]

如果有人要出售一些有缺陷的商品，那他是否应该将商品的缺陷点出来呢？如果他这样做了，那他是公正的，却会愚蠢地损失钱财。如果他不这样做，那他就不公正，却可以从中渔利。说得更严重点，假设在一艘失事的船只残骸上，一个强壮的人看见一个比他弱小的人站在木板上，他是否不应该把对方推下海去，让自己活下来呢，尤其是在周围没有别人的情况下？如果他不这样做，他就是公正的，却会因此愚蠢地丧生。所以，卡涅阿德斯说，政治意义上的公正并不是真正的公正，而是一种审慎；自然意义上的公正的确是公正，然而同时也是愚蠢。这些是诡秘而有诱惑性的观点，西塞罗无法驳倒它们。当莱伊利乌斯被要求回答菲卢斯的问题时，他小心地避开了。因此，他显然没有能够针对愚蠢这个指控为自然意义上的公正进行辩护；相反，他针对被指为仅仅是审慎而替政治意义上的公正进行了辩护。

---

① 庞培乌斯(Pompeius)公元前141年任执政官，他未能征服努曼提亚的居民，与之订立了一个条约。曼奇努斯(Mancinus)公元前137年任执政官，被努曼提亚人打败，他的财务官与对方订立了一个条约，但元老院拒绝接受该条约。

32—41. 莱伊利乌斯坚持认为公正是维护国家稳定所必需的

32 西庇阿(?):……莱伊利乌斯,我不介意<为公正进行辩护>,但我相信在座的诸位好友都在想我之所想,也就是觉得你也应该对我们的这场讨论贡献点意见,尤其是你自己昨天还保证会发表足够的见解。但事实却并非如此。所以,如果我可以代表在座的诸位,那么请你不要让大家失望(格利乌斯,1.22.8)。

莱伊利乌斯:(毫无疑问卡涅阿德斯是个非常聪明的人,)但他显然不应该被允许向我们的年轻人来发表观点。因为如果他相信自己所说的,那他就是个卑鄙无赖;如果不相信,正如我所希望的情况,那他的话依然十分过分(诺尼乌斯,2.507 及 2.508)。

33 [①]……天道在正当意义上是与自然和谐相容的正确理性。它贯穿于整个人类社会当中,亘古不变,通过命令召唤人们尽职尽责,通过禁令防止人们违法犯错。当它是适用于一个好人时,其命令和禁令从来不会白费;然而同样的命令和禁令对于坏人却毫无效果。这种天道无法撤销,无法进行修改,也无法彻底废除。我们无法通过元老院或者人们的任何命令而得到豁免;我们也毋需任何其他人来进行解释或者说明。不可能在罗马和雅典同时存在两种不同的天道,也不可能在现在和将来出现两种天道,任何民族任何时候都只会有这一种永恒不变的天道;而且事实上,我们全人类也只会有一位上帝和主——这个上帝就是天道的编写者、制订者和解释者。任何拒绝遵守天道的人都将会自我背弃。因为他已经拒绝了自己作为人类的天性,他将仅因这一点而遭受最严重的惩罚,哪怕他成功地躲过了所

① 关于自然法则学说,另请参见《论法律》1。

有其他被视为处罚的事件……（引自拉克坦提乌斯，《神圣制度》6.8.6—9。）

［根据奥古斯丁《上帝之城》22.6的说法，此书包含了一段关于一个观点的讨论，即最好的国家永远不会卷入战争，除非出于捍卫自己尊严或安全的需要。同一篇中还包含了下列文字，编者将其归于莱伊利乌斯的观点。］

……至于那些即使是最愚钝的人都能体会到的惩罚——穷困潦 34
倒、驱逐流放、牢狱之灾、鞭笞杖责——人们为了逃避这些责罚而往往选择快速求死这条路；然而在国家而言，死亡这种似乎能救人免受责罚的方式本身就是一种刑罚。因为一个国家就应该按照能够长久兴盛的方式进行建构。因此一个国家的死亡永远不是自然的，不像一个人的死亡那样，对个人而言死亡不仅是不可避免的，而且经常是求之不得的。再一次讲，当一个国家被摧毁、除掉、灭亡，就好像是（以小比大的话）整个世界都要崩溃消亡一样。

［下列引自西塞罗《论共和国》的内容在伊西多尔的《词源》18.1.2中亦有体现。］

……没有任何正当理由的战争便是不正义的。除非是为了惩罚 35
或者驱退敌人，否则发起的战争就不是正义之战……如果事先没有经过宣布和声明就发动战争，也不会被视为正义之战，如果事先没有考虑好补救措施……

［莱伊利乌斯此时提出，上等人统治下等人是公正的。以下残页引自奥古斯丁。］

难道我们没有感觉到，为了弱者的利益着想，上天本身就赋予了 36
最优秀者统治的权力吗？否则为什么上帝统治人类，思想统治身体，理智统治欲望、愤怒以及同一灵魂中的其他邪恶因素？（《驳尤利安》4.12.61）。

……但是我们必须承认统治和服务是分很多种的。思想可以说 37

是统治着身体以及欲望，但就前者而言，这种统治就好比一个国王对其臣民的统治一样，或者一个父亲对其孩子的统治；就后者而言，这种统治就如同一位主人对其奴仆的统治一般，因为在这种情况下，思想是抑制和摧毁欲望的。国王、执政官、元老院和人民大会对公民和同盟者的统治就如同思想对身体的统治；但主人会摧垮自己奴仆的意志，就像灵魂上的最佳因素，也即智慧，摧垮同一灵魂中难以驾驭的和邪恶的因素的控制，例如欲望、愤怒以及其他破坏性力量……（同上。）

……那种对身体四肢的统治类似于对某人亲生儿子的统治，因为受控制方本来就顺从，而灵魂中的邪恶元素却如同奴隶一样，是通过一种更加严厉的纪律进行征服的（奥古斯丁《上帝之城》14.23）。

［莱伊利乌斯此时在谈论美德（virtus）可以期望得到的回报。该段文字存于拉克坦提乌斯的作品中，其评论在插入语中进行了阐释。］

40 美德显然希望获得荣耀，而且不求任何其他回报。（但在你一无所知的《圣经》中却指出是有其他回报的。）然而，即使当它欣然接受荣耀这一回报时，它并不会尖着嗓门去要求。（如果你认为美德能够从人类身上获得其回报，那你就大错特错。正如你自己在另一篇文章里正确地指出的）你们会向这样一个人提出什么样的财富作为奖励呢？什么样的权力？什么样的王国？在他眼里所有这些东西不过是人类的财产；他把自己的东西视为是神圣超凡的。（这种矛盾源自你对事实的一无所知。你接着还说）但是如果大家都不领情，或者很多人心怀愤恨，或者大权在握的少数人充满敌意，从而剥夺了美德应有的回报（只有软弱空虚的美德才会被剥夺回报。如果像你先前说的，它的回报是神圣的，那么这些邪恶之徒又如何能够剥夺得了？然而，莱伊利乌斯说的没错）它能通过多种慰藉来安抚自己，凭借自身的美好凌驾于一切之上（《神圣制度》5.18.4—8）。

［莱伊利乌斯此时谈论到了那些超乎世俗回报之外的伟人们。］

……他们的身体（即赫拉克勒斯与罗穆卢斯的身体）没有被升上天堂；因为上天不会允许来自尘世的一切存在于这个尘世以外的任何地方（奥古斯丁《上帝之城》22.4）。

……最勇猛的人永远不会（没能接受）勇气、活力和毅力的回报（诺尼乌斯，1.181）。

……我想法布里奇乌斯感到皮洛斯赐给自己的财富全都被剥夺了，或者库里乌斯感到萨姆奈特人赠予的宝贵礼物都被剥夺了！（诺尼乌斯，1.192）。

……当他还住在自己在萨宾的别墅里时，我们伟大的朋友加图，正如他亲口告诉我们的，过去常到那个人家里探望。（库里乌斯）拒绝萨姆奈特人——自己曾经的敌人、如今的受保护人——的礼物时就坐在那里（诺尼乌斯，1.95 及 3.840）。

［莱伊利乌斯此时谈到了提比略·格拉古，大概将其列为一个没有脱离世俗回报的人。］

……提比略·格拉古继续对罗马人民（实行正常统治），但他却 41
忽略了协约中同意赋予其同盟者及拉丁身份的人们的权利。如果那种非法行为更加推广开来，使我们的帝国远离公正而充斥着暴力，以至于要借助恐吓才能迫使到目前为止都欣然接受了我们的权威的人民保持对国家的忠诚，那么，即便在我们这一代的人们能够理智地警惕这种危险，我依然为我们的子孙后代而担心，为我们的帝国的存亡而担心——如果人们能够继续按照我们先辈们的原则和价值观生活下去，这个帝国本可以长久兴盛的。

42—48. 西庇阿回到他一开始对共和国的定义，即共和国就是公众的财产。暴政统治、寡头统治和暴民统治都不能满足这一定义，因为它们没有公正可言。此卷在谈话者们开始讨论三种单一政体形式未腐败的情形时中断了

42 莱伊利乌斯讲完自己的观点，所有在座的人都对其发言表示十分满意。但是西庇阿心中却热情激荡，其回应亦非众人所能及。

西庇阿：很好，莱伊利乌斯，你为很多案例进行了十分成功的辩护，我不仅认为你超过了我的同事塞尔维乌斯·加尔巴，这可是你过去经常认为在其一生中至高无上的人物，而且我甚至认为你在魅力上超过了雅典雄辩家们[①]。……

[此处缺6页。][②]

43 西庇阿：……因此当众人受到某一个人的残暴压制，根本没有公正关系，也没有那种构成共同体的社会协约和同胞关系可言的时候，谁愿称其为共和国，即公众的财产？锡拉库扎的情形同样如此。那是个十分杰出的城市。蒂迈欧称其为希腊最大的、也是世界上最美丽的城市。然而只要戴奥尼夏在位，这个城市引人注目的要塞，直接伸入小镇心脏地带、连接各大建筑基础的海港，宽广的街道、柱廊、神庙以及高墙，都未能使其成功地变成一个共和国。因为公众一无所有，而公众本身又只属于一个人。因此，就像我昨天指出的一样，只要有暴君的存在，就不能说是**不完善的**共和国；现在逻辑迫使我们作

① 雅典雄辩家们：例如狄摩西尼、利西阿斯或伊索克拉底。

② 西庇阿现在继续进行讨论。大家都一致同意公正对于一个国家是必需的；西庇阿作出结论，说一个不公正的国家就根本称不上是一个国家，重提了他自己的关于res publica（共和国）就是公众财产这一定义。

出结论，这根本不是什么共和国。

莱伊利乌斯：您说得真好。现在我看到讨论的发展方向了。 44

西庇阿：那么你是否也认为，完全被一个小集团控制的国家也不能称为真正意义上的共和国呢？

莱伊利乌斯：是的，这点我完全同意。

西庇阿：你一点儿没错。因为在伟大的伯罗奔尼撒战争结束后，臭名昭著的三十人僭主集团行使其统治，毫无公正可言，又有什么能成为"雅典公众的财产"呢？这个国家古老的荣耀，或者这个城市著名的美丽，连同其剧院、体育场、柱廊、著名的卫城山门、它的城堡以及菲迪亚斯精妙绝伦的作品，或者华丽雄伟的比雷埃夫斯，使它成为共和国了吗？

莱伊利乌斯：当然没有，因为它不是公众的财产。

西庇阿：好，那么，在十人编纂委员会统治罗马的时期，不允许对其提起诉讼，在第三年的时候自由本身失去了所有应得之物的时候呢？

莱伊利乌斯：公众的财产不复存在。或者说，公众必须采取行动夺回自己的财产。

西庇阿：现在我来谈论一下第三种政体形式[也即民主政体]。 45
这个也许看起来颇有些难度。当一切都要人民作主，控制在人民手中，当群众有权随意惩罚任何人，当他们对任何自己喜欢的东西夺取、抢劫、紧抓不放或者挥霍，那么，莱伊利乌斯，因为一切都属于公众，你能否认这是共和国吗？毕竟，我们对共和国的定义就是"人民的财产"啊。

莱伊利乌斯：说实在的，相比任何别的国家而言，对于这种完全掌握在群众手中的国家，我会更加毫不犹豫地拒绝给它冠以共和国的名字。如果我们认为，在暴君统治下的锡拉库扎或者阿格里根图姆或者是雅典，或者在十人编纂委员会统治下的罗马，根本称不上共和国的话,那么我不知道能有什么更好的理由,对于一个被暴民奴役的国家冠以共和国的名称。首先,在我看来,除非像您正确地指出的那样,西庇阿,一个国家是通过一种法律协约关系聚合到一起,否则就不是共和国。那种暴民统治和一人专制一样都是暴政,而且更加令人厌恶,因为再没有什么能比伪装成公众、篡夺其名的动物更加丑恶的了。互相矛盾的是,当精神失常之人的财产根据法律规定归其男性亲人掌管,因为前者 <无法继续亲自掌管其财产,公众的财产却应交给精神失常的暴民来掌管>……[此处缺 4 页,其中西庇阿提出,没有腐败的君主政体可以视为一种共和国。]

46 ……我刚才列举的关于君主政体的观点同样可以用来证明为什么 <一种贵族统治也> 是一种共和国,是人民的财产。

姆米乌斯:没错,而且力度还要大得多;因为国王作为一个个体,可以更加精确地比作主人。另一方面,没有什么能比由**若干**善良之人掌管事务的国家更加幸运的了。不过,相对毫无约束的民主政体而言,我依然甚至更倾向于君主政体。您接着要谈论的那第三种政体形式,是所有形式中缺点最多的。

47 西庇阿:斯普利乌斯,这正说明了你广为人知的反民主态度!不过,尽管这种体制比你所认为的更加容易被人接受,我还是同意在三种政体形式中这是最不可取的。但是我不同意你所说的贵族统治高于君主统治的观点。如果统治国家的是善良正义,那么由一个人还是由一个集体来行使这种善良正义又有何关系呢?不过这样辩论下去,我们就会因为用语混淆不清而被误导。当一个集体被称作贵族阶级,那么看起来,似乎没有什么能更让人印象深刻的了(因为还有什么能比“最好”的还要好呢?)。但是一提到国王的时候,我们马上就会想到坏的国王[①]。可是,我们这里不是在谈论某个坏的国王;我们关注的是由一位君主统治下的一个国家这个概念。所以试想一下你的国王就是罗穆卢斯或者庞皮利乌斯或者图利乌斯。这样你也许不至于对那样的国家如此深恶痛绝。

姆米乌斯:那么关于民主政体,还有什么支持观点呢? 48

西庇阿:嗯,斯普利乌斯,请告诉我,难道你不觉得,我们前不久一起参观过的罗得斯有点共和国的味道吗?

姆米乌斯:我觉得是有的——而且丝毫不带一点贬义。

西庇阿:一点儿没错。可是如果你记得起来的话,那里所有的公民既是普通群众又是元老院议员。他们采取的是轮值制度,从而决定了哪些月份他们是普通群众,哪些月份是元老院议员。他们因参加会议接受两种身份的俸禄。同样的人在剧院和元老院议院里审理所有的案子,包括最重大的案件。元老院和群众拥有同样的权力和威望……

卷三残页

1[②]. [洛布古典丛书,24] ……因为当被问到是什么罪恶动机促使他用独自一艘帆船祸害大海的时候,他回答说"就和你祸害这个世界一样的动机"(诺尼乌斯,1.181;2.498;3.856—857)。

2[③]. [洛布古典丛书,35] ……我们的国家如今通过包围自己的同盟而获得了整个世界的权力(诺尼乌斯,3.800)。

---

① 我们马上就会想到坏的国王:这是罗马人对于 rex 和 regnum 这两个词的反应:比较上文 2.52。

② 残页 1:此残页来自于伟大的亚历山大和一名海盗相遇的故事(比较奥古斯丁《上帝之城》4.4.8),可能是放在菲卢斯的讲话中的。

③ 残页 2—3:大概放在莱伊利乌斯的讲话中。

3.［洛布古典丛书,38］……因为当人们可以当自己的主人却臣服于他人时,这就是一种不公正的奴隶制度;但是对于那些(仅仅适合当)奴隶的人来说(并没有什么不公正)(诺尼乌斯,1.155)。

4①.［洛布古典丛书,42,关于伊索克拉底?］……他缺少两样东西,使他不能当众演说雄辩或者在法庭上慷慨陈词,那就是自信和演讲能力(诺尼乌斯,2.401)。

5.［洛布古典丛书,残文3］正是腓尼基人通过他们的贸易和商品,第一次将贪婪、奢华和对一切永不知足的欲望带进了希腊(诺尼乌斯,3.695)。

---

① 残页4:编者将其归于莱伊利乌斯讲话结束后的对话中:在别的地方,莱伊利乌斯和伊索克拉底之间也被用类似的词语作了对比(《论演说家》2.10,3.28)。

卷　四

论教育

[根据拉克坦提乌斯(《上帝之作》1.11—13)的说法,西塞罗在卷四中谈到了精神(或灵魂)与肉体的关系。看起来似乎属于这一话题的残文通常被放在开头,作为引入教育主题的内容。此卷残缺不全,十分可惜;梵蒂冈的手抄本仅存2—4章的部分内容。]

……展望到未来的思想唤醒过去的回忆……(诺尼乌斯,3. 1
803)

……任何人都宁可求得速死而不愿被变成动物(哪怕还保留着人类的思想),如果这是真的,那么拥有人类的身体和野兽的思想当是更加可怕得多的事！在我看来,如果就思想高于躯体这点来说,后者的命运将更加可怕……(拉克坦提乌斯,《神圣制度》5.11.2)

……他并不认为,他说,对于一只公羊来说是好的东西对于普布利乌斯·阿非利加努斯来说也是好的……(奥古斯丁,《驳尤利安》4.12.59)

西庇阿:……根据年龄和财产来排列先后,这是多么高效的做法 2
啊！出于投票的目的,元老院连同骑士一起进行计算。如今太多的人极其愚蠢地想要摈弃这套绝妙的体制；他们根据庶民们得出的决议提倡一种新式的财富分配方法，在这种方法中，元老院议员们将不得不放弃其骑士身份。

3—8. 对希腊风俗的批评

3 现在想想，公民之间建立合作关系快乐而体面地生活，这种规定是多么的明智。因为这才是建立一个社会的根本目标，国家也必须，一方面借助其制度、一方面借助其法律，为人类而达到这个目标。首先，对于生来自由的小孩们的教育——在这一领域希腊人绞尽脑汁却徒劳无功，而且根据我们的客人波利比乌斯[1]的说法，我们的制度也只有在这一领域疏忽了——（罗马人）从未希望通过法律制订、或官方阐明、或统一执行任何体制…… [此处至少缺 2 页，其中可能包括以下三段残文。]

……<在雅典>当<年轻人>进入军队服役时，通常会给他们分配监护人，其主要职责就是在其服役的第一年对其实行监督……（维吉尔，《埃涅阿斯纪》5.546）

……不仅和在斯巴达一样，男孩子们被教会了偷盗和窃取……（诺尼乌斯，1.30）

……他们认为如果没有爱人的话会对年轻人造成不良影响……（维吉尔，《埃涅阿斯纪》10.325）。

4 西庇阿：<古时候罗马人认为>青少年不应当众裸体。所以可以说，我们谦逊的根源可以回溯到历史中去。一丝不挂的年轻人在

---

① 波利比乌斯：此篇文字未能保存下来。

体育场运动，这是多么荒唐的事！给<希腊>军队学员们[①]提供的这种训练又是多么的不庄重！他们彼此之间亲抚暧昧会多么自由和方便！我还没提到伊利斯人和底比斯人[②]。（在他们那里，生来自由的男子之间相互爱慕，政府并不禁止这种色欲，事实上是允许、从不限制的。）即便对斯巴达人而言，青年男子恋情除性行为以外一切都是合法的，他们也只是用薄得可怜的屏障来隔挡其规定的例外情况；因为他们允许彼此相拥着躺在一起，中间只需隔一层毯子。

莱伊利乌斯：您说的很明白，西庇阿，在批评那些希腊制度时您更愿意与最负盛名的国家，而非跟您的朋友柏拉图，来一争高下。您丝毫没有提到他的观点，即便是……

……以及我们备受尊敬的柏拉图，甚至超过莱克格斯；因为他绝 5
对认为一切都应共享[③]，以防止任何人宣称任何东西为自己的私
产……（诺尼乌斯，2.574）

……然而，我<会将他送到>他从自己想象的城市将荷马送去的地方，戴上花环[④]，喷上香水……（诺尼乌斯，2.481）

……监察官的判决烙印只有一张羞红的脸而已。因此，由于判 6
决仅仅围绕某个人的名誉而言，这种公开谴责被称为“不名誉”[ig-
nominia]……（诺尼乌斯，1.35）

……最初国家本应该对<监察官>的严肃认真而颤栗发抖……（诺尼乌斯，3.683）

---

① 军队学员们：指那些参加 ephebeia（军事训练）的人，即在雅典参加一种为期两年的军队训练（要求年龄在18—20岁之间）。

② 伊利斯人和底比斯人：比较柏拉图《会饮篇》182b（帕萨尼亚斯的演讲）。

③ 一切都应共享：柏拉图《理想国》416d。事实上，柏拉图的理想国中对财产的共享所有权并不适用于全体公民，而仅限于统治地位的护卫者门和军队阶级。

④ 戴上花环：柏拉图《理想国》398a。事实上柏拉图的文章只提到了笼统意义上的诗人，并未点名是荷马，尽管在此之前已经对荷马进行了大肆的批评。

……不应设置监工去监视妇女，即在希腊制订的那种，相反应该派监察官教会男人如何控制自己的女人……（诺尼乌斯，3.801）

……因此关于谦恭的教育有着巨大的影响；所有妇女都不沾酒水……（诺尼乌斯，1.8）

……是的，如果某个妇女臭名昭著，她的所有亲人将会拒绝吻她……（诺尼乌斯，2.476）

7 ……我不赞同一个成为世界统治者和征税者的国家。我认为节约才是家庭、同样也是国家的最佳收入来源……（诺尼乌斯，1.35—36）

8 ①……我很欣赏严谨的态度，无论是在行为上还是在遣词造句上。“如果他们意见不一致”，这是法律条文中的句子。朋友之间的争论和敌人之间的争斗不同，可称为意见不一致……因此在法律上看来，邻居之间只是意见不一致，他们并不争斗……（诺尼乌斯，3.695）

……<他们不相信>人们的关心并不会随着生命的终结而逝去。因此丧葬的神圣成为祭典法的一部分……（诺尼乌斯，1.35—36）

……<雅典的指挥官们>没有埋葬死者，风暴导致他们未能将其从海上抢回来。正是由于这一原因，尽管他们没有犯罪，还是被判处死刑……（诺尼乌斯，2.455）

……在这场争辩中我并不站在人民这一边，而是支持贵族统治阶级……（诺尼乌斯，3.836）

---

① 此处残页可能提到了在阿吉纽西战争后被处死的雅典指挥官们（公元前406年），因为他们未能救起那些海上遇难的人：色诺芬《希腊史》1.7.4。在此情况下，苏格拉底独自拒绝支持关于统一审判那些将军们的非法提议。

……因为如果你通过法律权利的途径给予他们的极少甚至没有,那么你很难对抗人民的力量……(普里西安,15.4.20)

9—12. 剧作家们造成的破坏

①……当<剧作家们>听到人们发出的狂呼呐喊,好像人们就是 9
伟大睿智的主人,那么他们带来的是怎样的黑暗,他们引起的是怎样的恐惧,他们煽动的是怎样的欲望!(奥古斯丁,《上帝之城》2.14)

②……由于<古时候的罗马人>通常认为戏剧和演艺活动是丢 10
人的事,所以他们觉得这种人不仅应该被剥夺其他公民所享有的公职,而且应该通过监察官的不名誉判决从其部落中除名……(奥古斯丁,《上帝之城》2.13)

……<希腊旧>喜剧因其伤风败俗而永远不会得到观众们的认 11
可,如果那些伤风败俗在日常生活中没有得到宽恕的话……有谁没有被它提到,或者说攻击过?有谁侥幸逃脱了?假设,它伤害的是克里昂、克里奥丰和海柏波拉斯——那些在这个国家的政治生命中煽风点火兴风作浪的无良政治家们,我们也许还能容忍,哪怕人们更愿这种人被监察官而不是剧作家加以侮辱。但是,伯里克利在通过和平手段以及与最高权威斗争多年统治整个国家后,还要被人在诗歌中加以侮辱、在舞台上进行嘲笑,那就像我们的普劳图斯或奈维乌

---

① 此处对剧作家们的批评也再次提到了柏拉图《理想国》的第三本(比较上文3.5)。

② 关于演员们的地位参见 Beare(第三版),166—167。罗马法律剥夺了演员的所有公民权利:*Digest* 3.2.1。下文第13节似乎在辩解说演戏在希腊人中还是更值得尊敬的,尽管狄摩西尼把埃斯基涅斯与舞台演出的联系看作是后者人性上的污点。

斯①如果胆敢中伤普布利乌斯和格奈乌斯·西庇阿,或者凯奇利乌斯嘲弄马尔库斯·加图,同样不应该……对比我们的《十二铜表法》。

12 尽管其中很少判定死刑,但其中的确包含了这样的案例,即某人吟诵或者创作诽谤或中伤他人的歌曲。这也无可厚非,因为我们的生活方式应该接受执政官的判决和法律的决断,而不是接受诗人聪明伎俩的耍弄;我们也不应被迫听一些造谣诽谤,除非我们有权反击、在法庭上为自己辩护。

[根据奥古斯丁《上帝之城》2.9 的说法,西塞罗在此文结尾用实例证明,早期罗马人认为任何活人都不应被放到舞台上加以颂扬或者谴责。]

13 ……雅典一位很有造诣的雄辩家埃斯基涅斯,尽管年轻时表演过悲剧,最后还是加入了公众生活;另一位悲剧演员阿里斯托德摩斯,经常被雅典作为关于和平与战争非常重要的问题方面的特使派到菲利普身边……(奥古斯丁《上帝之城》2.11)

卷四残页

1. [洛布古典丛书,第 1 部分] ……同一个天体(即地球)自行插入,产生了夜晚的黑暗,这既有利于计算日子,也便于人们劳作一天后休息……(诺尼乌斯,2.349)

---

① 奈维乌斯:至少在后面的时期,人们还是传说奈维乌斯的确写作了诽谤他人的诗句。格利乌斯 3.3.15 指出他因为经常攻击贵族而被投入监狱,在狱中他创作了两部戏剧,使他又获得了人们的青睐。一位后来对西塞罗一篇演讲辞进行评论的人补充了一个奈维乌斯轻微触犯贵族梅特利的故事;格利乌斯(7.8.5—6)进一步报告说,人们认为奈维乌斯的一些诗句其实是对西庇阿的含沙射影。可能西塞罗对这些传说尚未意识到或持怀疑态度,但证据的冲突却是奇特的。参见 Beare(第三版),40—41。

2.［洛布古典丛书，第 1 部分］……到了秋天，地球敞开胸怀接纳种子，到了冬天 <关上保护种子，到了春天> 休养生息，让种子发芽，到了夏天适当的时机，让一部分庄稼成熟，而让另一些庄稼干枯……（诺尼乌斯，2.543）

卷　五

理想的政治家

［梵蒂冈的手抄本仅存第3、5、6、7章的内容。奥古斯丁认为第1—2章的引文来自西塞罗的引言，其余残文的位置系推测出来的。］

罗马帝国牢牢屹立在
传统风俗和保守国民的基础之上。

1 这句诗如此简洁明了、真实可靠，以致我都觉得，写出这句话的诗人[①]一定受到了神谕的启发。因为没有任何人（在一个缺乏这种道德传统的国家里）、也没有任何国家（如果没有这种人来掌管）能够凭借一己之力建立或者长久维持如此伟大如此广阔的帝国。远在我们所能记起的年代以前，我们祖先的生活方式就造就了杰出人士，这些杰出人士保存了传统的生活方式和先辈们的制度规定。然而，
2 我们这一代人在继承了我们的政治结构后，哪怕它如同一幅无与伦

① 诗人：恩尼乌斯：指 Skutsch 编的《大事纪》156。

比的图画随着年代久远而日渐褪色，不仅忘了要恢复它本来的色彩，而且甚至不想确保它能维持其基本的形式以及可以说是最模糊的轮廓。在他所说的罗马帝国牢牢屹立在其之上的那些传统风俗中，又流传下来了什么呢？我们看到的是因为人们的不屑一顾导致这些风俗被如此毁灭，以致人们视而不见，而且再也不为人知。对于那些诗中提到的人我又能说些什么呢？正是因为缺少这样的人，导致那些风俗消失殆尽。对于这一大悲剧，我们不仅应该详细描写出来，而且无论如何应该为我们自己辩护，就像我们因为滔天罪行而受到传讯一样。因为这不是某个意外——绝对不是，而是因为我们自己道德的堕落——导致我们如今空有共和国的名头，却早已失去了其实质意义……（奥古斯丁，《上帝之城》2.21）

马尼利乌斯①：…… <没有哪种功能>对于一位执行正义的国王 3
来说是如此的恰当。这包含了对法律的解释，因为普通公民们经常要求国王判决一些法律问题。为了使之成为可能，富饶广阔的土地，不管是用于庄稼、种植还是畜牧，被划分出来。这些土地被划为国王的财产，并且无需由其负责动手进行管理，以便他们不至于因为私人事务而从公众事务中分神。没有哪个普通公民在任何诉讼案件中能担任法官或者仲裁的；所有事情都是根据国王的意志进行判决。在我看来，在罗马人中，努马是对这种传统制度，也即希腊国王的那种制度，贯彻得最坚决的。其他一些人尽管的确也都执行了这一职能，但都在发动战争、处理由此带来的种种法律问题上花费了大量时间；在努马统治下的这个城市在长久的和平时期，诞生了自己的法律和宗教。因为众所周知，他制订的法律如今依然在实施。这个才是我们所谈论的公民正当关心的内容所在……

---

① 马尼利乌斯：残存的片段中并未提到此处的讲话者是谁；但这里讨论的法律问题符合马尼利乌斯的身份。

［此处至少缺2页。西庇阿此时在对政治家和农场管理者进行类比。尽管二者都需要一些理论知识，但这不是他们所关心的根本问题。］

5 西庇阿：……我想，你不会反对去了解关于植物根茎和种子本质方面的一些知识，对吧？

马尼利乌斯：不会，只要有需要。

西庇阿：你也不会认为所有这些事应该交给你的农场管理者去做，对吗？

马尼利乌斯：当然不会，因为如果这样的话，这块土地的耕种就会经常得不到精心照顾。

西庇阿：那么农场管理者了解土地的本质，管家则懂得读书写字；但是他们各自都只关注于实际效率，而不是因为具备这些知识本身而自得其乐。同样地，我们的政治家也的确要不厌其烦地了解公正和法律相关的知识，而且当然要研究它们的基本原理。但是他不应该卷入释疑解惑、研读案例、书写判决这样的事务之中。可以说，他必须能自由地去管理、经营这个国家。他应精通法律的基本原理（没有这个，无人能够做到公正）；他还应掌握一些民法知识，但这只需像船长掌握天文学、医生掌握自然科学一样。这些人都只是利用那些领域里的知识来发挥自己的所长，但并没有从自己的主要职责中偏离出去。而且，政治家还要确保……

［此处所缺页数未知。］

6 西庇阿：……在这些国家中，精英们为了名誉和荣耀而努力奋斗，避免受辱和蒙羞。法律规定的惩罚带给他们的恐惧，还不如羞耻感所带来的恐惧——也就是说，那种人类天生的对于正义谴责的畏惧感。政治家通过利用公众意见培养这种感觉，通过教育和社会培养的辅助方式加以完善。因此最终，公民们因为道德上的顾忌，如同因为心中的恐惧一样，而远离犯罪。这对于声望这个问题同样适用，不过那可以用更多的篇幅进行更加详细的讨论。

出于生活及其实际行为的目的，一套体制被制订出来，包括了法 7
律婚姻、合法子女以及属于罗马家庭自己的神明的神祠，这样每个人都能享受到公众和私人的利益。没有一个好的国家，就不可能有好的生活；再没有比一个秩序井然的国家更加伟大的福祉了。因此，我总是感到惊讶……

[重抄本在此处中断。]

西庇阿：……船长的目标就是保证航行的成功；医生的目标就是 8
保证人们的健康；将军的目标就是夺取胜利。因此我们理想政治家的目标就是保证公民的幸福生活——也就是说，一种有着财产安全、资源丰富、声名远播、道德高尚的生活。这是我希望他能完成的任务——也是任何人能拥有的最崇高、最美好的任务（西塞罗，《致阿提库斯》8.11.1）。

西庇阿(?)：……在一个国家中没有什么①能像投票和判决一样 11
应该远离腐败。所以我就无法理解，为什么有人用金钱去贿赂别人就应该受到惩罚，而通过巧舌如簧去拉拢别人却能赢得掌声。在我看来，一个人通过演说去拉拢法官，要比向法官行贿危害更大；因为正直的人是无法被贿赂击垮的，但却可能被言辞打动（阿米阿努斯·马尔切利努斯，30.4.10）。

……听到西庇阿的这番言论，姆米乌斯表示完全赞同，因为他十分厌恶雄辩家的这种现代形式（诺尼乌斯，3.838）。

---

① 在一个国家中没有什么：此残页并非明确属于《论共和国》，但放在此处也是有可能的。

卷五残页

1[①]. ［洛布古典丛书,第4部分］然而,因为好的土地所有者需要在经营农场、修建房屋和记录账目方面有一些经验……（诺尼乌斯,3.798）

2. ［洛布古典丛书,第9部分］这种美德被称为勇敢,其中包含了骁勇和对痛苦、死亡的藐视（诺尼乌斯,1.297）。

① 残页1:大概属于在上文5.5中被部分保存下来的讨论。

卷　六

1—2. 政治控制的问题

那么各位都在等着听我讲讲统治者在各个方面审慎前瞻的能 1
力——这一才能恰如其名,来自“pro-vision”一词[即提前预见](诺尼乌斯,1.60)。

相应地这个公民必须确保自己随时做好反击影响国家稳定事件的准备(诺尼乌斯,2.389)。

……公民之间的这种意见分歧被称为“煽动言论”(sedition),因为人们“分化”(se + itio)成了不同的派系(诺尼乌斯 1.36 及维吉尔《埃涅阿斯纪》1.149)。

……发生民事冲突时,如果公正要比数字更加重要,那么我认为公民们应该接受评定而非计数(诺尼乌斯,3.836)。

因为我们的欲望被置于意志之上,如同无情的情妇一般,命令强迫我们去做一些荒诞怪异之事。而由于无法消除或者满足这些欲望,一旦其诱惑冲昏了人的头脑,就会迫使人们犯下各种各样的罪行(诺尼乌斯,3.686)。

……只要有谁能粉碎其[即煽动性暴民的]势力及其猖獗暴

行……(诺尼乌斯,3.789)

2 这一法案更加引人注意,因为,尽管这两位同僚地位相当,但遭人厌恶的程度却并不相同;而且,人们对格拉古①的那种好感事实上也减少了人们对克劳狄乌斯的反感(格利乌斯 7.16.11 及诺尼乌斯 2.448)。

结果就是,正如这位作者②所指出的,每天有近千人穿着紫色斗篷前往广场……(诺尼乌斯,3.805)

在他们这种情况下,你也记得,一群最不富裕的公民们聚集到了一起,也正是因为有了他们捐献的钱财,才出人意外地举办了一场葬礼(诺尼乌斯,3.833)。

……因为我们的祖先们强烈认为婚姻应该建立在牢固的基础之上(诺尼乌斯 3.824 及普里西安《语法基础》3.70.11)。

莱伊利乌斯的发言③,我们大家都很熟悉,< 指出 > 永恒不朽的神明是多么的青睐祭司们的坛子以及,如他所说的,“萨摩斯岛人的罐子”(诺尼乌斯,2.640)。

[莱伊利乌斯抱怨说纳西卡杀死提比略·格拉古,却没人为他树

① 格拉古:提比略·格拉古,著名的格拉古兄弟的父亲,在公元前 169 年与克劳狄乌斯·普尔喀一起的监察官;具体上下文参见李维 43.16。

② 这位作者:克勒芬的色诺芬尼(约公元前 530 年在世)。希腊文本被阿森纳乌斯保存下来,12,526a(Freeman 第 21 页)。色诺芬尼讽刺其克勒芬的同胞们从他们吕底亚的邻居那里沾染了奢华铺张的习气。西塞罗的记载出处不明。

③ 莱伊利乌斯的发言:这大概就是《论神性》3.43 中提到的那篇演说:“在宗教法律和祖先传统的指导下,从那些微型的献祭小碗中[capedunculis,此处所用的词语的后缀](即努马遗留给我们并且莱伊利乌斯在其演说中描述到的纯金的碗),而不是从斯多葛学派的解释中,我已经受到了关于如何膜拜不朽众神更好的教育”(P. G. Walsh 翻译)。另请比较《论神性》3.5,《布鲁图斯》83,《莱伊利乌斯:论友谊》96。显然(如果所有这些文章所指的都是同一篇讲话)此场景便是提议祭司院应该让民众选举,这一点莱伊利乌斯是反对的。人们只能推测与这篇残页的关系,后者似乎更与罗马仪式所需设备的简单和便宜相关。

立雕像。西庇阿的部分回答内容保存在下面的文字中,引出了“西庇阿之梦”。]

[1]西庇阿:对于正义人士来说,他们对自己出色行为的意识本身 8
就是他们高尚道德的最佳回报。然而,那种超凡的高尚所追求的,不是让领导在恰当的位置为他们树立雕像,也不是为了获得成功及其所带来的日渐枯萎的桂冠,而是更加鲜活的、持续更久的一种回报。

莱伊利乌斯:那么请允许我问一句,到底是什么呢?

西庇阿:由于今天是我们假日的第三天,请允许我……(麦克洛比乌斯《西庇阿之梦》,1.4.2 以下)

[西塞罗开始提到柏拉图的厄洛斯神话。]

……有谁,在被放到了火葬柴堆上后,又能重新活过来,揭示这 3
么多关于下面这个尘世的秘密呢(法沃尼乌斯·尤洛基乌斯[2]关于《西庇阿之梦》1,第 13 页)。

[奥古斯丁指出,根据西塞罗的说法,柏拉图是在讲述趣味故事,而不是在陈述事实,《上帝之城》22.28。]

---

① 这段引出西庇阿之梦的文字来自马可洛比乌斯的《西庇阿之梦的注释》(参见 Stahl)。

② 法沃尼乌斯·尤洛基乌斯:迦太基的一位演说家,也是圣·奥古斯丁的学生,在公元 390—410 年间写出了一篇关于西庇阿之梦的“辩论文”,主要是关于数字命理学和天体音乐的。

9—29. 西庇阿之梦[①]

9 西庇阿：大家都知道，还在马尼利乌斯担任执政官的时候，我曾经在阿非利加[②]担任第四军团的军队保民官。刚到那里，我做的第一件事便是会见马西尼萨国王，由于一些正面原因此人曾是我们家族的一位很好的朋友。当我前去见到他时，老人伸开双臂抱住我哭了起来。过了一两分钟后，他抬头望着天空，说道："我要感谢您，至高无上的主，以及其他所有天上的神明，因为在我生前还能在自己的王国、我自己的宫殿里见到普布利乌斯·科尔内利乌斯·西庇阿。只要听到他的名字，我就为之一振；因为关于那个卓越无敌的人［他的祖父］的记忆一直留在我的心中。"接着我询问了一些关于他的王国

---

① 西庇阿之梦：这个梦纯粹是虚构的，这在古典拉丁散文文学中都是不多见的。这是效仿柏拉图对话的"神话"，尤其是以其《理想国》结尾"伊尔的神话"（614b—621d）为模型。在那篇文字中，苏格拉底讲述了潘菲里亚人伊尔的故事，主人公明明在战场上被人发现战死了，被带回家乡进行火葬。结果当他躺在火葬柴堆上的时候却醒过来了，并且向人们讲述了他看到的人死后灵魂的命运。西塞罗将这个故事替换成了一个相对更加合理的西庇阿，也即对话的主要讲话者，对自己所做的梦的解释。关于具体内容，西庇阿之梦借用"伊尔的神话"的程度不如其借用柏拉图的另两部作品，即宇宙哲学对话《蒂迈欧篇》（西塞罗本人至少还翻译过一部分，尽管人们不清楚他是在写作《论共和国》之前还是之后翻译的）和《斐多篇》，描述了苏格拉底关于灵魂本质的最后的谈话。在《蒂迈欧篇》中，受到福佑的逝者的住所不是在神话里的极乐世界中，而是在真正的宇宙里，在群星之中。西塞罗还加入了他所处时代人们广为接受的天文学和地理学学说的一些细节内容。

西庇阿之梦脱离了其原文而得以保存下来，但人们不应忘记它是《论共和国》的结尾部分，而且其主要修辞功能是对爱国主义的一种鼓舞。和永生不朽的回报相比，它也许会贬低世俗的名望和成功，但它肯定不会贬低相应的政治行动，而这（根据老西庇阿的鬼魂的说法）是展示人类美德的主要舞台，也是在死后达到极乐的最可靠的途径。关于更详细的评论和参考书目，参见 Powell（1）和（4）。

② 阿非利加：在公元前 149 年，第三次布匿战争爆发之时。

的情况，他也询问了一些关于我们共和国的情况。随着我们闲适的谈话继续下去，这天就这么结束了。

随后，在他以王室程序款待我后，我们继续交谈到深夜。整个谈 10
话过程中，老人一直不停地谈论着阿非利加努斯，回忆着他做过的事和说过的话。接着，躺到床上后，我进入了比以往更沉的梦乡，因为经过了长途跋涉后又熬到深夜，我已经疲惫不堪。有时候会发生这样的事，即我们的想法和谈话内容会在我们睡着的时候激发一些梦境，就像恩尼乌斯[1]写到过的关于荷马的事，他显然在醒着的时候多次地想到、谈到过这个人。所以，我估计是因为我们之前的谈话，现在阿非利加努斯[2]出现在了我的梦里，他是我更熟悉的画像里的那种形象，而不是真实生活中的形象。当我认出他时，我开始有点发抖了，但他说“别怕，西庇阿。听我说，并且记下我说的话。

“你有没有看到那个在我的努力下，被迫臣服于罗马人民的城 11
市——那个如今已经在复燃过去的战火、再也无法维持和平的城市[3]?”（说完他从高处向我展示迦太基城，在熠熠星光下显得更加清晰明亮。）“在目前这个时候，你来攻打这个城市，你就不只是一名普通士兵。在不到两年的时间里，你会作为一名执政官推翻它，而且会凭借自身的实力获得这个你已经从我身上继承下来的称号。当你摧毁迦太基后，你会庆祝胜利、当上监察官，作为特使前往埃及、叙利亚、亚细亚和希腊。当你不在国内时，你会第二次被选为执政官；你

---

① 恩尼乌斯：在其《大事纪》的开头（Skutsch 残页 2—11），恩尼乌斯叙述了一个梦，梦中荷马向他显身了。

② 阿非利加努斯：指老西庇阿，即本文中的西庇阿的领养祖父。

③ 再也无法维持和平的城市：此话颇有偏见：事实上迦太基在公元前 149 年已无意参战。

会给一场伟大战争[①]画上圆满句号；你会攻陷鲁曼提亚。但是当你乘坐战车回到卡匹托尔山时，你会发现整个国家由于我的孙子[②]推行的政策而陷入了一片混乱。

12 “那么，阿非利加努斯，你将要向我们的祖国展示你的精神、才能和英明之光。但是在那里我看到在通往目的地的途中会出现一条可以说是歧路。因为当你的生命到太阳在其旋转过程中完成八次七周转[③]之时结束，当这两个被认为十分完美的数字（各有其因）在大自然的轮回中到达命运赋予你的有生之年的总和之时，整个国家将会因为你的显赫威望而全部拥戴你一人。元老院、所有的良好公民们、同盟者、拉丁人——所有人都将看着你；你将会成为整个国家安危的依靠。总之，你将会担任独裁官[④]，并且使国家恢复秩序，如果你能成功地避开你的亲人们的罪恶之手[⑤]的话。”

这个时候莱伊利乌斯被吓得叫出声来，其他人也呼吸沉重起来。但西庇阿微微一笑，说道：“嘘！请不要把我从梦中惊醒。听我再花几分钟讲完接下来的事。

13 “然而，为了使你更加渴望保卫国家，阿非利加努斯，我希望你能

---

① 一场伟大战争：在公元前134年，西庇阿第二次当选为执政官，目的是为了结束在西班牙的战争（这场战争中好几个罗马指挥官都未能成功：比较《论共和国》3.29）。这场战争最后以公元前133年努曼提亚的被围和被俘而告终，该年正是提比略·格拉古担任保民官。西庇阿于公元前132年第二次凯旋回到罗马（“坐着战车直到加庇多山”）。

② 我的孙子：指提比略·格拉古（大西庇阿的女儿科尔内利亚的儿子）。

③ 八次七周转：这一预言暗指西庇阿在公元前129年刚好56周岁这一事实，这也正是这一对话发生和西庇阿去世的一年。

④ 担任独裁官：西庇阿从未担任过独裁官，此文之外甚至亦无任何证据表明有人提出过这一提议；参见上文注释1.63及Geiger。

⑤ 你的亲人们的罪恶之手：西塞罗显然坚信西庇阿是被其亲人出于政治原因而谋杀的，尽管其逝世很有可能是自然死亡，并且当时也是如此对外宣布的。比较Powell(I)82—83。

明白这一点：对于任何曾经挽救过、服务过自己国家并且帮助国家壮大的人，天堂里肯定为他预留了一个位置，在那里他可以享受到不朽生命的福祉。对于那个统管着整个宇宙的至尊之神来说，没有任何事情（或者至少没有任何地球上发生的事情），能比通过公正凝聚到一起的人们的群体和社会——即称为国家者——更加受欢迎。这些国家的统治者们和救星们从这个地方出发[1]，最终又回到这个地方。”

此时我心中特别担忧，倒不是恐惧死亡，而是担心我的亲人们的 14
背信弃义。不过，我问是不是他自己和我父亲保卢斯都还活着，还有其他一些我认为已经死了的人是否也都活着。

“当然，他们都还活着，”他回答说，“而且所有脱离了躯体的束缚，就如同逃出了牢笼般的那些人都活着。因为你的那个尘世生命（就如人们所谓的）的确是死亡了。但你看看，你的父亲保卢斯正向你走过来呢。”当我一眼看见他时，我止不住热泪盈眶。然而他伸出双臂抱住我，亲吻我，叫我不要哭。

[2]等我抹干眼泪，能够讲话时，我说：“最伟大最受人尊敬的父亲 15
啊，请您告诉我——既然这是生命（就如阿非利加努斯刚才所说的），可为何我还留在尘世上？我为什么不马上到这儿来和您在一起呢？”“事情不是那样的，”他说，“你是不可能找到来这儿的路的，除非上帝——他的神庙就是这整个看得见的宇宙——把你从你的躯体中释放出来。人类能得以出生，其条件就是他们必须照看好那个叫做地球的天体，你在这个天宇空间的中央能看得到。每个人被赋予一个灵魂，这些灵魂来自你称为星星和星球的那些永恒火焰。那些天体

① 从这个地方出发：暗指柏拉图关于灵魂预先存在的学说：参见《斐多篇》70c—77a 和《蒂迈欧篇》41d—42d；比较西塞罗，《蒂迈欧篇》42—46。

② 禁止自杀这一规定主要来自于柏拉图的《斐多篇》61d—62c。

是圆球形状的，通过神的意志而催动，以惊人的速度完成各自的循环和轨道运行。这就是为什么你，普布利乌斯，以及所有忠贞之士必须将灵魂保管①在躯体之内的原因。你不能离开尘世生命，除非你收到了赐予你灵魂之人的命令；否则你就会被判定放弃了上帝分配给你

16 的尘世使命。相反，西庇阿，学学站在这儿的你的祖父，还有你的父亲我。尊重正义，履行使命。这在你对待父母和亲人们时十分重要，在对你的国家时尤为重要。这就是通往天堂、加入这个由已经结束一生的人组成的群体的途径。他们从躯体中摆脱出来，居住在那个你能看到的地方——你从希腊人那里学到了，这个地方叫做银河。"（事实上，那里有一个圆圈，在烈焰熊熊的天体中正发出令人眼花的光芒。）

当我从那个角度观望整个宇宙时，一切都显得那么光辉灿烂、神奇无比。那里有一些我们在这个地球上从未看见过的星星，每个星星的大小我们都从未想到过。那颗最小的星星②距离天堂最远、离地球最近，正在熠熠发光，不过不是它自身的光芒。星星球体在尺寸上轻易就超过了地球很多。地球本身在我看来显得如此渺小，以致我都为我们的帝国感到惭愧，它的疆域还不如地球表面上的一个小点儿。

17 我正在专心致志地凝视这一点，这时阿非利加努斯说道："好了，你还要盯着地球想多久？难道你没有注意到你已经进入了多么崇高

---

① 保管：再现了拉丁语的和柏拉图希腊文的不确定性：灵魂到底是"在岗"呢（生命被设想成为一种军事职责）还是"受管"（被囚禁在躯体内，也许是作为一种惩罚）？参见 Powell(1)153—154。

② 那颗最小的星星：即月亮；"星星"这个词既包含了行星（移动的星星），也包括了"固定的"恒星。

的地带吗？一切都由九个圆圈①或者说天道组合在一起。其中一个(最外面的那个)就是天堂所在的天道,包围着所有其他天道。它本身就是至尊之神,掌控着其他所有天道拉升和聚拢。在那个天道内是那些固定的星星,按照各自的轨道永恒地旋转。在其之下是七个天道,都按着与天堂所在天道相反的方向②旋转。其中一个(距离天堂最近的那个)就属于地球人称为土星的旋转轨道;接着是那个亮一点儿的,叫做木星,能够给人类带来繁荣和健康;再之后就是所有地球人所惧怕的红色恒星,你们称之为火星;在其之下,大概位于中央的那条宽带区域,就是太阳所处之地,是所有光芒的领头者、主要者和统治者,也是宇宙的头脑和调节者,个儿很大,所以能将自己的光焰挥洒照耀到一切万物之上;太阳之后是两个伴随的星体——金星和水星,各自绕着自己的轨道旋转。最下边的那个天道就是月球旋转的轨道,其光芒来自于太阳。在那下面,万物都会死亡腐烂,除了众神慷慨赐予人类的灵魂以外。在月球以上一切都是永恒的。地球,最里边的那个,也是九个天道中最后一个,并不旋转;它是最低的天道,一切重物都会因为自身重量而坠落到其表面。”

我盯着这一切,瞠目结舌。随后回过神来,我说道:“这是什么声 18
音③,这么大而且这么甜美,充满了我的双耳?”

“那个,”他回答说,“是这些天道自身运动和推进时所产生的声音。它是由间隔所组成的,这些间隔尽管不一样长短,但都是按照固

---

① 九个圆圈:这是标准的柏拉图和亚里士多德的宇宙观,即地球位于正中心,周围是太阳、月亮和行星的轨道,并且被固定不动的星星包围起来。此处西塞罗关于行星顺序的说法是正确的(相对于离地球的远近而言)。这种宇宙观一直延续到中世纪和文艺复兴时期(见 Lewis 23—28)。

② 相反的方向:太阳、月亮和星星的确(大都)好像是围绕着黄道带自西向东慢慢旋转,与由于地球旋转造成的天体每日表面上的运动方向相反。

③ 声音:著名的天体音乐学说,起源于毕达哥拉斯:参见 Powell(1)159—160。比较莎士比亚,《威尼斯商人》v. i. 54—65。

定比例系统地确定的。高低音调混合在一起，就形成了各个和谐声
音的平缓飘扬。这么宏伟的运动不能寂静地流过，而且大自然还规
定，低音应该由分界线中的一边发出，而高音则由另一边发出。在天
上的轨道（即各个恒星运行的地方）最上端产生的是带有频繁颤音的
高调，这是由于它的循环要快一些。最深沉的音调来自最低的轨道，
也就是月球的轨道。地球，也即第九个天道，始终在一个地方固定不
动，占据着宇宙的中央位置。那八个旋转的天道（其中有两个［虽然
分开，却是一个八度音］产生的音效是一样的）根据各自的间隔产生
出七种不同的声音。这个数字大概就是万物的关键所在。通过模仿
这个体系，专家们利用弦乐器和声音，成功地打开了一条回到这个地
方的路径；就像其他一些专家们，在其居于地球上的一生中，将其杰
19 出的才智应用到了天上的事物上。由于两耳充斥着这种声音，人们
已经对它充耳不闻了。事实上，在你所有的感官中，听觉是最容易被
削弱的。例如，当尼罗河水从一个叫做卡塔陡帕[1]的地方的山顶飞流
而下时，当地的居民因为湍急水流的咆哮声而丧失了听觉。那么，整
个宇宙在飞速旋转时发出的声音如此之巨大，使得人类的耳朵无法
接受，就好比你无法直视太阳一样，因为你的视觉和视力被它的光芒
完全压倒了。”

虽然我听到这些话时满心惊诧，但我还是时不时地回头去看地球。看到这个，阿非利加努斯说道：“我注意到你依然在盯着人类的家园和居住地看。如果它在你看来显得渺小（的确也是渺小），那就不妨把注意力集中到那些更高的区域中，尽量少想点下面人类的场景。因为你又能获得什么样的名望，什么样的值得追求的荣耀，而其

---

[1] 卡塔陡帕：尼罗河上的高瀑布之一。聋子部落的故事不仅本身就是虚构的，而且甚至不是一个好的类比；我们这些所谓的被天体音乐震聋了的人也能听到很多其他的声音。

中只有人类的谈话呢？看吧。地球上只有很少的有限地区有人居住。在那些有人居住的区域，那些看起来像是污点一样的地方之间，是十分广阔的空旷之地。住在地球上的人被如此分隔开来，以致没有什么能够轻易地从一个居民点传到另一个居民点。而且，关于你的位置，一些人站的角度不同[①]，有些人站在正确的角度，而有些人却恰恰相反。你当然不能指望能从他们那里得到什么颂扬。

"你也注意到，地球还被一些宽带[②]所包围和环绕。两个相隔最 21
远的、分别位于天极正下方的，如你所见到的，便被冻结成了固状。中间的那条（也是最大的那条）受到太阳热量的炙烤。有两条人类可以居住；南边的那条，就是在你们看来人类是在倒立着走路的那边，跟你的族群毫无关系；至于面朝北风的那条——也就是你们所居住的那边——注意看其中只有多么微不足道的一点地方才跟你们有关啊。你们所占领的那一整片土地已经被从北到南压扁了[③]，从东到西拉长了。它就像一个小岛，被你们地球人称为大西洋、大洋或者海洋的海水包围着。可是尽管它有着那么霸气的名字，你看看它显得多
么的渺小。你的威望，或者我们任何人的威望，是否能够从那些开化 22
了的熟悉的土地上传播到高加索遥远的另一边呢，你看就是这儿；或者能否穿过恒河传播到那边去呢？在东边或西边的其他地区，或者在遥远的北边和南边的其他地区，有谁会听说你的名字？如果把所有这些区域削去，你肯定看到的是，你的荣耀急于想要传播开去的那

---

① 一些人站的角度不同：应该注意，地球的球体形状是被认为理所当然的。古时人们普遍认为是无法到南半球去的。

② 宽带：希腊词语 zone 既有字面上的腰带的意思（衣服上的物品），也有地理意义上的"地域"或"地带"的意思；拉丁词 cingulum 或普遍的-us 后缀只有前面的含义。五个宽带的理论（两个寒冷带，两个温和带，一个热带）基本上接近事实。

③ 被从北到南压扁了：西塞罗低估了非洲的面积，仍相信普通的古时候的观点，认为非洲只是延伸到"大洋"的支流处，而人们错误地认为这个支流应该是在赤道附近围绕着地球表面而流动的。

片土地是多么的狭小。即使是那些现在正在谈论着我们的人——他们又还能这样下去多久？

23 “即使是将来我们的孩子们也希望能够接着将从父辈那里听到的关于我们每一个人的颂扬传承下去，然而，由于水火天灾总会时不时地不可避免地侵袭着这个地球，我们无法获得——我不提永恒的了——哪怕是能长久存在的荣耀。何况那又有多大意义呢，你被身后那些尚未出生的人们所称颂，但却从未被你生前的人们提起过——那些人在数量上并不少而且在品德上肯定要高尚得多。

24 “不管怎样，那些也许能听说我们名声的人中，没有人会一年之后还能记得。假设人们通常简单地将一个天体，也就是太阳的一个循环来计为一年。但是当所有天体回到它们出发的原点，而且经过很长一段间隔时间后重新恢复整个太空的架构，那时才能真正被称作一周年①。我都不敢猜想那样的一年中人类繁衍了几代。以前，当罗穆卢斯②的灵魂找到来这个地方的路径时，人们看见太阳渐渐晦暗，最终一片漆黑。那么当你发现在同一位置、同一时间，太阳又一次不见了时，你也许会认为所有的行星和恒星都已经回到了各自的原点，一周年已经完成。我可以告诉你，一周年的二十分之一都还没有过去呢。

25 “如果你放弃了回到这个伟大卓越之人得到圆满回报的地方的希望，那么请问，你们人类仅仅能持续一个周年中微乎其微的一段时间的荣誉，其价值又何在？所以，如果你希望看得更高一些，望见这个永恒的家园和居所，那么你就不会让自己受到人们闲话的左右，也不会拿着自己从人们那里得到的回报来衡量自己长久的命运。美德

---

① 一周年：此处解释的“大周年”的学说源自柏拉图《蒂迈欧篇》33。

② 罗穆卢斯：比较 1.25。

本身一定会通过自己的诱惑来鼓励你[①]追求真正的荣耀。至于别人关于你的讨论,不过是他们自己的事罢了。不管怎样他们都会说出来的。人们所说的一切都只是局限在你所看见的那些很小的区域里。从来没有哪个人的声望能够永恒不变;它会随着传播者的死去而销声匿迹,随着子孙后代的遗忘而消失殆尽。"

听他说完这些话,我说道:"阿非利加努斯,从小时候起,我就追随着您和我父亲[②]的脚步,从未辜负您的威望。但是如果像您所说的,对高贵的爱国者们来说有这么一条通往天堂之门的路,那么,考虑到您展现在我面前的伟大的回报,从现在起我将怀着更加热切的认知继续前行。" 26

"想尽一切办法继续前进,"他回答说,"并且时时记住**你**并不会死去,死去的只是你的躯体。**你**不是你自己身体外表所展现的那个人。一个人的真正自我是他的灵魂[③],而不是用手指可以指认出来的那个形体。要记住你是一个天神,如果说天神就是一个拥有生命、感官、记忆和远见的人,是一个控制、统治和支使自己所置于其中的躯体的人,就如同至尊上帝统治整个宇宙一样的真实。而且就像上帝掌控着这个宇宙一样,宇宙在一定程度上而言是会消亡的,而上帝却是永恒不朽的,同样掌控那个脆弱躯体的灵魂也是永恒不朽的。

"持续运动的一切物体[④]都是永恒的。如果一个物体催动别的 27

---

① 美德……鼓励你:西塞罗也许在想着色诺芬《回忆苏格拉底》2.1.21以下中赫拉克勒斯的选择的故事。

② 我父亲:即埃米利乌斯·保卢斯。

③ 一个人的真正自我是他的灵魂:这个观点也是柏拉图学说的一部分,或者至少是大众对其观点的一部分;在柏拉图的对话中得到了最清楚的阐述,那篇对话的真实性具有争议性,《第一亚西比德》(130b)。

④ 持续运动的一切物体……:这篇文字系从柏拉图的《斐多篇》245c—e中的一篇文章逐字翻译过来的。承认其出处显然在这里是不合适的:老西庇阿的鬼魂应该直接知道这些。

物体，而它本身又要靠另一个力来催动，那么当它的运动停止时一定会到达自己生命的终点。因此，只有依靠自己运动起来的物体才永远不会停止下来，因为它永远不会与自己失去联系。而且，对于自己运动的一切物体而言，这就是运动的源头和根本动力。但这个根本动力并无开始可言，因为一切都由这个根本动力而产生，但它自己却无法从别的什么当中产生。如果它自己是由别的什么产生的话，那么它也就不成其为根本动力了。但是如果它永远不会形成的话，那么它也永远不会消亡。因为一旦这个根本动力消亡，它就无法通过其他物体恢复过来；它也再无法从自身创造出任何别的什么，既然一切物体都必须由这个根本动力才能产生。所以说，运动的起源产生于自身运动的物体。而且它也不能被产生或者消亡，否则整个太空肯定会崩溃，整个大自然会最终停止运转；它也不能获取任何能给它初始推动从而让其运行起来的动力。

28 “那么，既然很明显，一切自己运动的物体是永恒的，谁又能否认，这种特性是灵魂所具有的呢？一切通过外力推动的物体都是没有生命的；但有生命的物体是通过自己本身的动力推动的，因为这才是灵魂所特有的属性和功能。如果灵魂就是自己运动的唯一实体，那么显然它从未诞生，也绝不消亡。

29 “要切记将它应用到最好的实践之中。现今最大的关心就是自己国家的安危。当灵魂被应用于那些关心之中并且被其所磨练，它将会更快地飞向这里，它的居所和家园。当它还在躯体内，就已经敢于应对外面的危险，并且通过思量外面的一切而尽可能地从躯体中脱离出来，那么它更能欣然地飞来。至于那些沉溺于肉体欢娱而成为可以说是自己意志的奴隶、被那些服从享乐而违犯神和人的法律的欲望所驱动的人——他们的灵魂，在逃离自己的躯体后，就在地球附近盘旋不止，而不能回到这个地方，直到被磨砺多年之后才可以。”

他说完走了,我也从睡梦中醒了过来[①]。

《论共和国》中未选入残文

1. [洛布古典丛书,片段 2] 要赞扬一个男孩儿不是件容易的事,方尼乌斯;因为那样的话,你就必须赞扬承诺,而不是成绩(维吉尔,《埃涅阿斯纪》6.877)。

2[②]. [洛布古典丛书,片段 3]"如果允许任何人升入天神净土,那么天堂的巨门会为我一个人而开"……这是真的,阿非利加努斯,因为这同一扇门也为赫拉克勒斯打开过(拉克坦提乌斯,《神圣制度》1.18)。

---

① 我也从睡梦中醒了过来:大概是对话的结束了。莱伊利乌斯和其他人在这之后又还能说些什么呢?

② 残页 2:这里引用的话来自恩尼乌斯的一首隽语诗,在这里借着老西庇阿的嘴说了出来(参见 Warmington 译,《古拉丁遗迹》i.400)。

论法律

卷　一

1—15. 诗歌及历史之真相，拉丁历史学家之缺乏，场景设定

阿提库斯:我认得那丛树林,还有这棵属于阿尔皮努姆人民的橡 1
树[1];我在《马略》中经常读到。如果那棵橡树还在,那一定就是这棵;而且这也确实是棵很有年头的树了。

昆图斯:树的确还在,我亲爱的阿提库斯,而且它将永远活着,因为它是通过想象播下的种子。没有哪位农夫照料的树苗儿能像诗人笔下栽种的那样存活长久。

阿提库斯:那么昆图斯,如果我可以问一句,为什么会是这样呢?诗人种下的是什么样的一种东西?我怀疑你是在借着恭维你的哥哥,来给自己赢得点儿掌声[2]!

---

① 橡树:在西塞罗大约于公元前57年创作、向其同城市民致敬的诗歌《马略》中,马略看见一只鹰从一棵橡树上飞起,跟一条毒蛇搏斗,然后向东方飞去——这是战争胜利的预兆。相关文字见于西塞罗的《论占卜》1.106中。

② 给自己赢得点儿掌声:昆图斯也是一位诗人;他写过很多悲剧。

昆图斯：显然你说对了。不过只要拉丁文学还存在着，这个地方
就会有一棵根据马略命名的橡树，而且就像斯凯沃拉①说过的关于我
哥哥诗作的话，“它将会在无数个世纪中生长苍老”。或者也许你所
2 热爱的雅典成功地使那棵卫城上的橄榄树②永远存活了下来？再或
者他们今天在得洛斯岛上指出的那棵高大年幼的棕榈树，就是荷马
笔下的尤利西斯③所说的他曾在那里见过的那棵？很多地方的其他
东西都因为传统而传承下来，要比它们在自然环境中可能存活的时
间更加长久一些。所以，现在就把这棵树当作是那棵“朱庇特那外形
特异的褐色信使”曾经从其中飞出来的、“结满橡果的橡树”④吧。不
过如果恶劣的天气或者苍老的年龄使它凋落了，这个地方仍然会有
一棵树，人们可以称之为马略的橡树。

3 阿提库斯：这一点我毫不怀疑。不过这里我想问个问题——不是针对你，昆图斯，而是针对诗人本人。是你的诗歌种下了这棵橡树呢，还是别人告诉你马略亲眼看见了这一事件，就像你所描述的那样呢？

昆图斯：我会回答你这个问题，阿提库斯；不过你得先替**我**回答下面这个问题：罗穆卢斯死后在你房子附近⑤走来走去，并且告诉朱利乌斯·普罗库卢斯说他自己是天神，名字叫奎里纳斯，并且命令人

---

① 斯凯沃拉：大概是小普林尼称之为诗人的那位 Scaevola（《书信集》5.3.5）。此句是五音步诗行，而且显然属于卡塔路斯为代表的那种隽语诗句。

② 橄榄树：女神雅典娜和海神波塞顿曾为了统治雅典而相互竞争。雅典娜赐予这座城市一棵橄榄树；波塞顿则赐予这个城市一个流咸水的喷泉（希罗多德 8.55）。

③ 尤利西斯（奥德修斯）：在《奥德赛》6.162 及其后文中，奥德修斯对瑙西琪亚说，他所曾见过的可比为完美的唯一景象，就是“在得洛斯岛上阿波罗神坛边生根发芽的鲜活的小棕榈树”。

④ “褐色信使”……“结满橡果的橡树”：均引自《马略》。

⑤ 在你房子附近：在罗马，阿提库斯住在奎里纳尔山上；他在雅典也有一座房子。

们在那个地方为他修建一座神庙,这是不是事实?在雅典(又是在你的旧房子附近)北风杀死了俄瑞堤伊亚[①],这是真的吗?因为人们都是这么说的。

阿提库斯:这个问题到底是什么意思,你为什么要这么问? 4

昆图斯:没有任何原因,就是为了警告你,对通过那种途径传下来的东西不要打听得太细。

阿提库斯:不过,在《马略》里还是有很多地方,会让人好奇它们到底是真的还是虚构的;有些人期望你会说真话,因为你正在研究近代历史和本地的某个人物。

昆图斯:我当然不希望被人当成一个骗子。可是,我亲爱的提图斯,你提到的那些人都幼稚得很;在这个方面,他们所要的是从一个目击证人而不是诗人嘴里说出来的真相。我估计,这些人也相信努马和埃格里娅进行了交谈,并且相信一只鹰将一顶王冠戴到了塔克文的头上。

昆图斯:我认为,马库斯,在你看来,历史作品中应该遵循一套规 5
则,而在诗歌作品中则遵循另一套。

马库斯:没错,因为在前者中,一切都通过事实标准[②]进行衡量,昆图斯,而在后者中,其主要目的就是娱乐大众。不过,在史学之父希罗多德以及狄奥庞帕斯的笔下,依然有数不胜数的奇闻趣谈。

阿提库斯:这倒是给了我一个一直等待的机会,我可不会让它溜走了。

马库斯:你说什么机会,提图斯?

---

① 北风……俄瑞堤伊亚:在柏拉图的《对话篇 · 菲德洛斯》229b 中,有人问苏格拉底,他是否相信北风杀死俄瑞堤伊亚这个故事。

② 事实标准:在别的作品中西塞罗把历史称为“时间的证人、事实的明光、回忆的生命、生活的老师、来自过去的信使”(《论演说家》2. 36)。参见《布鲁图斯》(2)。然而,有时他也愿意容忍一定程度的修饰;参比《致友人书》5. 12。

阿提库斯：您经常被要求，事实上是被迫，写一部历史学著作。人们认为，如果您应允下来，那我们在这一领域里也能和希腊人相抗衡了。如果您想听听我的看法，我觉得这是你的职责，您不仅亏欠喜爱您作品的热情的人们，而且亏欠您曾经挽救过的、如今又有机会让其出彩的祖国。因为，就像我自己认识到的，而且也经常听您说起的，我们的文学在历史学领域还是一片空白。您比任何人都更能胜任这个工作，因为，就像您经常说的，这种写作和雄辩术是如此相近①。

6 那么，就请您应允下这项工作，在众人尚一无所知的或者说是被我们自己的作家们忽略了的这项工作上花些时间。因为在大祭司的编年史②（人们能想象到的最贫瘠的资料来源）之后，如果有人去读费边或者加图的作品——这些人的作品您是经常引用的——或者去读皮索或法尼乌斯或维诺尼乌斯的作品，虽然其中某个人的作品比其他人的更有活力，但还有什么东西能比这整个群体更加平淡乏味的呢？与法尼乌斯所处时代较为接近的科利乌斯·安提帕特，他的作品倒是稍微有点激情。虽然他的文笔依然笨拙简陋，缺乏任何修饰和技巧，但他却本可以激励其后代们更加倾心去写作。结果事实

---

① 和雄辩术是如此相近：雄辩家伊索克拉底（436—338）的一些学生成为了历史学家，例如伊弗鲁斯和提奥庞普斯。西塞罗认为历史应该提供雄辩家们能够用得着的例证（exempla），而修辞学（尤其是陈列的修辞法）则可以向历史学家们展示如何展开生动的描述。参见《论演说家》2.62—64；《演说家》38 f.，66。

② 大祭司的编年史：罗马大祭司每年都会展示一次板报，记载着公众（包括宗教）活动的内容信息。大约在公元130年，这种幸存下来的材料被整理成八十卷书出版，从而奠定了罗马编年史编纂的基础。这类编年史并无文体要求。早期的历史学家，例如加图、费边·毕克托和卡尔普尔尼乌斯·皮索，都仅仅记载了时间、人名和事件；据说，他们并不懂得如何修饰文体，并且认为简洁和易懂才是最重要的；参见《论演说家》2.52—53。这一评价显得过于苛刻。显然，加图是能够做到修饰文体的；参见奥卢斯·格利乌斯，13.25.12—15。

上他被格利乌斯[①]、克洛狄乌斯和阿瑟利奥接替了，这些人都无法跟他比肩，而只能借着自己文笔的呆板和无能，退回到上一辈作家群中与之为伍。

我不知道马塞尔是否也能算得上数。他的冗长风格中透着一种 7
机灵劲，可惜这种机灵并不是来自于希腊修辞学博大精深的宝库，而是来自于一帮陈腐文人的拉丁语作品[②]；而且，他的演讲中也包含了大量并不明智的清高，显示其完全缺乏得体之风[③]。他的朋友锡塞纳倒是轻而易举就超过我们至今所有的作家，大概那些尚未出版过自己作品的人[④]除外，对这些人我们无法评价。但是在你的课堂上锡塞纳从未被归为雄辩家；在他的历史著作中他怀有一种孩童般的雄心：他希望给人这么一种印象，那就是在所有希腊作者当中他只读了克来塔卡斯的作品，并且他只立志效法他一人。即使他最终能够和克来塔卡斯比肩，他也还离最好的作家有段距离。所以说，这是您的任务，而且是您一个人的任务，人们希望您能完成——除非昆图斯不同意。

昆图斯：怎么会，事实上我们也经常谈起这个。但是我们的观点 8
还是有一点点不同。

阿提库斯：什么不同？

昆图斯：他应该从哪个时期开始叙述？我认为他应该从最早的

---

① 格利乌斯：此处为毁损的词语 belli 推测的恢复结果。

② 一帮陈腐文人的拉丁语作品：指那些拉丁语修辞学的老师。西塞罗在学识上斥其粗浅鄙陋，而在政治上疑其宣扬平民主义观点。卢西乌斯·克拉苏及其监察官同僚于公元92年关闭了这一学校。在《论演说家》3.94中，克拉苏称其为“一所傲慢无礼之学校”。

③ 大量并不明智的清高，显示其完全缺乏得体之风：根据德国历史学家蒙森的观点，此处原文为：multa sed inepta elation, summa impudentia.

④ 那些尚未出版过自己作品的人：其中这样一位作者可能包括尤利乌斯·恺撒，其作品 Commentaries 在西塞罗的《布鲁图斯》262 中提到过。

时期开始,因为那些事件被记载下来的方式根本无人去读。然而他自己主张去整理自己所处时代的历史,这样可以搜罗他自己参与过的所有事件。

阿提库斯:我倾向于同意他的想法。因为伟大的事件在我们这一代人的记忆中发生。而且,他可以颂扬他伟大朋友格涅乌斯·庞培乌斯的成就,并且将会到达他自己任执政官的荣耀而又令人难忘的这一年[1]。我更愿他来叙述这些事件,而不是去叙述像他们说的“罗穆卢斯和瑞摩斯的故事”。

马库斯:我意识到了,阿提库斯,人们长久以来期望我承担这项工作。只要我有一点点空暇时间,我都不会推卸。可是人们不能在自己的工作日程安排紧张、脑子已经想着别的事情之时还来从事如此重要的一项工作。两个因素是必要的:手头没有工作和脑中没有担忧。

9 阿提库斯:可是您写过的其他作品——那些比我们任何一位同胞所写的卷数都要多的作品,这个怎么算?请问,您哪里来的时间完成那些作品的呢?

马库斯:哦,那些都是偶尔有点儿闲暇时间,而我又不想浪费。当我有段到乡下的短暂假期时,我就会将写作计划安排进那些天数里。但是你不能在没有自由时间的情况下就开始史学写作,这不是短期内就能完成的。而且,当我在开始某项工作后而又不得不转向其他事务时,我往往就会容易迷糊。思路被打断之后重新捡起来,可没有将一件事自始至终地干完容易。

---

① 荣耀而又令人难忘的这一年:即公元前63年。

阿提库斯:您刚才的描述很显然就是需要有个外交任务[1]或者与 10
之类似的一个从容不迫、没有工作任务的假期!

马库斯:我倒更愿意指望年老退休时的那个假期。我将会很乐意坐在很好的老式椅子上,跟受庇护人谈些关于法律方面的意见,尽着一个比较活跃的老龄人舒适而又受尊敬的职责。在那种情况下,我就可以尽我所愿地去关注你所期待的工作,以及很多更大更有益的事务。

阿提库斯:啊,但我担心没有人愿意接受您这个理由。您将一直 11
忙于到法庭辩护,尤其是您如今还进行了调整,形成了一种全新的演讲风格。正如您的朋友罗西乌斯一样,在他老年时期就在演唱句段[2]中采用了一种更加放松的演讲方式,让管乐器演奏得更慢一些,您也在逐渐调整自己以前惯用的那种紧张有劲的作风。结果就是,您如今的演讲风格更加接近一种平和的哲学谈话[3]。这种风格显然即使是在很高年龄时都能适用,因此我没看出您会有任何暂时退出法庭辩护工作的可能。

昆图斯:如果您能花些时间给别人提出法律方面的建议,我倒觉 12
得我们的人民很有可能同意。所以一旦您有这个想法,我认为您应该付诸实践。

马库斯:那应该是没有问题的,昆图斯,如果付诸实践时没有任何风险的话。但是我担心,虽然我一心想要减少自己的工作,事实上

① 外交任务:正如阿提库斯所暗示的,一个所谓的"自由任务"需要得到元老院的批准,而且无需承担官方职责;它实际上就是到国外生活一段时间。在《论法律》3.9和18章中西塞罗不赞同这一制度。

② 演唱句段:罗马喜剧有三种正式表现形式:诗朗诵、宣叙调和抒情歌剧。此处西塞罗大概是指后二者,在表演时有管乐器伴奏,所以要求演员有更强的声音表现力。

③ 平和的哲学谈话:西塞罗心中所指的这种风格在《演说家》64中描述得更加详细。

却反而增多了,而且在法庭辩护工作(这项工作没有任何准备和排练我是绝不应允的)之外,我还会面临着解释法律的任务。那就会成为问题,倒不是因为要投入精力,而是主要因为这会让我在思考准备演讲时分神。没有思考准备,我无论如何都不敢承接任何重大案子。

13 阿提库斯:您干嘛不趁着您"有点儿闲暇时间"的时候——就像您所说的一样——给我们阐述一下这些问题,整理出一个比别人更为详尽的民法解释来呢?还在很久以前我们一起参加斯凯沃拉磋商会议①的时候,您就对法律一直很感兴趣,而且您似乎从未因为完全执着于演讲而忘掉对民法的研究工作。

马库斯:你这是在引诱我来展开一段冗长的专题演讲,阿提库斯!不过我还是愿意,除非昆图斯建议大家干点别的。既然时间是我们自己的,那么我很高兴阐述一下我的观点。

昆图斯:我很乐意洗耳恭听。再没有别的我更愿做的事了;除此之外还有什么能让我更充实地度过这一天呢?

14 马库斯:我们为什么不沿着经常走的那条旁边有座椅的小路去呢?这样当我们走累了还可以歇息一会儿,而且在我们讨论各种问题时肯定会很有乐趣的。

阿提库斯:也算上我一个。如果您愿意,我们可以从这里沿着利里斯河走下去——沿着有树荫的河岸走。那么现在 就请您开始吧,给我们讲讲您对于民法的一些观点。

马库斯:现在吗?好吧,我想,我们国家有一些能人已经经常性地阐释了民法,并且已经回答了人们关于民法的一些问题。不过虽然他们承诺的很大,但却只是谈论了一些小细节。有什么能和国家法律一样如此庄严呢?然而又有什么能比那些答疑的人所起的作用

① 斯凯沃拉磋商会议:这里提到的是"占卜官"斯凯沃拉,公元前117年任执政官。

更微不足道呢？当然，这对于公众来说是必要的，我并不是说承担这项工作的人对于法律都一无所知；但是他们在实践所谓的民法时，仅仅想着让普通民众可以用到。这虽然在实践中是必需的，但在知识理论上是不严格的。那么你们希望我做什么？你们有什么要求？希望我编一些关于界墙[1]和排水沟[2]的规定的小手册吗？或者要我列出合同或法庭程序的规定吗？这些问题早有很多作者精心编写过了，而且我想，你们期望从我这里听到的要比这些问题有意义得多。

阿提库斯：如果您想知道**我的**期望，我想既然您写过关于最佳政 15
体的书，那么您也应该写一本关于其法律的书，这是合理的。因为我注意到，这也正是柏拉图所做过的——他可是您的崇拜对象和最喜欢的作家，与所有其他人相比您也最敬重他。

马库斯：好吧，我们要做他所做过的事吗？正如他所描述的那样[3]，在一个炎炎夏日，穿过克诺索斯的一片柏树林间和林荫道，他和克利特人克里尼亚斯以及斯巴达人迈吉卢斯一起时而稍稍驻足，时而歇息片刻，谈论着政治制度和理想的法律制度。那么我们是否也沿着葱翠阴凉的河边那些白杨树一路走过去，时不时也坐下歇息片刻，比法庭目的所要求的更加完整地讨论那些相同的问题呢？

16—35. 法律之本质应从人类之本性中去探寻。人是分享了神性理性的单一种群，并且通过公正的伙伴关系相互约束在一起

阿提库斯：我很愿意听听您对这些问题的看法。 16

---

[1] 界墙：邻居不得毁坏界墙。

[2] 排水沟：雨水可被引至邻居领地上。

[3] 正如他所描述的那样：柏拉图《论法律》625（企鹅出版社翻译，第 46 页）。

马库斯:昆图斯有什么提议么?

昆图斯:再没有别的什么我更愿意听的了。

马库斯:你说的也很正确;因为你也许能够肯定,再没有什么话题能够如此清楚[①]地说出人类被赋予了什么本性,人脑中包含了多少优秀成分,我们被生出来、被指引来从事并且完成什么样的任务,是什么原因将人类凝聚到了一起,以及在人与人之间存在着什么样的自然伙伴关系。因为在确认法律与公正的起源之前,必须先弄清楚所有这些问题。

17 阿提库斯:这是否意味着,您认为法学不是来自于司法官颁布的法令[②](正如今天大部分权威人士所认为的那样),也不是来自于《十二铜表法》[③](如同我们祖辈所认为的那样),而是来自于哲学的最深层次?

马库斯:没错,庞波尼乌斯。因为在这场讨论中,我们不是在询问如何制订法律约束条款的问题,也不是在回答我们的受庇护人这样那样的问题。我们可以认为这些问题很重要,事实上它们也的确重要。这些问题早在过去就已经有很多著名人士论述过,现在也有一位最精通最权威的人士[④]在处理。但是在我们眼下这个分析中,我们必须涵盖通用的公正和法律这一总体框架;我们所谓的民法将被

---

① 如此清楚:在 Watt(1)265 中原文为 tam manifesto。

② 司法官颁布的法令:每年当司法官任职时,都会颁布一个法令,确定他将要管理司法的原则。其继任者将会接管这一法令,必要时可以做任何修改和增补。由此形成了一个法律机构,支持或者完善民法法典。

③ 《十二铜表法》:公元前 450 年前后,一个十人编纂委员会在《十二铜表法》中,制定了罗马民法和刑法。参见《古拉丁遗迹》(*Remains of Old Latin*, Warmington 译)iv;Crawford,555—721。

④ 一位……人士:估计指的应是塞尔维尤斯·苏尔毕丘斯·路福斯(公元前 51 年的执政官),是他这一时代位居前列的法学家;参比西塞罗《布鲁图斯》152。

限制到这个框架内的一个很小、很窄的角落里。我们必须弄清楚公平的**本质**,而这必须从人类本性中推理出来。接着我们必须思考各个国家应该藉以管控的法律,最后讨论各个民族已经制订、书面确定下来的法制法规。这其中,我们自己民族所谓的民法也不会被漏掉。

昆图斯:您确实回溯得**真**远,马库斯！对于我们研究的问题您探 18
寻其源头,当然没错。那些用另一种方式阐释民法的人是在阐释诉
讼模式,而不是阐释公正。

马库斯:不对,昆图斯。对法律的无知,而不是对法律的通晓,才会引起诉讼。但这个可以晚点再说;现在让我们来看看公正最基本的原则。

那么,最博学之士[①]都选择了法律作为他们的出发点。我比较倾
向于同意他们的做法,如果的确(就像他们对法律的定义一样)法律
就是与生固有的最高理性,规定了应该做的、禁止了不应该做的。当
这个理性在人类思想中完全形成并且成型,那么它便成了法律。因
此,他们认为,法律的功能是规定应该做的、禁止不应该做的,这法律 19
就是智慧。而且他们认为法律一词源于其希腊名称[②],原意指给予各
人自己的东西。我觉得其拉丁语名称[③],意指选取。他们强调的是法
律中的公正,我们强调的是选择;不过事实上这二者都是法律十分重
要的特点。如果这一观点正确(我认为大体上是的),那么公正的起

---

① 最博学之士:特指斯多葛学派哲学家。"芝诺认为自然法则是神性的,其职能是规定正确的,禁止错误的"(西塞罗《论神性》1.36;另见 Pease 的记录)。"一切万物之法则……即什么命令着生来就是政治动物的人类,去做应该做的事,而禁止他们去做不该做的事"(克里西普斯,《斯多葛派残篇》,,H. von Arnim 编,3.314)。

② 其希腊名称:nomos 即希腊语法律的意思;nemo 意思是"我指派"或"分派"。

③ 其拉丁语名称:西塞罗让人不很信服地将 lex(法律)和 lego(我选择,即:我选择正义和正确的;参比《论法律》2.11)联系到了一起。真正的词源并不确定。

源必须来自于法律。因为法律就是一种自然之力量，是智者之才智与理性，也是区分公正与不公之标准。与此同时，因为我们整个的谈话需要采用日常的思考方式，那么我们时不时还得使用日常语言，就用“法律”这个词来指代那个书面指令和禁止一些行为的事物。因为大街上的人们就将之称为法律。但是在确定什么是公正之前，让我们先将出发点定为无数世纪之前还有没任何成文法律甚或还没有国家的时候所形成的最高法则吧。

20 昆图斯：没错，根据我们为这场讨论所采取的方法来看，这样更加合适，也更加合理。

马库斯：那么，我们是否可以去从源头探究一下公正的缘起呢？一旦我们找到其源头，就会找到一个可靠标准来检验我们的研究成果。

昆图斯：好的，我觉得这条路子可行。

阿提库斯：我也同意你兄弟的意见。

马库斯：那么，我们的职责就是要维持和保护好西庇阿在那六卷书①中已经证明为最佳形式的国家政体。所有法律制订出来的时候都必须适用于那种社会。其中还要确定行为方式，但不是所有事都要书面规定下来。鉴于所有这些原因，我要先考察一下这个大自然，来探寻公正的起源。随着我们讨论的展开，她必须作为我们不变的指南。

21 阿提库斯：完全同意。将大自然作为我们的指南，就不会有误入歧途之虞。

马库斯：那么，庞波尼乌斯，你是否也同意我（因为我已经知道昆

---

① 那六卷书：即《论共和国》。

图斯的观点[①]了），认为整个大自然是由不朽众神利用其力量、推动力[②]、规划、权力和控制力（或者任何其他可以更加简洁清楚地表达我的意思的词汇）来掌管着的？你要是不认同这个观点，那么我们的讨论就需要从这里开始。

阿提库斯：你要是坚持的话，我会同意[③]；事实上，因为这里鸟儿叽叽喳喳，水流潺潺，我并不担心我的同道中人会偷听到什么。

马库斯：啊，但你必须谨慎些！因为就像所有的善良之人一样，他们也容易大发雷霆[④]。如果他们听到你没能支持那个卓越之士在其作品第一章中提到的观点，即神永远不会因为自身利益或者他人利益而忧心[⑤]，他们可受不了。

阿提库斯：请接着讲下去吧。我想听听要我让步有什么关系。 22

马库斯：我会说得简短些，理由是这样的。集有远见、智慧、多样、敏锐、记忆，连同理性和明断于一身的物种，也就是我们所谓的人类，是由至高无上的上帝创造的，享有一个非凡的地位。在所有生活的物种当中，只有人类才能够进行推理[⑥]和反思，而其他物种则不能。在哪里，我不想说在人类之间，而是在整个天地宇宙之中，还有什么

① 昆图斯的观点：昆图斯似乎相信了天意的存在（《论占卜》1.10）。在《论界限》5.96中，他承认皮索说明的安太阿卡斯的地位。

② 推动力：在Watt（1）266中原文为motu。

③ 你要是坚持的话，我会同意：作为伊壁鸠鲁学派的人，阿提库斯并不认为这个世界是由众神主宰的；但这里他为了讨论的继续进行作了让步。因此他接着用了揶揄的口气。

④ 他们也容易大发雷霆：伊壁鸠鲁学派认为，善良之人是**不会**生气的。

⑤ 神永远不会……忧心：参见伊壁鸠鲁，转引自第欧根尼·拉尔修10.139：“一个受到庇佑而且不朽的存在自身没有任何麻烦，也不会给其他任何人带来麻烦。因此它是没有喜怒的。”

⑥ 只有人类才能够进行推理：近来关于动物行为的研究很清楚地表明，大部分古人严重地低估了很多动物的推理能力。参见索拉布吉。

能比推理更加神圣的[①](这种能力一旦发展完全,就被称为智慧)?

23 既然没有什么能比理性更好,而理性又存在于人和上帝之间,那么人与上帝在理性上有着一种最原始的共享关系。然而那些享有理性者自然也享有正确的理性;既然正确的理性便是法律,那么我们人类一定也被认为在法律上也和上帝有着共享关系。而且,享有法律者也享有公正。享有所有这些东西的人一定被认为属于同一个国家;如果他们服从于同样的权力和权威,那么更是如此。事实上他们的确是服从于这个天国体系、神性智慧和全能的上帝。由此可见,这整个宇宙就必须被视为一个由众神和人类所共享的社会[②]。在社会里都会存在一个体系(这一点我会在适当的时候加以阐释),其中家庭内部的地位差异便由血缘关系[③]确定。在宇宙这个大环境里,这一原则同样适用,只不过规模更加宏大更加壮观,从而建立起人类与众神之间的血缘关系。

24 在关于人类本性的讨论中,大家通常认为,而且也无疑是正确的,在天地无休无止的循环和变化过程中,最终等来了合适的时刻,播下人类的种子[④];种子被播撒到地球上之后,又被赋予了神圣的智慧;虽然人类在被造成形之时从自己的凡人之体中获得了其他元素——这些元素都是很脆弱短暂的——但他们的智慧却是由上帝赐

---

① 在哪里……还有什么能比推理更加神圣的:西塞罗在其《神性论》1.37 中将这一说法归于斯多葛学派的克利安提斯。

② 一个由众神和人类所共享的社会:关于这一观点的由来,参见 Pease 关于《论神性》2.154 的话。

③ 血缘关系:严格来讲西塞罗的原话(agnationes)仅仅指服从于同一家长(paterfamilias)权威的人,例如儿子、儿媳以及未出阁的闺女们。

④ 播下人类的种子:这里西塞罗不想在人类生命起源这个问题上纠缠;因此他只是简单略过这个话题。播种这个说法可能会重新引起关于上帝是宇宙“播种者”的话题(第欧根尼·拉尔修 7.36 关于芝诺的内容);参比柏拉图《蒂迈欧篇》41e—42a、42d。

予的。因此，我们拥有着可被真正称为与众神一样的世系、起源或者
血统的东西。所以在如此众多的生物种类中，只有人类才有上帝的
概念；所以在人类内部，没有任何部落如此开化或者如此野蛮，以至
于不知道自己应该信仰上帝，哪怕他们在自己应该信仰的神仙**种类** 25
上有所讹误。所以，人类可以说因为记得自己的起源①而相信上帝。
而且，同样崇高的道德精神也只存在于人类和上帝之中，在其他物种
之中却没有。崇高的道德精神只是本性的一种完善和臻美。

由此可见，在人类和上帝之间有很多相似之处。既然如此，那么
我问你，还有什么关系能够更加亲密或者牢固？大自然给了人类如
此慷慨的馈赠供其使用，与其方便，就好像一切生长的东西都被有目
的地赐给了我们，而不是偶然出现的。这里我并不单指那些从肥沃
土地里冒出来的东西，而且还包括各种家畜，它们显然也是为了供人 26
类使用②或享受③或者供其食用而被创造出来的。而且，正是由于大
自然的教导，无数的技巧被人类发掘出来。通过模仿大自然④，理性
得以聪明地获得了生存必需的一切。

大自然不仅赋予了人类智力的敏捷，而且赐予了各种感官，作为他的仆人和信使⑤。作为一个原始轮廓，她还给予了人类对很多事物模糊而未完全成熟的认知，这些认知可以说奠定了知识的基础。她

---

① 记得自己的起源：指人们认为自己的灵魂是上帝赐予的。并无证据表明西塞罗认为人类灵魂能在更早的时候出现（见柏拉图《美诺篇》81—86）。

② 供人类使用：比较“斯多葛学派认为土地上生产的一切都是为了供人类使用而创造的”（《论义务》1.22，基于潘那提乌斯的观点）。

依照 Watt（1）266，我们删去了 frugibus atque bacis 几个词，即“庄稼和水果”，原作为“从土地里生长出来的东西”的注释。

③ 享受：西塞罗可能是在指羊毛和兽皮。

④ 通过模仿大自然：例如，斯多葛学派的波塞东尼乌斯说过，聪明人通过模仿鱼类而发明了船舵（塞内加《书信集》90.24）。

⑤ 各种感官，作为他的仆人和信使：参比西塞罗《论神性》2.140。

赐予人类以多功能的体格，以与人类智慧相匹配。虽然大自然让其他动物俯身进食，她却让人类独自站立[1]，鼓励他仰望天国，这天国可
27 以说是与之同宗，是其最开始的家园。她还塑造了他的脸部特征，使之能够表达其内心深处的性格。我们的眼睛非常清楚地流露出了我们的情感状态；而我们称为表情的东西——这除了人类其他任何生物都不具有——则反映了我们的性格。（希腊人知道这个词的意思，但没有相对应的词语[2]。）我毋需列举人类身体其他部位所具有的能力和本领，例如对声音的控制和演讲的威力，这是促进人类关系的助长剂[3]，非其他能力可比。因为并非所有一切都和我们现在的讨论相关，我想在各位读过的几卷书[4]中西庇阿已经对这个问题进行了充分的论述。那么，既然上帝将人类创造成这个样子，并且赋予了他这些能力，让他能够优于其他万物，我们应该明确一点（而无须纠缠每一个细节），那就是大自然从她自身赋予的更多。在没有任何老师的情况下，从通过最基本最原始的概念理解万物开始，她自己强化、完善了人类的理性。

28 阿提库斯：我的天啊！您在对公正基础的探究中还真的是往回追溯得相当深远。就为了这个原因，我也不能催促您马上谈论民法的问题了，尽管我开始还很期待。我很高兴您能在这个问题上谈论一整天。因为您引入的那些观点，虽然也许只是其他问题的辅助部分，但事实上却比其引出的其他内容更为重要。

马库斯：没错，我现在简要谈到的观点是很重要。但在哲学辩论

① 人类独自站立：参比有 Pease 注释的西塞罗《论神性》2.140。

② 希腊人……但没有相对应的词语：拉丁语 vultus（表情）和 facies（脸部）是不同的。正如 Kenter 指出的，希腊语 prosopon 可以解释为“表情”。

③ 演讲……促进人类关系的助长剂：据说是 ratio（推理）和 oratio（演讲）提供了人类社会的纽带（《论义务》1.150）。

④ 各位读过的几卷书：西塞罗在《论共和国》遗失的卷四部分阐述了这一话题。

所涉及到的所有问题中，肯定再没有什么能比这一点更加重要，那就
是清楚地意识到我们是为公正而生，而且知道公正不是基于主观看
法，而是基于客观事实①。如果你考察一下人类社会和人类相互之间
的关系，这一点马上就会更加清楚。

任何事物之间的相似度都无法跟我们人类之间的相似度相提并 29
论。如果堕落的习惯和愚蠢的观点没有使我们脆弱的思想偏离其最
初的轨道，那么人类个体和自身的相似度也不会比人类相互之间的
相似度更高。因此，无论谁对人类下个什么样的定义，这个定义也同
样适用于我们所有人。这就充分证明，人类之间并不存在本质上的 30
差异。如果存在，那这个定义就无法涵盖所有人。事实上，理性——
正是这一点使得我们优于畜生，让我们能够进行有效的演绎推理，进
行辩论、反驳我们的对手、争论、解决问题、得出结论——这显然是我
们所有人所共有的。虽然在它教授的内容上也许会有所差别，但在
其学习的能力上却是不变的。因为同样的事物被所有人的感官所认
知，作用于感官上的那些事物同样作用于所有人的感官；印在头脑中
的那些原始感知（即我前面提到的那些感知）也同样印在**所有人**的头
脑中。阐述思想的演讲虽然用的是不同的语言，但阐述的却是相同
的观点。没有任何国家的任何个人以本性为指导而不能达到高尚道
德的境界。

人类在其恶习和美德上的相似程度是显而易见的。他们都受着 31
愉悦的诱惑，尽管这愉悦会引向恶习，但却和本性美好的事物有着相
似之处；因为它能通过自己的轻快和诱惑给人带来享乐，因而通过某
个错误的判断，被当作有益之物而接受。由于一个类似的错误看法，
人们对死亡避之不及，似乎我们真正的本性也会随之消失，而对生命

① 不是基于主观看法，而是基于客观事实：原文所用的“nature”一词在此指客观的存在——即事物本身。

则孜孜以求,因为它使我们保持在出生时的那种状态。痛苦被视为最大的恶魔之一,因为它本身就很无情,而且似乎会导致我们本性的
32 消亡①。同样地,因为高尚的品德和良好的声誉看起来相似,所以那些享有公共荣誉之士就会被视为受到了福佑,而卑微无名之徒就成了遗憾之辈。烦恼与喜悦、欲望与恐惧,萦绕在所有人的脑海中;如果人们的观点看法不同,并不意味着那些视狗或猫为神圣的人②就不像其他民族一样受到同样迷信的困扰。有哪个社会不喜欢友谊、慷慨和一颗能记住友好行为的感恩之心呢?有哪个社会不排斥傲慢、邪恶、残暴和忘恩负义——是的,还会恨之入骨呢?因此,既然整个人类看起来是被紧密结合在一起的,那么最后的结论就是,正确生存的原则就是让每个人变得更好。如果你们同意我的这个观点,那么我们可以继续我们的讨论;但是如果你们有任何疑问,我们应该首先解决这些问题。

阿提库斯:没有,如果允许我代表我们两个人的话,我们没有任何疑问。

33 马库斯:那么,我接下来要讲的就是,大自然让我们生来彼此共享公正,并且相互赠授。这里我必须补充一句,在整个这场辩论中,我希望大家明白,我所谓的"公正"源于本性,但是因为恶习引起的堕落十分强大,可以说会扑灭天性赋予的熠熠光辉,而使相应的罪恶得以滋长肆虐。如果人类内心相信客观的事实,也就是说,借用诗人的话,"凡是人类之事莫不与己相关"③,那么公正就会受到所有人同样的尊重。因为那些被大自然赋予了理性的人同样也被赋予了正确的

---

① 表面上……本性的消亡:但仅仅是表面上,因为灵魂应该是不死的。

② 视狗或猫为神圣的人:指埃及人。

③ 凡是人类之事莫不与己相关:在泰伦斯的《自我惩罚者》(77)中,克利米斯,一名年老的好事者,在为自己的好奇心狡辩时说道,"我是人;凡是人类之事莫不与我相关"(homo sum; humani nil a me alienum puto)。

理性,因此也被赋予了法律,也即指令和禁令中的正确理性;如果被赋予了法律,那么也就被赋予了公正。但是理性被赋予给了所有人,因此公正亦是如此。苏格拉底十分正确地咒骂[①]了那个首先将自身利益和公正割裂开来的人;因为,他骂道,那是万恶之源。所以,毕达 34
哥拉斯说了那句著名的话[②]…… [此处文字缺失]

那么这一点就很明确了,当有智者向某些具有同样崇高道德之人表示这一如此宏大壮阔的善意时,会产生一种效果,虽然这种效果事实上是必然的,但有些人[③]却认为难以信服,那就是他对对方的热爱和对自己的热爱不差分毫。因为如果一切平等的话,还会存在什么样的差别呢?假若友谊中出现了任何差异,无论这种差异多细微,那么友谊之名就已经不复存在了;因为友谊最重要的特点就是,当一方更多地想着自己需要什么而没有为另一方着想时,友谊就已经消失了。

所有这些论据都为我们接下来的讨论和辩论提供了一个坚实的基础,都有利于证明,公正就是建立在本性之上的。如果我再接着就这个话题多谈一点,就会转到民法这个问题上来,这正是我们整个讨论开始的话题。

昆图斯:没错,您不需要再补充什么东西了。听完您刚才所说 35
的,我已经完全肯定,公正就是来自于本性的了。我不知道阿提库斯是否同意我的看法。

---

① 苏格拉底十分正确地咒骂:根据亚历山大的克雷芒(公元二世纪,《杂记集》2.131),克里安西斯在其关于《欢乐》(卷2)的作品中提到,苏格拉底骂了这一句。

② 毕达哥拉斯说了那句著名的话:也许指“友人之间处处相似”(第欧根尼·拉尔修8.10)。原文此处缺失。

③ 有些人:即伊壁鸠鲁学派哲学家。事实上,伊壁鸠鲁说:“智慧为了整个生命的福佑而获得的所有事中,友谊为最”(《主要原理》21);“所有友谊本身就是值当的,即便它是因为需要帮助才开始的”(残篇23)。西塞罗本人写过一篇关于这个话题的散文;参见Powell(1)。

阿提库斯：我怎么能够不同意呢，您先是可以说论证我们被赋予、配备了神的才能，接着又论证人类有一种相互依存的方式，是人人同等分享的，最后您证明了所有人都是通过一种本能的善意和友好，以及在公正上的共享关系而聚拢到一起的。既然我们都认为（我想是正确地认为）这些观点非常对，那么我们现在又怎能将法律和公正割裂开来呢？

36—52. 前述原则将会得到所有坚信美德应该因其本性而被追求的人的支持

36 马库斯：一点儿没错，事情就是这个样子。但是在哲学家们的研究中（我这里并非指那些更早一辈的哲学家们[①]，而是指那些设立了可谓哲学工厂[②]的哲学家们），曾经一度被用大而泛的词汇表达出来的事物如今则是点对点地分而列之了。他们认为我们正在讨论的话题是无法进行充分论证的，除非这个特定的命题（即公正源自于本性）能够独立得到验证。

阿提库斯：我想您失去了表达自己观点的自由；或者也许您是那些在辩论中屈服于其他权威却不坚持自己观点的人中之一。

37 马库斯：并非总是如此，提图斯。但你可以看得出来现在这场讨论发展的方向。我整个的论点就是要给国家带来稳定，给城市带来安宁，给社会带来福祉。我很担心，不想因为首先确定一些尚未经过成熟考虑和认真验证的规则而犯下错误。请注意，这里我不是说这

① 更早一辈的哲学家们：指前苏格拉底哲学家们和柏拉图。

② 哲学工厂：在《论目的》5.7中，早期学园派（主要代表有斯珀西波斯、色诺克拉底、波勒谟和克朗托）以及逍遥学派（以亚里士多德为首）被称为工厂，但不含有任何讽刺涵义。

些规则必须做到人人都满意(这是不可能的),而是要做到让一些人满意,那些人相信一切正确光荣之事应该因其本身而去追求①、相信一切本身就不值得称颂之事根本不应算做好事,或者至少认为如果某事不能真正因其本身而值得称颂,那就不应视为一件伟大的好事。 38
对所有那些思想家们——无论他们是否属于早期学园派②,例如斯珀西波斯、色诺克拉底和波勒谟,或者是否追随了亚里士多德③和泰奥弗拉斯托斯(事实上他们和前一派的观点并无二致,尽管在各自表述的风格上略有不同),或者是否像芝诺以前一样,换了一套术语却未改变自己信仰的实质内容,或者是否甚至追随着苛刻严厉且晦涩难懂的、而今遭怀疑驳斥的阿里斯托学派,认为除了美德和罪恶之外其他一切通通无关紧要——我说过的话对所有这些思想家们都应该能被接受。

至于那些追求自我放任、成为自己躯体的奴隶之徒——那些以 39
快乐和痛苦为准绳去衡量自己一生中一切应该追求和逃避的事情的人,即便他们是对的(在此没有必要和他们进行争辩),让我们告诉他们,待在自己的小园子④里鼓吹去吧,让我们告诉他们,远离公众生活

---

① 一切正确荣耀之事应该因其本身而去追求:西塞罗做了下列区分:(a)接受这一命题者,(b)反对这一命题者(伊壁鸠鲁学派),以及(c)质疑这一命题者(后期学园派)。在(a)中他又将其分为(a1)早期学园派(斯珀西波斯、色诺克拉底和波勒谟),(a2)逍遥学派(亚里士多德和泰奥弗拉斯托斯),(a3)斯多葛学派的芝诺,以及(a4)斯多葛学派的阿里斯托。西塞罗认为(a1)和(a2)两派观点事实上是一致的。在53—55章中,他继续提出(a1)和(a3)两派之间的鸿沟并非是不可逾越的。

② 早期学园派:由柏拉图创建。公元前3世纪,在持怀疑论的阿凯西劳斯和卡涅阿德斯的领导下,其特点有所改变。参见 Long 88—106。

③ 亚里士多德:亚里士多德学派经常被称作 Lyceum(学园派)或 Peripatos(逍遥派)。

④ 自己的小园子:此处是以不屑的态度指伊壁鸠鲁学派,该派哲学家们经常在雅典郊区的某个小花园里举行学术讨论。西塞罗反对该派有几个原因,其中最重要的原因便是该派不鼓励其弟子参与公众生活。

一小会儿，因为他们对这一领域一无所知，并且从未渴望知道点什么。接着还有学园派，把所有这些问题搅得混淆不清（我是指从阿塞西劳斯和卡涅阿德斯开始的新学园派）。让我们告诉他们，别再聒噪不休[1]；因为如果他们也来搅和这些对我们来说已经阐述、解决得相当清楚明白的问题，只会带来更大的破坏。与此同时，我还是想安慰一下这个学派，还不敢将其一把推开……

［原稿此处文字缺失——西塞罗似乎谈到了可赎之罪。这些罪恶是可以饶恕的。］

40 ……但如果是对人类的邪恶行为，以及对众神的亵渎行为，则是不可饶恕的。于是这些冒犯者们接受惩罚，不一定非受到法庭的制裁（因为以前根本没有法庭，如今很多地方也还没有，即使有也往往不很健全），而是受到复仇女神的追赶和捕拿，不是像戏剧[2]里演的那样拿着熊熊的火把，而是带着对他们良心的谴责和罪行的折磨。另一方面，如果人类必须通过惩罚而不是本性才能远离犯罪，如果惩罚的危险被消除，那么邪恶之徒究竟又有什么必要惴惴不安呢？然而从未有什么恶棍能够厚颜无耻到不会抵赖自己的犯罪行为，或者捏造理由为自己的愤怒辩解，或者从自然公正性的某些条款中为自己的罪行搜罗狡辩的借口。如果邪恶之徒都胆敢援引这些原则，各位只需想象一下，它们在好人那里将会被如何坚决地遵守！但是，如果是因为惩罚或者害怕报应，而不是因为邪恶本身，而使人们远离邪曲或者罪恶的一生，那么没有人是不公平的；相反，那些卑鄙之徒应

41 该被称为轻率之人。同样地，我们当中那些不是因为正直本身而是

---

① 让我们告诉他们，别再聒噪不休：因为阿提库斯将不得不暂时停止他对伊壁鸠鲁的热衷“一阵子”，因此西塞罗也将不得不远离这个烦人的学园。

② 戏剧：例如埃斯库罗斯的《欧墨尼得斯》。

由于某些利益或好处[1]被劝向善的人，并非真正的好人，而是奸诈之徒。如果一个人只担心目击者和法官，那么他在黑暗之中又会怎样做？要是他在一处荒芜之地碰到了别人——一个孤单无助而身携重金的人，又会如何？我们本性善良正直的人会去跟他交谈、帮助他、将他带到正确的路上。可是那些从不为别人着想、只以个人得失为准绳衡量一切事物的人——我想，你看得出**他**会做些什么！即使他抵赖自己想谋杀那个人、卷走他所有的钱财，也不是因为他认为这种行为本身是罪恶的，而是因为他害怕事情会泄露出去，也就是说，他可能最终会罪有应得。这是什么样的态度！这足以不仅仅让一名哲学家、甚至能让一个农夫脸红的了。

最最愚蠢的是，有人相信一个特定国家的制度或者法律所规定的一切都是公正的。如果这些法律是暴君的法律，会是怎样？如果臭名昭著的三十人僭主集团[2]希望将他们的法律强加到雅典人身上，即便是所有雅典人都欢迎暴君的法律，那些法律是否会因此而应该被视为是公正的呢？在我看来，我们的临时执政者[3]通过的允许独裁官甚至不经审判就可随意处死任何市民的法律，不应再被视为是公 42

---

① 由于某些利益或好处：这些话表明西塞罗脑中依然想着伊壁鸠鲁学派；因为他们坚持认为道德规范就是喜悦或痛苦的事儿。但是这个争论也重新提到了柏拉图《理想国》2. 359—361 中格劳空（Glaucon）提出的命题，即不公平如果未被发现，是比公平更好的。

② 臭名昭著的三十人僭主集团：伯罗奔尼撒战争结束之时，公元前 414 年的春天，在雅典，民主主义者受到了寡头统治者的驱逐。一个三十人的委员会被成立，设立了一个新的参议会，成员都是各自的拥趸，并且废除了法庭。与此同时，他们实行了恐怖统治，成百上千的人被谋杀或驱逐。该年年底，这三十人集团被塞西布勒斯领导的一帮流放者打败；公元前 403 年民主政治得以恢复。

③ 我们的临时执政者：在公元前 82 年，L. 瓦勒里乌斯 · 弗拉库斯作为临时执政者引入一个提案，任命苏拉为享有无限权力的行政官——不止是平常的六个月任期。此后苏拉引入了其政宪改革，试图重新建立起元老院寡头统治的权力。这一体系持续了大约十年。最终公元前 70 年被庞培和克拉苏粉碎。

正的。只有一种唯一的公正。它将人类社会聚拢到一起,并且是由一种唯一的法则所确立的。这个法则就是指令和禁令中的正确理性。任何不承认这一法则的人是不公正的,无论它是否在哪儿被书写成文。如果公正就是和遵守特定社会的成文法律和风俗习惯相关,如果像我们的反对者们[①]所声称的,一切都应以个人得失为准绳来衡量,那么人们在认为对自己有利的时候,只要做得到,就会忽视、违犯法律。所以如果公正不是源自于本性,如果为个人利益服务而
43 确立的那种公正又被同样的个人利益而摧毁,那么公正就根本不存在。所以如果本性不支持公正,所有美德都会被摒弃废除。

还有什么空间留给慷慨大方、爱国精神和精忠尽责;或者留给对服务他人或表达感恩的希望?这些美德深深扎根于我们本性乐于关心他人的事实基础之上;这也是公正的基础。而且,不仅我们对他人的关心服务、连同祭祀众神的各种仪式和典礼也会被摒弃——在我看来,这些仪式应该加以保留,不是出于恐惧,而是因为这是使人类与上帝之间进行沟通的方式。从另一方面来说,如果法律通过各族人民的指令、政客们的条规和法官们的裁决而得以生效,那么人们去抢劫、通奸、伪造遗嘱便都可能成为公正的行为,只要这些行为经过人们的投票或者裁决结果得到批准。

44 如果愚蠢的人们做出的决定和裁决有能力靠自己的投票来颠覆事物的本性,那么他们为什么不规定,罪恶的、破坏性的事物应该被视为美好的、有益的呢?如果法律能够将不公正的变成公正的,那它为什么不能将罪恶的变成善良的呢?但事实上,我们可以仅仅通过本性的标准辨别好的法律和不好的法律。不仅公正和不公是靠本性

① 我们的反对者们:此处再一次提到伊壁鸠鲁派。对其神学的阐述和批评,参见西塞罗《论神性》1.18 以下。

区分开来的[1],而且一切光荣和不光荣的事物都是如此,毫无例外。因为是大自然创造了我们人人共有的感知,并且将这些感知通过某种特定方式架构到我们的头脑之中,使我们能够将光荣的事物归为美德,将可耻的事物归为邪恶。

认为这些仅仅是主观看法的事,而不是建立在本性之上的想法 45
是愚蠢的。一棵树或一匹马所谓的美德[2](其实这个词有点误用)并不是依赖于主观看法而是本性。如果这个成立,那么光荣的和可耻的事物也一定是靠本性得以区分的。如果高尚的道德作为整体是通过主观看法进行证明的,那么其各个组成部分也是如此。那样的话,有谁能不根据某人的本性特征而是根据一些外部因素来辨别一个聪明智慧之士和一个奸诈狡猾之徒呢?不,高尚道德是发展完善的理性,这肯定是建立在本性之上的;一切光荣的事物同样如此。就好比真与伪、逻辑与非逻辑是根据其各自的条件而非一些外部标准加以判断的,协调一致的生活模式(这是正确的)和矛盾不协调的生活模式(这是错误的)也能通过各自的本质加以验证。或者说我们是否应
该根据本性来辨别一棵树或者一匹马的优点,却不以这一标准来辨 46
别年轻人的优点呢?或者是否性格特点应该根据本性来辨别,而由之发展而来的美德与邪恶却用别的方式进行辨别呢?如果这些是用**相同**的方式加以区分的,那么难道不必要也根据本性来区分光荣的和可耻吗?任何值得称颂的美德自身一定具有让人称颂的地方。美

---

① 公正和不公是靠本性区分开来的:贺瑞斯在伊壁鸠鲁讽刺文学中对此进行了否定(1.3):“人们必须承认,法律是因为害怕出现不公平而创造出来的……自然将美好事物与其对立者区分开来、将人们寻找的与人们躲避的区分开来的方式,也无法将公平与不公区分开来”(113—114)。至于“美好事物”,贺瑞斯指的是“有益的事物”;因此自然能够将可食用的和有毒的蘑菇区分开来,但正义是优劣势之间的一种平衡,这种平衡不是“提供的”,而必须被人创造出来。

② 所谓的美德:西塞罗对于用拉丁语 virtus 来翻译希腊语 arete(美德)并不满意;因为前者词根是 vir(人),本意是“男子气概”。

德本身是好的，并非因为人们主观这么认为，而是它本性如此。如果这个不成立，那么快乐的人们也会是因为主观看法才快乐；还有什么比这个更加愚蠢的？那么，既然好与坏是根据其本性而区分开来，而它们又是本性最基本的原则，则显然光荣的和可耻的事物必须也要通过同样的方式加以辨别，依照本性这一标准进行判断。

47 但是我们被人类主观看法的多样性和不相容性①搞得迷惑不解；因为在感官问题上就不会存在同样的矛盾，我们认为感官本性上是可靠的，而将那些人与人之间会不一致的、甚至在同一个人身上也不总是保持不变的想法看作是虚幻的。这种区分根本不对。就我们的感官而言，没有哪个父母、护士、教师、诗人或者是舞台表演会歪曲它们，普通百姓的看法也不会误导它们。然而对于我们的头脑，便有了各种各样的圈套陷阱，要么是上面提到的那些人设置的，他们看到年轻的没受过教育的头脑，便随心所欲地去玷污它们、扭曲它们；要么就是由那种力量带来的，那力量潜伏在我们各个感官中，纠缠不休，也就是伪装成善良但其实却是万恶之源的愉悦。受到了她的引诱，我们的头脑就无法看清本性是好的事物，因为那些事物往往缺少愉悦所具有的那种甜蜜和刺激的欲望。

48 让我来为我这篇演讲做个结尾——从我说过的来看，结论已经很清楚了，那就是人应该因为公正和各种美德的本性而去追求它们。所有善良的人们喜欢本性就是公平、正确的事物。根据善良之人的性格，是不会犯下错误，去喜欢本质上并不可爱的事物；因此，正确的事物应该因其本性而被人追求和培养。如果对正确事物如此，那么

---

① 人类主观看法的多样性和不相容性：西塞罗承认，一个真人的性格可能会是有争议的。不过他指出：(a)矛盾的观点可能是由于所知有限或者有所偏见的判断而产生的，(b)思考中的人可能不会千篇一律地或者一成不变地保持诚实、慷慨、勇敢等（除非他是那种不可能存在的生物，即斯多葛学派的圣贤）。

对公正同样如此;如果对公正如此,那么其他的美德也应因其本性而被培养。那么慷慨呢?它是无偿的还是有偿的呢?当一个人慷慨行事而不求回报,那它就是无偿的;如果他在寻求获得利益,那它就是一种投资。毫无疑问,一个被称作慷慨大方的人心中有责任感[1],而不是考虑回报。同样,公正也是不要回报、没有价码的;它应因其本性而被追求,而且是所有美德的起源和意义所在。

再进一步,如果善良是因其好处而非因其本性[2]而被追求,那么 49
就会只存在一种美德;这种美德最恰当的名字就是自私。因为如果每个人都完全以自身利益为标准来衡量自己的行为,到了这个程度的话,他就根本达不到一个善良之人的标准。所以,对那些根据回报来评价善良的人而言,自私就是唯一令其羡慕的美德。如果没有人会为了他人而表示友好,那么哪里还有什么慷慨之人呢?如果人们对自己欠了人情的人毫无感激之情[3],又有什么感恩可言呢?如果人们不是,如他们所说,因其朋友的本性而去全心爱他,哪里又有神圣的友谊[4]呢?为什么就因为一个朋友没有回报自己、对自己有利可图的表示,就要将其抛弃丢掉呢;还有什么能比这更加野蛮粗暴的?如果友谊因其本性而被珍惜,那么人与人之间的同胞关系和公平以及公正同样也应因其本性而被追求。若不如此,就毫无公正可言。因为最恶劣的不公正就是从公正中寻求利益。

---

① 责任感:这个英语单词往往暗含不情愿之意。但是 officium 这个词则同时含有友善服务和义务之意。

② 因其好处而非因其本性:在这一节西塞罗像斯多葛学派哲学家一样,他们对道德的评价往往是分类型的(要么……要么)。他并未考虑到下面这种情况:某种为别人而实施的行为同时也包含了自我利益的因素在内,无论其比重有多小。

③ 如果人们对自己欠了人情的人毫无感激之情:这里再一次阐述了这一篇的基本含义。此处文本有损毁。

④ 神圣的友谊:Kenter 认为这是对伊壁鸠鲁学派的一记讽刺重拳——根据下文判断也许没错。

50 关于克制、节制和自我控制，我们能说些什么？关于谦虚、得体、
纯洁又能说些什么？人们会因为害怕丢脸或者因为对法律和法庭的
恐惧而远离罪恶吗？他们会为了受人赞扬而变得清白正派吗？他们
会为了赢得好的口碑而脸红吗？我都耻于谈论羞耻感，耻于谈论那
些以避免遭到谴责而不是避免罪恶本身为荣的哲学家们[①]。那么，对
51 于那些因为害怕丢脸而远离淫欲的人，如果他们所害怕的丢脸恰恰
反映了那件事情的邪恶本身，我们能否称其为纯洁呢？如果你忽略
了你认为应该被褒扬或者被谴责的事情的重要本质，那么还有什么
事情能够正确地得到褒扬或谴责呢？生理上的缺陷，如果不是特别
明显，是否会引起人的厌恶，而灵魂的残缺却不会呢？灵魂的丑陋可
能很容易从其邪恶中推断出来。有什么能比贪婪更令人生厌、比淫
欲更野蛮、比怯懦更卑鄙、比愚钝更可怜的呢？还有什么？让我们拿
那些有一个（或者更多）明显恶习的人做个例子。我们是因为他们遭
受的损失或者伤害或者痛苦，还是因为他们恶习的力量和丑陋而称
之为卑劣之徒？相反地，这点同样可以用来正面论证善良之人。

52 最后，如果善良是因为别的原因而被追求，那一定存在着比善良更好的东西。那这更好的东西是金钱、地位、美貌还是财富？这些东西，即使摆在面前，也是微不足道的；它们能够摆在面前多久，尚未可知。或者这更好的东西是愉悦（这是一个十分可耻的提议）？可是善良最让人信服地得以展示，就是因其蔑视、拒绝愉悦。

大家现在看到，这一系列的论题和论据有多长，它们各自之间又是如何相互关联的了？事实上，如果不控制自己的话，我可能还会说得更长。

---

① 那些以避免遭到谴责而不是避免罪恶本身为荣的哲学家们：翻译了 qui velle iudicium vitare nisi vitio ipso vitato <honestum> putant，根据奥伊斯纳和穆勒，Watt(2) 242 亦如此翻译。

52—57. 至善的定义

昆图斯:请允许我问一句,您的演说会引向何方? 因为,就您所谈到的这些,我很乐意继续听下去。

马库斯:引向至善①,这是任何行为的标准和目标。这在最优秀的思想家之间一直是个争论不休、无法统一观点的问题;然而长此以往,最终还得有人做出一个判断。

阿提库斯:可是路奇乌斯·盖利乌斯已经不在世了,又怎么能做 53
得到呢?

马库斯:这二者之间究竟有什么关系?

阿提库斯:我记得在雅典的时候听我亲爱的菲德拉斯说过,您的朋友盖利乌斯,当他结束自己的执政官职务,作为地方总督前往希腊的时候,将当时在雅典的所有哲学家们召集到一起,十分诚恳地要求他们尽快结束彼此之间的争论;如果他们真正希望不再在这些无谓的争论中浪费自己的光阴,那么就可以达成一致了;与此同时,他还答应为了希望达到那个目标,他可以助他们一臂之力。

马库斯:没错,不过那是个玩笑罢了,庞波尼乌斯,而且让很多人

① 至善:在《图斯库兰谈话集》5.85 中,西塞罗将各个学派的观点分为简单的和复合的。前者代表为斯多葛学派(光荣之物,honestum)、伊壁鸠鲁学派(欢愉,voluptas)、罗得斯的希洛尼慕斯,3 世纪的前逍遥学派(没有苦痛),以及卡尼底斯(享受自然基本的赠礼)。在《论界限》5.20 和《学园派哲学》2.131 中,我们看到这并非卡尼底斯自己的观点;而且,我们也可以补充一句,这听起来也不像是一个简单的观点。复合的观点代表有逍遥学派(心理之善、生理之善、外在之善)、早期学园派(基本一样)、狄诺玛卡斯和卡利弗洛(欢愉和光荣之物)、迪奥多鲁斯(光荣之物和没有苦痛)。

为之莞尔。不过我倒是更乐意在早期学园派[1]和芝诺之间当个仲裁人[2]。

阿提库斯:您这么说是为何?

马库斯:因为他们只在一个问题上有不同意见;在其他所有问题上他们都惊人地一致。

阿提库斯:真的啊!真的只有一个问题有争论吗?

54 马库斯:嗯,只有一个**相关的**观点不同。早期学园派认为任何与对我们生命有益的大自然相一致的事物都是好的,而芝诺则认为任何东西如果不光荣,都不是好的。

阿提库斯:哦,即使这算不上能导致双方完全背道而驰的那种,这个差异也不小了。

马库斯:如果他们相互不一致的是实质而不是语言,你算说对了。

阿提库斯:那您是同意我的朋友安太阿卡斯[3]的看法了(我不敢冒昧地称他为我的老师)。我曾与他一起生活过,他差点把我从我们的流派中拉了出去,而带到离学园派只差几步之遥了。

马库斯:他当然是位智慧、敏锐的人,而且是他那一类中臻于完美的思想家;你知道的,他也是我的朋友。我是否在一切事情上都和他观点一致,正是我马上要考虑的问题。现在我要说的只是这整个争论是可以平息的。

---

① 早期学园派:参见前文注释;参比《论界限》5.7,其中我们看到安太阿卡斯常常将亚里士多德和早期学园派放到一起。在《论神性》1.16 中,我们看到,安太阿卡斯认为斯多葛学派本质上和逍遥学派观点一致,只不过术语不同而已。西塞罗在尽量淡化一些学派之间的区别时,他是在采取安太阿卡斯的方法;参比下文注释。

② 仲裁人:执政官可以任命一名仲裁者(一名职业律师),而不指定审判团之成员,后者虽然也是受人尊重的市民,但不一定在法律方面专长。参见 Crook 80。

③ 安太阿卡斯:关于安太阿卡斯的解释,参见 Barnes 和 Glucker(1)。

阿提库斯:这个您怎么做到呢?

马库斯:如果像希俄斯岛的阿里斯托一样,芝诺也说只有光荣的 55
才是美好的,只有可鄙的才是不好的,而所有其他事物都完全是中性的,至于它们是否存在并无丝毫差别,那么他就将会与色诺克拉底、亚里士多德以及整个柏拉图学派产生十分激烈的争论;他们将会在影响整个伦理学理论的一个关键问题上产生不同意见。但是事实上,早期学园派将荣耀称为至善,而芝诺却称之为唯一的善。同样,前者将耻辱称为至恶,后者则称之为唯一的恶。芝诺将财富、健康和美貌归为有益之物[①],而不是善,将贫困、疾病和痛苦归为无益之物,而不是恶。在这个问题上,他和色诺克拉底、亚里士多德的观点一致,只不过用的术语不同而已。然而从这个不一致之中(不是语言不一致,而是实质的不一致),就引发了一场关于最终界限[②]问题的争论。在这场争论中,因为《十二铜表法》不允许人们擅自获得五英尺宽[③]的土地边界线的所有权[④],我们就不能任由这个精明的人到学园派自古就拥有的领土上来放牛牧羊,我们将不按照《马米利乌斯

① 有益之物:其他一些人将此类事物看作较小的善。芝诺承认其价值所在,但(因为他只允许一种"善"的存在)他将其称为"有益的"。因此,西塞罗说,这种论争只是术语不同而已。

② 最终界限:拉丁词语 fines 既指"道德界限",也指"土地边界"。西塞罗接下来就这两种含义进行了引申。

③ 五英尺宽:两块地之间有一条宽五英尺的中间地带。该地带可用于犁耙掉头,但该地不能归属于任何个人。

④ 所有权:据说芝诺认为有一定的属于早期学园派的地租(fines)。马库斯、昆图斯和阿提库斯如同《十二铜表法》中关于地租争端问题的规定一样,担任仲裁者。作为未受干扰的占有(usucapio)而拥有的所有权,和严格法律所有权不同,是受到罗马法律的承认的。参见《十二铜表法》6. 3;《古拉丁遗迹》(Warmington 译) iv 461; Crook 141—142。

法》[1]规定的那样作为一个单独的法官,而是根据《十二铜表法》规定的那样作为一个三人仲裁委员会,来给这个争论的问题画个句号。

56 阿提库斯:那么我们应该有个什么样的判决呢?

马库斯:我们觉得,我们必须找出并且尊重苏格拉底确定下来的边界[2]。

昆图斯:马库斯,您已经在很有效地使用民法和条例了——我希望能听听您关于这个问题的论述。您得出的结论真的十分重要,就像我经常听您说到的那样。但是这个结论是毫无疑问的:至善[3]要么是根据自然法则而生存(即:享受一种由德行控制的适度生活),要么是遵从自然,可以说通过其法律而生存(即:尽可能地不忽略任何东西,以便达到自然的要求,这个要求也就是[4]:要根据德行准则而生存)。因此,我倾向于认为这个[关于边界的]问题是无法得出结论的——在我们这场讨论中肯定不行,如果我们要完成我们一开始计划做的事情的话。

57 马库斯:刚才绕这么一大圈子,我一直挺满意!

昆图斯:还有机会。现在让我们继续开始时的讨论吧,尤其要像

---

① 《马米利乌斯法》:公元前109年,一位名叫马米利乌斯的保民官设立了一个法庭,审讯那些曾经接受过朱古达的贿赂的人。萨卢斯特(《朱古达》40)将其称为盖尤斯·马米利乌斯·利美塔努斯(即"边界仲裁者"之意)。因此西塞罗此处很可能是指此人,当时他也在其制定的法律中规定,在解决边界问题争端时将三名仲裁者减为一人。

② 苏格拉底确定下来的边界:因为苏格拉底的观点是由柏拉图(不管是否忠实)阐述出来的,这里暗示结论是倾向于早期学园派的。西塞罗在其《论界限》4.19及其后文中对芝诺的观点的态度则更加负面一些。

③ 至善:通过这些术语来阐述二者,昆图斯似乎在提示,双方观点之间的差别过于细微,无法得出最终的结论。

④ 这个要求也就是:根据Watt的建议(在一封书信中),原文应为idem ac hoc valet。

没有受到这场关于极善和极恶的辩论的影响一样。

马库斯：昆图斯，你这个建议相当明智。到现在为止我所说的……［在缺失的部分，西塞罗似乎被要求将其所说的关于公正的道理应用于道德理论。］

昆图斯：……<我没有要求>您谈论莱克格斯或梭伦或卡隆达斯或扎留库斯的法律，或者谈论我们自己的《十二铜表法》，或者平民的决议；但是我期待您今天的演说中，能为国家和个人提供一种生活的准则和培训的体系。

58—63. 哲学使人了解自我及其在自然秩序中的位置

马库斯：昆图斯，你所期待的当然在我们这场讨论范围之内；我 58
也希望这在我力所能及的范围之内！毫无疑问，由于法律必须惩恶扬善，那么是可以从其中得出一套行为准则的。这就是为什么智慧是众善之母的原因，她的热爱赐予了我们一个源自希腊语的词“哲学”。在不朽之神赐予人类的所有礼物中，再没有比这更加丰富、更加隽永、更加绝妙的了。除了其他的一切，她还教会了我们这最难的一课，那就是认识我们自己——这个规则如此强大、意义深远，以至于它没有被归于任何凡人之功，而是归于特尔斐之神。

认识自我的人首先意识到，他拥有一些神圣的才能，他会将其自 59
身的内在本性与神庙里摆放的某个神圣意象进行比较。他的思想和行为将总是没有辜负众神无价的恩赐；当他仔细审视、检查自我的时候，他会看到大自然赐予了他多么强大的本领，使之能融入生活，在学习、获取智慧时又拥有何等的才能。刚开始的时候，他的脑子里和精神中已经具有了可以说是对一切万物的模糊感知。当这一切通过智慧的指引而豁然通透之时，他如今知道，自己拥有了一个善人的素质,而且正因如此而具备了一个快乐之人的一切①。

60 一旦大脑在感知和辨别德行时停止了对身体的服务和满足,而且将快乐像某种可耻的污点一样清除干净;一旦它将一切对痛苦和死亡的恐惧置之度外,而和其同类建立一种友爱的关系,认为他们都因其本性而与自己是同类;一旦它开始通过一种纯粹的宗教形式膜拜众神,使道德判断的锋芒更加锐利,如同一双慧眼一样,以便能够选择善而拒绝相反的东西(这是一种上天赐予的叫做审慎的德行)——与具有这种头脑的人相比,还有什么人能被描述或者想象成更加受到庇佑的呢?

61 当这个头脑去考察天、地、海以及自然界中的万物,去了解万物从何而来、归往何处,何时、如何消亡,它们何种部分是可灭易腐的,何种部分又是超凡不朽的;当它差不多了解了掌管统治它们的神,意识到它自己不是囿于什么人类砌筑的城墙圈起来的某个特别地方的居民,而是这整个世界②作为一个单独的城市中的一个市民;那么,在这些壮丽威严的环境下,在对自然的这种沉思与理解中,我的上帝啊!它对自己的认识该会是多么的透彻,就如达尔菲的阿波罗神所命令的,它会如何对那些被常人视为珍宝的东西加以轻蔑、鄙视和不屑一顾③!

62 而且,它会将所有这些东西用一种围栏④圈起来,这种围栏包括了语言推理、明辨是非的专长,以及可以说是理解万物逻辑结果及其

① 一个善人……一个快乐之人的一切:据说这种结果的实现通常是智慧或哲学的结果。但这是可以质疑的,就像我们在《论界限》5.12,70,79,84 中看到的一样。而且经常这种争论最终就是命名不同引起的而已(也许还有一定的自我迷惑)。

② 整个世界:"尽管关于世界公民这个概念的起源可以归功于苏格拉底(《图斯库兰谈话集》V. 108),但它的传播开来还要归功于斯多葛学派。"Kenter 引用,《论界限》3.64,4.7;塞内加,《书信集》28.4 等。

③ 轻蔑、鄙视和不屑一顾:参比《论共和国》6.16。

④ 一种围栏:根据第欧根尼·拉尔修 7.40,这是一种斯多葛学派的意象。

所遇到的各种异议的艺术。当它意识到自己生来就是融入一种市民同胞关系之中，它会决定采用，并非仅仅是辩论的精妙技巧，还有一种更加宏大、更加连贯的演讲风格①。通过这种工具，它将能够统治国家，强化法律，严惩恶徒，保护善者，弘扬优秀杰出之士，用能说服群众的语言来为安全和名誉发布指令；它将能够鼓励人们争取荣耀，远离耻辱；慰藉受难者，将勇士和智者的事迹与忠告、连同恶人的恶名丑行一起，通过永不磨灭的语言传承下去。这些就是能够被希望认识自我的人从人类身上洞察出来的如此多样、如此重要的力量。而这些力量的母亲和养育者，就是智慧。

阿提库斯：关于这个可敬的她，您所说的一切都是让人印象深刻的，也是毫无谬误的；不过您说这些有什么目的呢？

马库斯：首先，庞波尼乌斯，这与我们正要讨论的、并且认为相当 63
重要的主题有很大关系。因为如果不知道这些主题是来自最深远的真理之中的话，它们的重要性将会大打折扣。其次，我很乐于赞扬哲学，并且希望，谈到我如此倾心研究的、成就今日之我的这门学科时，我拒绝缄口略过，是十分正确的事。

阿提库斯：一点儿没错。您的赞扬之辞十分中肯，并且发自肺腑；也正像您所说的，将其纳入我们这场讨论之中，是十分正确的事。

① 一种更加宏大、更加连贯的演讲风格：也即修辞学。参见《论界限》2.17，其中将辩证法和修辞学进行了比较。西塞罗从这里开始论述三种修辞学：协商式、评判式、说明式（即陈述式）。

卷　二

1—7. 场景设定

1　阿提库斯：嗯，我们已经走得够远了，您得开始演说的另一个部分了。所以我们是否要换个地方，到费布雷努斯河中（我想那另外一条河是叫这个名字）那个小岛上去找个地方坐下？那样我们可以把精力集中到讨论接下来的内容。

马库斯：完全同意。那是我无论阅读、写作或者仅仅是思考的时候都最喜欢去的地方。

2　阿提库斯：对我而言，去再多也总是不够，尤其现在还是夏天。我并不是想要铺着大理石地板和花格平顶的堂皇富丽的别墅。您看到这样的景观时，对我们的朋友们称为“尼罗河”或者“尤里普斯”①的那些人工运河，会忍不住嘲笑一番的。刚才，您在谈论法律和公正时，您把大自然当作开启一切万物的钥匙。同样，大自然也是我们去寻找精神放松和快乐的那些地方的王后。以前我常常纳闷（因为我

① 尤里普斯（Euripus）：位于埃维厄岛和希腊大陆之间的海峡。

觉得这里除了石头和山，没别的可看的了[1]，事实上您的演说和诗歌给了我这种印象）——正如我刚才说的，我过去常常纳闷，您为什么这么喜欢这个地方呢；然而现在，我倒是怀疑，您出城的时候，还能去什么地方。

马库斯：没错，只要能够脱身一两天以上，尤其是在今年的这个 3
时候，我就会来到这个风景幽美、健康宜人的地方。不巧的是，这种机会**总是**很少。但我觉得自己喜欢这个地方，还有另外一个原因——这个原因对你倒是没那么重要，提图斯。

阿提库斯：真的吗？是什么原因？

马库斯：好吧，实话告诉你吧，我，还有我这位兄弟，就是在这个国家出生的。没错，我们出生于本地一个十分久远的家族，我们和这个地方通过宗教和祖籍纽带联系在一起，在这个地方有着我们祖辈的很多遗迹。啊，看那栋别墅，我都没必要多说什么了。现在你可以看清它的样子了。我的父亲兴意盎然，将这栋别墅重建了一下，扩大了规模。由于他身体不好，所以经常在这里埋进书堆，在这里度过了一生中的大部分时间。我就是在这里出生的，你知道，当时我的祖父还在世，房子也很小，风格陈旧，就像库里乌斯在萨宾国的房子一样。所以说，在我内心和灵魂深处，总有一种情愫，也许使我对这个地方拥有着一种特别的亲切感。如果大家还记得的话，那位十分明智之士[2]据说拒绝了永生的诱惑，就为了能再见到伊萨卡。

阿提库斯：我觉得，要钟情于此地，而不留恋任何其他地方，这是 4
一个很好的理由。我自己现在也更加喜欢那栋房子了——是的，没

---

① 这里除了石头和山，没别的可看的了：这种让浪漫者心跳的蛮荒景象是引不起阿提库斯多大兴趣的。他喜欢的是那种更缓和平静、带有与人相关的特征的地方。

② 十分明智之士：奥德修斯拒绝了海中女神卡吕普索向他提出的永生的诱惑，就为了能够返回故乡（《奥德赛》1.55—59，5.135—136）。

错——也真正更加喜欢您出生长大的这片土地了。因为我们有时总是因为一些地方和那些我们热爱、尊敬的人紧密联系在一起,而被那些地方所感动。为什么连在我所爱的雅典城里,我对那些金碧辉煌的建筑和古代艺术华丽灿烂的作品都不怎么感冒,而对那些卓越人士的故园旧地却向往不已——就是那些他们过去常常居住、坐下来讨论问题的地方。我甚至会带着无限敬意去看一眼他们的坟墓。所以从现在起,我会更加喜欢这个地方,因为您就是在这里出生的。

马库斯:嗯,我很高兴向你介绍了这个我真正的摇篮之乡。

5 阿提库斯:我也很高兴亲眼看到了它。不过您几分钟前说到,这个地方是您真正的祖国,我以为您是指阿尔皮努姆,您到底指什么呢?难道您有**两个**祖国吗?或者当然我们只有一个?再或者您是说加图的那个国家,那个智慧的发源地,不是罗马而是塔斯库勒姆①?

马库斯:没错,我认为他和所有来自于那里的人们都有两个祖国,一个是自然地理意义上的,一个是公民身份意义上的。因为出生于塔斯库勒姆,加图被允许加入罗马籍。所以说他在出身上是塔斯库勒姆人,在公民身份上他是罗马人。他的祖国一个是本地的,另一个则是法律上的。你那些阿提卡的朋友们,在忒修斯命令他们全部离开乡村迁入城市(或者就像人们所谓的 astu)以前,都是既属于各自所在的乡镇,又属于阿提卡。同样地,我们提到自己的祖国时,既指自己的出生地,又指我们获得公民身份的地方。但是从作为整体的国家那里获得其名称者,应该是我们所最爱的祖国。这是我们应该甘愿为之献出生命的祖国,是我们应该为之尽心尽力的祖国,是我们应该在其圣坛之前倾己所有地奉献、祭献一切的祖国。然而,我们

---

① 塔斯库勒姆:距离罗马东南部 15 英里(24 公里),高出海平面 2000 英尺(近 610 米);那是个很受欢迎的度假胜地,很多重要的罗马人(包括西塞罗)在那里都建有别墅。

所出生的那个祖国对我们来说也是亲近的，在某种意义上和吸纳我们为公民的那个祖国并无多大差别。因此，我总是坚持认为这是我的祖国，尽管我的另一个祖国要伟大得多，而且将这个国家囊括在内①。

阿提库斯：这么说我们的朋友伟大的庞培王在保卫阿姆比乌斯 6
的时候（那场战争是他和您共同参与的），他在法庭上的陈词就丝毫没错。当时我就参加了听证会，他说我们这个国家应该对这个小镇致以无限的感激之情，因为她的两位保护者②都来自于此。所以，我觉得我现在已经被您说服了，您的出生之地同时也是您的祖国。

现在我们已经上了岛了。还有什么能比这更加让人心旷神怡的呢？整个小岛就像船的船头一般，将费布雷努斯河从中截断，两边形成等宽的小河流，分别拍打着岛的两岸。匆匆流过去之后，紧接着又汇合到一起，围成一个足有摔跤场那么大的地方。随后，仿佛它的职责和功能就是为我们提供辩论场所一般，它立即涌入了利里斯河，好像融入了一个贵族家庭般淹没了自己不那么显赫的名字，而让利里斯河的河水变得更加凉爽。尽管我看到过很多河流，但从来没有碰到过比这条河的河水更凉的。我几乎忍不住要把脚伸进去，就像柏拉图在《对话篇·菲德洛斯》③中描述的苏格拉底一样。

马库斯：说得很对。但我猜你们伊庇鲁斯的提亚弥斯河④在景观 7
上丝毫不逊于此，昆图斯经常提到它的。

昆图斯：一点儿没错。您不能误以为有什么能比我们的朋友阿

---

① 要伟大得多，而且将这个国家囊括在内：最后这些字被当作注释删去了。

② 两位保护者：指马略和西塞罗。

③ 柏拉图的《对话篇·菲德洛斯》：在《菲德洛斯》23ob 中，苏格拉底将双脚伸入伊里色斯河中。

④ 提亚弥斯河：此河流进科孚岛对面的大海。

提库斯那到处种有悬铃树的阿玛耳忒亚神殿[1]更让人印象深刻。不过如果大家都不反对的话，让我们在树荫底下坐下来，从我们刚才停下来的地方继续开始讨论吧。

马库斯：你这么催我一点没错，昆图斯，虽然我以为自己已经摆脱掉了这个任务。你是不会同意留下任何债的！

昆图斯：那么就请开始吧，我们给您一整天的时间。

7—17. 自然法则的简要回顾

马库斯："缪斯由朱庇特开始……"这是我记载的阿拉图斯的诗歌[2]的开头一句。

昆图斯：这个是何用意？

马库斯：因为现在我也要以朱庇特和其他不朽的神来开始这整个论述。

8 昆图斯：好吧，马库斯。这是再合适不过的了，也是您应该做的。

马库斯：那么好，在我们进入单个法律之前，先让我们再来看看法律的意义和本质所在。因为我们所说的一切都必须以那个观念为指导，我们必须确保不会因为语言的误用而偶尔会偏离正轨，忘记了理性的重要性，而我们的法律是必须建立在此之上的。

昆图斯：没错，这看起来应该是您展开论题的正确途径。

马库斯：那么好，我发现根据最大权威[3]的观点，法律不是人类智

---

① 阿玛耳忒亚神殿：祭祀宙斯的乳母阿玛耳忒亚（Amalthea，被描述为一个仙女或一头母羊）的神殿。西塞罗在阿尔皮努姆也给自己建了一座（《致阿提库斯》1.16.15）。

② 我记载的阿拉图斯的诗歌：关于西塞罗记载的版本残文，参见特拉利亚，65—111。

③ 最大权威：特指斯多葛学派。

慧思考出来的，也不是人们通过的什么决议，而是一种通过其指令与禁令的智慧统管整个宇宙的永恒力量①。在他们看来，最早的和最终的法律就是上帝的智慧，上帝是通过理性来规定或禁止一切万物的。因此，众神赐给人类的法律受到了正确的赞扬，因为它代表着被命令去颁发指令与禁令的智者的理性和智慧。

昆图斯：您已经此前在若干场合谈到了这个话题。但在您谈论 9
人类社会的法律之前，能否请您解释一下那个神性法律的重要意义。
这将会防止我们被习惯的潮水冲刷、拖曳到日常谈话的风格之中去。

马库斯：从我们小时候起，昆图斯，我们就被告知，“如果［原告］
传唤［被告］到庭”②，以及其他类似的东西，都被称为法律。但是
人们必须理解，人类社会颁布的这些以及其他指令与禁令能够鼓励
人们行正事、阻止人们犯错误。这种能力不仅比社会和国家的出现
更早；它甚至与监管、统治天与地的神是同时代的。神的意志不可能 10
没有理性，神的理性一定具有这种明断是非的能力。即便是任何地
方都没有规定过，一个人必须站在桥上面对所有敌人的大军，必须命
令将自己身后的桥索砍断，但是我们依然一直认为，著名的科克利斯
按照勇敢的规定与命令做出了伟大的壮举。即使在卢西乌斯·塔克
文执政时期，罗马还没有针对强奸行为的成文法律，但是塞克斯塔
斯·塔克文因为强奸了特里西皮提努斯的女儿卢克利希亚而违犯了
永恒之法。因为理性是存在的——源自宇宙本质的理性，鼓励人们
行正事、阻止人们犯错误。这个理性不是在它被书写成文之时，而是
在它形成之初，就已经成为了法律。它是和神的意志同时产生的。

① 永恒力量：参比《论法律》1.21 和 33。

② 如果［原告］传唤［被告］到庭：《十二铜表法》1.1（《古拉丁遗迹》iv.425）。被告被传唤到司法官面前之前先参加一场预审，这是西塞罗此处所指的意思。如果问题还没有解决，才进行审判。参见 Crook 75—77。

所以说,具有指令和禁令功能的真正的最初的法律,就是众神之主朱庇特的理性。

11 昆图斯:我同意你的看法,马库斯,即正确的、真实的同时也是永恒的,并不会因为书写法律的文字才产生或者消亡。

马库斯:那好,就如神的意志就是最高法律一样,对于人类来说,当理性完全开发,那就成了法律;而且理性在智者的头脑中是完全开发了的。然而,那些为了满足社会临时需求而用不同术语表述出来的法律,却是因为大众的拥护而非客观的事实而得以冠上法律之名。我们学到,任何法律(或者至少那些正当享有此名者)是值得诸如下列论据的支持的:民众当然一致认为,法律就是用来保障市民安全、国家安全和人类安宁祥和生活的;并且一致认为,那些首先通过此等法律的人向其社会民众表明,他们意欲制定、颁发一些措施,这些措施一旦被接受和采纳,将会使大家过上幸福体面的生活;通过这种方式编定、认可的法规,自然会被冠以法律之名。由此我们可以合理推知,那些制定了对其社会有害的、不公的规定之人,在行为上与其所声称的和承诺的截然相反之人,引入的规定根本称不上法律。因此要解释这个词,很显然的一点是,法律之名所固有的就是选择公平和正确的意识和想法①。

12 所以我来问问你,昆图斯,就像那帮绅士们②经常做的一样:如果一个国家缺少某个元素,而恰恰由于缺少这一元素,它就不能被称为一个国家,那么这个元素是否会被认为是好的呢?

昆图斯:是的,是很好的。

马库斯:如果一个国家缺少法律,那么它是否就不应享有国家之名呢?

---

① 选择公平和正确的意识和想法:参见《论法律》1.19。

② 那帮绅士们:那些采用苏格拉底审问方法的哲学家们。

昆图斯：当然是的。

马库斯：那么法律就应该被看成是好的。

昆图斯：我完全同意。

马库斯：那么在人类社会中有很多有害的、不公的措施得以颁 13
行——那些措施丝毫不能冠以法律之名，就如一伙罪犯们合谋制订出一些规则一样，这个该怎么看呢？如果无知无能之人开出一张要命的而不是救命的处方，那么这个处方就不能被堂而皇之地称为是“治病的”。在一个社会中，不是任何一种法规就能被称为法律，哪怕是人们普遍接受它（即便它带有有害的特点）。因此，法律就意味着在公正与不公之间划清界限，是根据一切万物中最古老、最重要者——大自然而得以形成的；人类法律就是以她为指导，惩治恶人，支持和保护善人。

昆图斯：我完全明白了。现在我觉得，任何其他东西都不应享有这种地位，或者甚至冠以法律这个名字。

马库斯：那么你认为提丢斯和阿普列乌斯的法律真的都不能算 14
是法律？

昆图斯：当然。而且我认为对于李维乌斯的那些法律也同样如此。

马库斯：是的——尤其是当那些法律被参议院毫不费时地简单一句话就给废除了。但是我刚才解释过其动态本质的法律是无法被废除或者撤销的。

昆图斯：那么我猜想，您是要引入一种永远不能被废除的法律。

马库斯：当然——不过要先能被你们两个所接受！但是我想我必须跟随柏拉图的脚步，他是最博学最具影响力的思想家。他先是写出了论国家的著作，接着后来又单独写了一本论法律的著作。在阐述这本法律著作之前，我想先说几句赞扬的话。我注意到札琉库斯和卡龙达斯也做了同样的事，为他们的国家制定了法律，不是仅仅为了个人的兴趣和满足，而是为了他们国家社会的利益。显然，当柏拉图坚持认为，这一点也属于法律的一个属性，应该有一种同意的方式①，而不是通过暴力威胁强制执行的时候，是在抄袭他们的观点。

15 昆图斯：可是提马亚斯认为您提到的札琉库斯是不存在的，这个事实您怎么看呢？

马库斯：但提奥夫拉斯图斯说是存在的；而且在我看来，他正如一个很好的权威一般（很多人把他看得更重）。为什么我们自己的市民同胞洛克里斯人，也是我们的受保护人，如此珍惜他的过往回忆。但是至于他是否存在过倒是无关紧要。我是在谈论传统这个问题。

所以市民们首先应该确信，众神是主宰一切的统治者和主人；众神所做的任何事都是根据其决定和权威而实施的；而且，众神是人类的伟大恩人，在一旁洞察着每人都是什么样子的人——他的言行和不轨，他对宗教义务的态度和热爱程度——并且把虔诚的和不虔诚
16 的统统记录下来。用这些事实武装起来的头脑是肯定不会偏离正确有益的思想的。还有什么能比下面的说法更加确定的么，那就是没有人愚蠢傲慢到认为，理性和智慧只存在于自己身上，而不存在于天上众神和世间别人身上？或者认为那些具有最高智慧的推理能力者才能理解的事物，总是处在不停的运动之中，但其本身却毫无智慧的存在？至于还有一些人，他们并没有因为星辰推移②、日夜更替、季节轮换，以及为了我们享受而生长的各种瓜果而觉得非要感恩不可——这种人怎么能够也算作是人呢？既然一切拥有智慧的事物高于没有智慧的，既然认为还有比宇宙大自然更高的事物的想法是不

① 同意的方式：参见柏拉图《论法律》，4.720—723。

② 星辰推移：这呼应了《论神性》2.87—119 中那段雄辩的文字，其中便有一篇亚里士多德的《论哲学》(95)的翻译；参见 Pease 的记录。

虔诚的，那么我们就必须承认[①]，宇宙大自然拥有智慧。如果人们想到，有多少契约是通过发誓诅咒得以强化的、宗教上的顾虑对于确保信守条约有多么重要、有多少人因为惧怕上天报应而不敢犯罪，想到当不朽之神也被引入到市民伙伴关系中担任法官或证人时，这种关系变得多么的庄严神圣，又有谁会否认那些观点是有用的呢？

就是那样。那是被柏拉图称为法典序言的[②]。

昆图斯：谢谢您的阐述，马库斯。我很高兴看到您颇为关心与柏 17
拉图作品中所不同的事物和思想。您先前所说的跟他的方式大相径庭，而这篇关于众神的导论同样如此。在我看来，您效仿他的地方也就只限于他的文体了。

马库斯：希望效仿，也许吧。因为没有人能够，或者将来能够，模仿得了。要阐述这些观点不难；如果我没有想要做我自己，我会那样做的。但是几乎是通过字面翻译去阐述同样的思想，其中又有什么挑战性可言呢？

昆图斯：我完全同意。我宁愿您做您自己，就像您刚刚说的。不过现在，如果您同意，请您阐述一下关于宗教的那些法律问题吧。

18—22. 宗教法律

马库斯：我会尽力而为；虽然我们今天的讨论和周围环境都是私 18
密的[③]，但我还是会用法律的声音来阐述法律。

---

① 我们就必须承认：这个推理是谬误的。如果“高等”（praestare）被认为意指“在才智方面优等”，人们试图用三段论法设定命题的话，这就比较清晰了。参比《论神性》3.22—23。

② 那是被柏拉图称为法典序言的：参见柏拉图《论法律》4.722—723。

③ 虽然我们今天的讨论和周围环境都是私密的：在 Watt（1）266 中，根据 Rath 的观点，原文用 quamquam 替代 quoniam。

昆图斯:请允许我问一句,您是指什么?

马库斯:有一些法律术语,昆图斯,虽然这些术语不至于像古代《十二铜表法》和神圣法典[①]中的那么古老,但也比我们如今谈话的方式要古老一些,这样便带有更多的权威性。我会尽我所能遵循这种方式,利用其言简意赅的特点。我将要公布的法律在细节上还不完善(那将是个无穷无尽的任务),但将会体现条款的要旨与含义。

19 昆图斯:我确信这是往前的唯一途径。那么我们洗耳恭听。

马库斯:他们应以纯净走近众神;他们应接纳一种圣洁的精神;他们应不顾财富的诱惑。上帝自己会惩罚违反这些的人。

无人能有自己的神,不管是新创造出来的还是从国外引入的神,除非这些神是通过官方途径引进来的。私底下,他们应崇拜某些神灵,如果对那些神的崇拜是从祖先那里通过正确形式得以流传下来的。

在城市里他们应该有神祠;在乡间他们应该有树丛和居所,供给自己的守护之神。

他们应该保留自己家族和父辈流传下来的仪式。

他们应该如同崇拜神一样地崇拜那些一直以来被视为神圣的人,和那些通过努力为自己在天国确保了一个位置的人——赫拉克勒斯、利波尔[②]、埃斯科拉庇俄斯、卡斯特、波吕克斯和奎里纳斯,还有那些人类因之得以被许可升入天国的优秀品德——善良、德行、热爱、真诚。应该设立神祠对其表示敬意,但对于邪恶则不可。

---

① 神圣法典:leges sacratae,可回溯至公元前5世纪前期,系平民的集体决议,通过宣誓得到巩固(Cornell 262)。一个很重要的例子便是规定平民保民官应免受暴力侵扰。任何违反这一规定者被宣布为受了诅咒(sacer);即他连同其家人和财产,成为某个神灵的祭献品。后来,这个受到谴责的人不被杀掉,但被宣布剥夺法律保护;参见Greenidge(1)55。

② 利波尔:“自由之神”,即巴克斯。参比《论神性》2.62。

他们应该遵守已经确定了的习俗。

在节假日，他们应该避免诉讼，应该在他们的奴隶完成任务后与
之一起[1]度过节假日；保证一年中能有几次这种机会。祭司们应该公
开供奉若干粮食和水果——这当然要按照既定的仪式在既定的日子
里去执行。同样他们还应在平日里存备丰富的牛奶和幼畜；为了确 20
保这一点，祭司们必须制定献祭的程序和每年的顺序；他们还应确定
什么样的祭品才是合适的，是受各位神灵欢喜的。

不同的神灵应该有不同的祭司，所有神灵集体应该有大祭司，单个神灵应该有专职祭司[2]。在城市里就由修女们照看着公共壁炉地面上不熄的火。

对于举行这些私下或公开仪式的方法和礼节并不熟悉的那些
人，应该得到公共祭司们的指导。在这些祭司中应该有三类：一类是
主持仪式和圣典的，另一类是解释先知和预言家们说出的、参议院和
民众都已接受的奇言怪语的。此外，主神朱庇特的解释人员，也即公
众占卜官，必须通过迹象和征兆占卜未来，并且将这一艺术保持下
去。祭司们应该注意那些葡萄园和长有柳树[3]的土地，关心民众的安 21
全[4]。他们必须根据征兆对那些参加战争或管理国家的人事先提出
警告，被警告者应该认真听从。他们应该预见到众神的愤怒，并且适
当地做出回应。他们应该采取措施中和天上确定区域[5]里的闪电，他
们应该详细规划城市、乡村以及祖先确定的观测地，确保没有任何障

① 与他们一起：在 Watt(1)266 中原文为 cum。

② 专职祭司：flamen 就是任命举行某个特定神的祭拜仪式的祭司。

③ 柳树：柔韧的树枝常被用于侍从官的束棒，也用作编织篮子和篱笆。

④ 民众的安全：指 augurium salutis，由占卜官测定是否众神允许人们为了罗马的安全而进行祈祷。参见 Dio 37.24 及有 Pease 注释的西塞罗《论占卜》1.105。

⑤ 天上确定区域：天空被划分成十六个区域，分由不同的神掌管。因此观测者应能知道任何特定的征兆是来自哪位神明；参见 Pallottino 第 145 页图 5。

碍。占卜官所宣示为不公正的、不神圣的、有害的或者不吉利的任何信息，都应该视为无效。如有人不遵守，则应定为死罪。

负责外交的祭司们①应以人民之名②在批准条约、和平、战争和休战问题上担任判官；他们应负责对战争相关的问题做出决策。

如果参议院同意，则异象和征兆应交由伊特鲁里亚的占卜师③预测，伊特鲁里亚应令其占卜方面的主要人物执行。他们应向其认为合适的任何神灵进行献祭，以示赎罪，还应对闪电和特定地区的雷击进行赎罪。

除了那些代表所有人以恰当形式执行的祭司活动以外④，其他任何夜祭不得由女人来执行；除了传统许可的通过希腊仪式祭祀谷神克瑞斯之外⑤，夜祭不得将人引入任何神秘仪式。

22 无法救赎的渎圣行为⑥应被视为是不虔诚的犯罪；可以救赎的⑦

---

① 负责外交的祭司们：参见下文第 34 节（战争法）。

② 以人民之名：在 Watt（2）242 中原文为 iudices populi nomine sunto。

③ 伊特鲁里亚的占卜师：他们的预言包括通过观察动物内脏的方式（haruspicium）而得到。这一点，连同对闪电的解释，是伊特鲁里亚流派（艺术或训练）的重要特点；参见 Pallottino 第 143—147 页。

④ 除了那些……以外：此处西塞罗指对送子女神玻娜·得亚女神的夜祭。在 5 月 1 日敬拜她时，男人严禁参加。在其仪式上，献祭是"代表所有人"的（西塞罗《论占卜师的回答》[De Haruspicum Responso] 37，塞内加《书信集》97.2）。参见下文第 36 节。

⑤ 除了……谷神克瑞斯之外：在阿提卡的艾琉西斯的神话中，包括得墨忒耳（谷神）和珀尔塞福涅（普罗塞耳皮娜）的故事，这个故事"解释了"为什么玉米在一年中部分时间待在地底下，其余时间钻出地面。对新人而言，一年四季中庄稼的反复兴盛就是给出了生存的希望。早在 493 年对谷神的崇拜就被传入了罗马。在阿文丁山上有一座祭祀她的神庙，而且有专门的祭祀舞蹈。

⑥ 渎圣行为：在第 41 节给出了若干例子。关于处罚，请见下文关于弑亲者的内容。

⑦ 可以救赎的：如果该行为是意外或不严重的，则可以救赎。一个早期的例证便是，法律规定如果一个人的情妇触摸了朱诺（婚姻女神）的祭坛，则她须祭献一只母羊以为赎罪；参见奥卢斯·格利乌斯 4.3.3。

渎圣行为则应由官方祭司进行赎罪补偿。

在公众活动中，如果没有战车比赛或体育竞技，他们应安排①歌唱，伴以弦乐和管乐，以娱乐民众，他们应将该娱乐与众神之荣耀结合起来。

在祖上制定的仪式中，他们应遵守最佳的②。

除了伊达山之母③的奴隶们以外（即便如此也仅仅是在特定的日子里），任何人不得募集捐款。

任何人偷盗或藏匿圣物或寄放在圣所的物品，应被视为等同于弑亲④。

做伪证者⑤所受神罚为死刑，所受人罚为遭世人唾弃。

祭司应对犯乱伦⑥罪者施以极刑。

---

① 安排：西塞罗此处意指包括戏剧演出；参见38节。

② 他们应遵守最佳的：一条无用的规定，在下面第40节中没有阐明。

③ 伊达山之母：古代小亚细亚的佛里吉亚自然女神西布莉（Cybele），掌管庄稼、医药、预言和战争。参见下文第40节的注释。

④ 弑亲：指杀害父母、亲戚或同胞者，当受死刑或流放之刑。

⑤ 做伪证者（perjury）：我们所说的这一类犯罪仅仅是指在法庭上宣誓后却歪曲事实的行为。罗马人对此解释更为广泛。《十二铜表法》的确对此类罪行（falsum testimonium）处以极刑，虽然这种规定早在西塞罗时期以前就废止了。但是不能履行自己的庄严宣誓也属于 perjury。如果雷古拉斯未守信诺，他就会被视为犯了此罪（见《论义务》中的讨论3.107—115）。而且，违反对神的誓言之人曾被处以死刑，但在早期之后，犯人则是被剥落权利。不巧的是，西塞罗的用词十分简练，而他又在第41节中拒绝对此进一步解释。他是否想对伪证罪重新引入极刑呢？如果是的，那么受到“神罚”的案子和受到“人罚”的案子又该如何区别呢？而且西塞罗所说的“遭世人唾弃”又是指的什么？是说罪犯应该由监察官从其部落中驱逐出去，因而剥夺其投票权么？还是说罪犯仅仅落得一个骂名，受到一点社会影响而已？

⑥ 乱伦：此处并不清楚西塞罗是在指针对一定程度血缘关系内的乱性行为的禁止，还是更加针对具体的宗教上的乱性行为，例如破坏修女们贞洁的行为（针对克洛狄乌斯的指控也是称其乱伦；参见下文“那个家伙”的注释）。对于前一种犯罪行为，在罗马共和国早期，罪犯会被处以从塔尔皮崖上扔下；对于后一种行为，罪犯会被处以鞭笞至死，修女则会被活埋。有人会不大相信，西塞罗会支持如此原始残暴的刑罚。参见 Greenidge（2）376—380。

不得让不虔诚者胆敢以馈赠之物去平息众神之怒。

要让他们在履行自己的誓言时小心谨慎；违反誓言应有责罚。

任何人不得祭献土地①。在祭献黄金、白银和象牙时要适度②。

私人的宗教仪式③应长期坚持下去。

死者灵魂的权利应是神圣的。好人死后应被视作将会成仙。花在其身上的钱财、对其的吊唁④，均不应铺张。

23—69. 对前述法律的评论

23 昆图斯：您阐述这么宏大的一部法律，马库斯，却只花了这么点儿时间！不过在我看来，这一套宗教法律规定和努马法典以及我们国家的风俗习惯并没有什么区别。

马库斯：嗯，很显然，在论共和国的书里，小西庇阿就提出我们古老的罗马政体是所有政体形式中最佳的一种。所以难道你不认为我们应该拥有能够配得上这种最佳政体的法律么？

昆图斯：当然啦；我觉得是应该的。

马库斯：是这样的话你就应该很期待有能够维护这种最佳政体的法律。如果今天我恰好提出了一些在我们国家并不存在也从未存在过的措施，那它们仍然也会在我们祖先的传统中充当着一种规则，在那个时候是具有法律效应的。

24 阿提库斯：那这样吧，能否请您为您的法律体系论述一下，这样

---

① 任何人不得祭献土地：参见下文第45节。

② 要适度：参见下文第45节。

③ 私人的宗教仪式：参见下文第48节。

④ 花在……吊唁：参见下文第59—66节。

我就也许可以说“正如您所提议的那样”[1]了。

马库斯:是吗,阿提库斯?你难道不想辩驳一下吗?

阿提库斯:在所有重大问题上我当然不会和您有不同意见的。

马库斯:在小一点的问题上[2],只要你愿意,我不会在意你和我辩驳的[3]!

昆图斯:对,我也赞同阿提库斯的观点。

马库斯:注意了,这可能得花点儿时间!

阿提库斯:我倒希望如此。我们再没有更愿意干的事儿了。

马库斯:法律要求我们“以纯洁之形”接近众神,也就是说,要带着纯洁的心灵。这就包含了一切。它并非否认对纯洁身体的要求,而是要求人们必须懂得,既然心灵远远高于身体,既然身体靠近众神时人们往往都会将其涤净,那么保证心灵的纯洁更应严谨地遵守。身体上的不洁用水冲洗一下或者经过时间的洗礼都会消失殆尽,可心灵上的不洁却不会随着时间的流逝而消失,也不能用任何河流的水冲刷干净。

至于说到“接受神圣的精神”和“摒弃一切财富”,这说明人性之 25
善是上帝所喜欢的,并且奢侈铺张是所不能容的。毕竟,即使在人类之中,我们还是希望贫穷和富裕是有着平等地位的;因此我们为什么要把仪式弄得铺张奢华,使得穷人不可能去接近众神呢?对于上帝来说,如果对他的祭祀、膜拜之路不向所有人敞开,没有什么能比这更令他不满的了。而且,上帝本人而非某位法官,被指定来施以惩罚,这一事实显然通过人们对报应的畏惧使得宗教观念大大加强。

---

① “正如您所提议的那样”:这是人民针对某行政官提出的建议表示赞同时常用的一句套语。

② 在小一点的问题上:按照 Watt(1)267,此句是马库斯说的。

③ 不会在意……:参见 Watt(1)267。

26 而说到个人“自己的众神,不管是新的还是外来的[①]”,都应该受到膜拜,这会在不同宗教之间引起混淆,并且会引入很多我们祭司并不熟悉的仪式。人们决定,“对一些神的崇拜是从父辈传承下来的”,这些神就应该受到祭拜,只要父辈们也遵守了这个规定。

我认为“在城市里应该设有神祠”。我并不赞同波斯祭司[②]们的观点,据说按照那些波斯祭司的建议,薛西斯一世烧毁了希腊的神祠,认为希腊人将众神圈在自己的高墙之内,而对这些众神来说,所有地方都应该是开放、自由的,他们的庙宇和家园就是这整个世界。希腊人和我们的祖先想出了个更好的主意。为了鼓励人们对众神的虔诚度,他们希望众神和人类一样安居在同样的城市里。那位最博学之士毕达哥拉斯提到[③],我们专注于那些敬神仪式时,虔诚与信仰在我们脑中处于至高无上的地位,如果他的这一说法没错,那么上述观念培育了一种对国家有益的宗教。希腊“七贤”中最为睿智的泰利斯也说过[④],人们应该相信自己所见到的一切都有神在;那样所有人心灵就会更加纯净,就如同他们身处最神圣的寺庙中时一般。因为按照普遍的观点[⑤],我们对于众神有着视觉上和心理上的形象概念。这也正是要有“乡村中的小树丛”[⑥]的观点。

同样,我们祖先传承下来的、在农场和别墅范围之内为主人和奴

---

① 不管是新的还是外来的:Cumont(1)在此处是有借鉴价值的,尽管它主要是关于帝国时代的。

② 波斯祭司:参见《论共和国》3.14。在希罗多德的笔下,据传波斯人是在室外祭拜他们的神明的(1.131);提米斯托克利对薛西斯一世焚烧毁坏神像的行为进行了谴责(8.109)。

③ 毕达哥拉斯提到:“我们在接近众神的时候状态是最佳的”(普鲁塔克《论迷信》9.169E)。

④ 希腊……泰利斯也说过:根据第欧根尼·拉尔修1.1.27的说法,泰利斯曾说这个世界充满生机,并且处处有神。

⑤ 普遍的观点:此处翻译采用的是Watt的建议(1)267。

⑥ 乡村中的小树丛:树丛通常被认为是精灵的栖息地。

隶所建立起来的对于守护神[①]的膜拜,没有被摒弃。“要保留他们家族和祖先的仪式”:也就是说,保留可以说是由神传承下来的宗教,因为回溯时间愈往前,离神就愈近。

法律规定对于神化的人类,例如赫拉克勒斯和其他一些人,要尊
敬膜拜,这就意味着,虽然所有人的灵魂是不死的,但只有那些勇敢 28
和善良之人的灵魂才是神圣的[②]。“善[③]、忠[④]、德[⑤]、诚[⑥]”之士应该被神化,这是对的;在罗马,长期以来神殿被用于公开地供奉具有这些品德之士[⑦],因而那些具有这些品德的人(所有善人都是如此)应该相信在他们的灵魂中已经具备了真正的神性。在雅典,在对凯隆所犯下的罪行进行补偿之后,根据克利特岛的埃庇米尼得斯的建议,他们修建了一座供奉侮辱和无耻的神殿[⑧]。这一做法是被误导了的;因为只有美德而不是恶行才应被神化崇拜。帕拉廷山上崇拜狂热[⑨]的

---

① 守护神(Lares):语境表明西塞罗所指的并非家庭守护神,而是指那些财产聚集之地、十字路口的神殿中所供奉的神。根据费斯图斯《辞疏》(*De Verborum Significatu*)在 *Laneae* (Lindsay 版第 108 页)和 *Pilae et effigies*(Lindsay 版第 273 页)词条中的说法,守护神就是被神化的逝者们的灵魂。

② 不死的……神圣的:善良者被许可进入天堂(《论共和国》2. 17, 6. 13, 6. 16);邪恶者被限制在地面近处,直到被净化为止(《论共和国》6. 29)。这两种信仰的形式在 Cumont(2)中进行了详细的阐述。

③ 善:在加庇多山上建有善德神庙(Mens),公元前 217 年由 T. 奥塔奇利乌斯·克拉苏宣誓奉献(Platner 和 Ashby 339)。

④ 忠:在弗拉米尼乌斯竞技场建有忠义神庙(Pietas)(Platner 和 Ashby 389—390)。

⑤ 德:在西庇阿·埃米利安努斯公元前 133 年占领努曼西亚后建有美德神殿(Virtus)(Platner 和 Ashby 382)。

⑥ 诚:在帕拉丁山上建有忠诚神庙(Fides)(Platner 和 Ashby 209)。

⑦ 长期以来……:在 Davies 和 Watt 作品中原文为:iamdiuque harum。

⑧ 供奉侮辱和无耻的神殿:西塞罗可能是从西奥佛雷特斯的作品中找到这一相关信息的,后者在芝诺比乌斯 4.6 中被引用(*Paroemiographi Graeci*)。

⑨ 狂热:除了一个祭坛以外,人们还专门为此神修建了三座神庙(Platner 和 Ashby 206)。

古老祭坛，以及埃斯奎利诺山上另一个祭拜厄运的祭坛[1]，都不应该得到承认，诸如此类的一切都应予以拒绝。如果我们需要起个名字，就应该选取诸如征服之威和女性保护者一类的名字，以及后退的阻止者朱庇特[2]和无敌战神一类的头衔，还有诸如安全、荣耀、裨益、凯旋一类的令人期待的事物名称。因为精神是通过对美好事情的向往而提升的，所以希望[3]被卡拉提努斯正确地神化了。今日运[4]也应被承认为神，因为它对每一天都产生着影响，或者是留意运[5]，她也许能带来帮助，或者是机遇运[6]，以免有不确定的事件突出地显现出来，再或者是有送子作用的头胎运[7]。

29 接下来，节假日体系对于自由人来说，规定其参与的诉讼和争端应延缓判决；对奴隶来说，期间应免受劳工和苦役。拟订日程表的官员必须留意各项农事活动的完成。关于日子，必须考虑到插入日和月[8]的因素，以确保像法律里所规定的供奉上第一批果实和幼畜。这一实践是努马明智地引入的，但因为后来的主教大祭司们的疏忽，现在已经荒废了。大祭司们和占卜者们制定的规则不应该改变——我是指关于向哪位神应该祭献何种牲畜的规定（该向哪位神祭献大一

---

① 祭拜厄运的祭坛：关于 Mala Fortuna 的古老祭坛，参见 Platner 和 Ashby 216。

② 阻止者朱庇特：朱庇特一开始被称为"阻止者"，是因为他"阻止了"罗穆卢斯溃逃的战士（李维 1.12.6）。后来，这一崇拜头衔被赋予了政治意义的解释，让朱庇特成为罗马权力的"建立者"。

③ 希望：蔬菜市场的 Spes 神庙是奥卢斯·阿提里乌斯·卡拉提努斯在第一次布匿战争时期（Platner 和 Ashby 493）供奉的。

④ 今日运：在帕拉丁山上建有祭拜此神的祭坛（Platner 和 Ashby 216）。

⑤ 留意运：在帕拉丁山上建有 Fortuna Respiciens 神庙（Platner 和 Ashby 218）。

⑥ 机遇运：公元前 1 世纪，有三座 Fors Fortuna 神庙（Platner 和 Ashby 212—313）。

⑦ 头胎运：朱庇特的头胎女儿（Fortuna Primigenia）在加庇多山上有一座神庙（Platner 和 Ashby 217—218）。具体地理信息及照片，参见 Nash。

⑧ 插入日和月：在日历中插入日或月，使之与太阳和月亮的运动相符。关于相关问题的详细解释，参见 Michels，索引。

点的牲畜、向哪位神祭献幼畜、向哪位祭献雄畜、向哪位祭献雌畜)。为"众神统一"设置一批祭司、为单个神设置单个祭司的习俗,有助于解释法律和履行宗教职责。自灶神维斯塔[1],正如人们所称呼的(这个名字来源于希腊,我们几乎保留了其原来的希腊形式,没有翻译过来),可以说是将城市的灶火纳入到自己的保护范围之内以来,就应该由六位贞女负责她的供奉事务,这样能够更加有效地看护灶火,而且女人可以明白她们的性别是能够实践严格的贞洁的。

接下来的措施不仅和宗教有关,而且和国家政府有关。其大意 30
是考虑到人们在家里缺少负责公共仪式的官员的指导,就不能充分有效地投入到宗教中去。人们对于贵族阶级的建议和权威的需求使得整个国家凝聚在一起。

对祭司的分类[2]考虑了各种合法宗教。有些祭司被任命通过掌管正常宗教仪式来祭典众神;其他一些则阐释预言者们所说的话(但不是很多预言者,否则这个任务就会繁重无边了;而且还应注意祭司
院以外不应有任何人懂得被官方确定了的特定预言)。国家里最大、 31
最有威望的权力就是占卜官和政治权威事实上结合在一起的权力。我之所以这么说,并非因为我自己就是一名占卜官[3],而仅仅是因为我们无法想象相反的情况。如果我们考虑到他们的职权,还有什么能比解散由执政官(无论是否有最高权力)召集起来的集会和聚会、或者当集会已经发生而又能取消会议决议的权力更加让人瞩目的呢?如果某个程序已经开始时一位占卜官说"改天再说"而导致程序

① 维斯塔:维斯塔和希腊的赫斯提有着共同的起源。维斯塔神殿就是罗马炉灶的象征。永不熄灭的炉火保佑着城市生生不息的生命。

② 对祭司的分类:参见附录。

③ 我自己就是一名占卜官:西塞罗在公元前53年成为一名占卜官。他在此概括的政治权力可以在Taylor作品第6章"掌控国家宗教"中看出来。她的批评观点在Liebeschuetz 15—22受到了限制,但并没有被完全删除。

取消，还有什么能比这影响更大呢？还有什么能比决定执政官是否应该辞职的权力更加庄重的呢？还有什么能比批准或否决与臣民或百姓进行政治交易的权力更加令人畏惧的呢？或者甚于能够撤销非法通过的法律的权力，就如提图斯法典[①]被占卜院的决议废除，又如利维乌斯法典由于身为执政官和占卜官的菲利普斯的建议而被取消？或者甚于这个事实的权力，即在国内或在战场的任何官员所做的任何事在没有得到他们许可的情况下，都无法获得任何人的同意？

32 阿提库斯：是的，我理解并且也承认，这些权力的确是很大的。但是在您的占卜院里，马塞卢斯和阿皮乌斯两位杰出的占卜官之间却有着很不一致的看法[②]。（我知道，因为我偶然读过他们的书。）其中一个认为占卜是为了服务于国家现实目的而发明的；另一位则认为您的艺术可以说能够预言未来。请您告诉我，关于这个问题您作何想法？

马库斯：我作何想法？好吧，我认为预言占卜，也就是希腊人称为 mantike 的，是存在的，而那个与飞禽和其他象征相关的特定领域则是我们的艺术范畴。因为如果我们承认神是存在的，世界是由神的意志所统治的，他们同时也关心着人类的幸福，并且能够向我们展
33 示未来事件的征兆，那么我没有理由否认预言占卜的存在。我所提出的假设都是真的，所以我想要的结论便是从这些假设中推理出来的，并且的确也是必要的。而且，我们的国家，就像任何王国、任何社

---

① 提图斯法典：参见名称索引中的提图斯，参比前文第 14 节。

② 很不一致的看法：后来，西塞罗在恺撒死后不久（公元前 44 年 3 月）完成的《论占卜》中，先让自己的兄弟昆图斯提出支持占卜的论点（卷 1），而他本人在卷 2 中则提出反对论点。在此书中，西塞罗声称他相信占卜虽然已经过时，却是一门真正的艺术，他的这种前后矛盾需要加以评价。

会、任何民族一样，总是出现着众多占卜官的预言成为现实的情况，尽管也有不一致的时候。如果不是历史遗迹表明这些事情是真实的，那么波吕伊多斯、麦兰帕斯、摩普索斯、安菲阿剌俄斯、卡尔卡斯和赫勒诺斯就不会如此著名，如此众多的民族也就不会将其赫赫盛名流传至今（例如佛里吉亚人、吕高尼人、西里西亚人，尤其还有皮西底亚人）。如果所有这些人所说出的预言不是神奇地被历史事实一一印证，那我们自己的罗穆卢斯也就不会通过占卜的方式来建立这座城市，阿图斯·纳维乌斯的名字也不会在人们的记忆中流传得如此久远、如此清晰。

不过毫无疑问，由于年代的久远和人们的疏漏，这一艺术和技巧现在已经消失了。所以我并不赞同[①]那些认为这一技巧从未在我们占卜院中存在过的人的观点，我也不赞同那些认为这一技巧至今依然存在的人的观点。我认为，它在我们祖先中曾经有着双重功能，即偶尔在国家危急时刻扮演重要角色，但更经常的是它影响着实际中的决策。

阿提库斯：我完全同意[②]，而且我认为您的解释是最让人信服的。34
不过让我们接着听您讲完吧。

马库斯：我会尽可能简短地说完。接下来我们要讲到的是战争

① 我并不赞同：这是一种不能让人满意的妥协。因为如果在过去占卜官们能够察看各种征兆，而对政治决策施加正确影响的话，那么为何这种艺术又能被允许消亡了呢？为何权威机构没有采取措施使之复兴呢？

② 我完全同意：作为一名伊壁鸠鲁学派人士，阿提库斯也许已经接受了最后这两句话，除了承认在占卜中有任何真理存在这一观点。但是他不可能同意西塞罗在第33节中概括的那种妥协观点。人们不得不承认，西塞罗将礼貌辩论的习惯推行得过头了。

法[1]。在我的法律中，我已经规定了，在发起、进行和结束一场战争时正义和善良应该是最大的影响因素，而且应该设置这些事务相关的官方发言人。至于预言者们的仪式、赎罪、补偿，我觉得在法律条文中已经规定得够详细的了。

阿提库斯：我同意，所有讨论的声明都与宗教相关。

马库斯：不过我不知道，提图斯，你怎么才能认同接下来要说的事情，或者说我怎么才能反驳你。

35 阿提库斯：敢问是什么事情？

马库斯：关于女人夜祭的规定。

阿提库斯：但是我肯定赞同，尤其是像在法律本身中规定的一样，您将常规性的官方献祭定为例外。

马库斯：那么，如果我们废除夜祭仪式，我们的伊阿库斯和攸摩尔匹底[2]以及他们庄严的神秘仪式会变成什么样子？因为我们不仅是在为罗马人民制定法律，而且是在为所有善良稳定的民族制定法律。

36 阿提库斯：我估计您是要将那些我们自己已经被纳入其中的仪式定为例外了。

马库斯：没错，我是要这么做。因为我认为您深爱的雅典人已经将很多出色的神圣作品创造出来，并且引入到人类生活之中，再没有

---

① 战争法：根据前文第 21 节内容判断，西塞罗主要考虑的是缔约神官的职责，这是一个二十人的团体，主要负责制订条约和宣布战争。具体程序在李维 1.24.3—9 和 32.5—14 中有所描述。关于概括描述，参见《牛津古典词典》关于缔约神官（Fetiales）的内容；关于详细讨论，参见奥格尔维 110—112 和 127—136。虽有这种种仪式程序，没有任何独立的观察者能声称罗马的宣战都是正义的，或者罗马所参与的战争都是带着善意的。参见 Brunt（1）175—178，Rich，第 3 章。

② 攸摩尔匹底：在公元前 67 年的一封书信中，阿提库斯被问到关于攸摩尔匹底的祖传仪式问题，即艾琉西斯神话（《致阿提库斯》1.9.2）。西塞罗在其《图斯库兰谈话集》1.29（公元前 45 年）中被当成首次提及者。

比那些神秘仪式更好的了。正因为它们,我们才变得文雅、开化,从原始野蛮的生活进化到文明社会;我们从所谓的“启蒙”中学到了事实上也是生活第一原则的东西,我们也学会了怎样快乐生活,以及怎样满怀憧憬而死。我不喜欢夜祭的地方被喜剧诗人[①]们描述出来了。如果罗马允许这种自由,那么人们会问,那个家伙[②]——就是那个满脑子淫念、连无意窥视都不允许的祭献仪式都敢擅闯的人——会做出什么来呢?

阿提库斯:不管用什么方式,给罗马引入这么一道禁令,但请不要将<雅典的>法律从我们的体系中摒弃。

马库斯:那么,回到我自己的话题上来。我们必须小心谨慎,确 37
保妇女们的良好名声能够受到青天白日的庇护,有很多人的眼睛盯住她们,并且确保能按照在罗马执行的那些仪式将她们纳入到谷神克瑞斯祭献仪式中来。我们的祖先们在这些事情上的严格态度通过旧元老院关于酒神节[③]的决议,以及在军事力量支持下执政官们的质询与惩罚中可见一斑。为了免得使我们看起来似乎过于严酷,请注意,希腊中部底比斯的迪阿公达斯曾通过法律规定永久性地禁止了

---

① 喜剧诗人:例如:米南德《Epitrepontes》451 以下(桃洛伯利亚节)和普劳图斯《一罐黄金》36 及 794 以下(谷神节)。

② 那个家伙:指普布里乌斯·克劳狄乌斯·普尔切。在公元前62年12月4日,一群贵族妇女在大祭司尤利乌斯·恺撒的房子里举行了庆祝主管生育的女神波娜·蒂亚(Bona Dea)的夜祭仪式。克劳狄乌斯把自己化妆成女人混了进去,想勾搭恺撒的妻子庞珀妮娅,结果被发现了,并被带到了法庭。结果由于克拉苏的重大贿赂案,他被宣告无罪。不过,恺撒还是和庞珀妮娅离了婚,因为“恺撒的妻子必不受任何质疑”(普鲁塔克,《尤利乌斯·恺撒》10.9,苏埃托尼乌斯,《尤利乌斯·恺撒》74.2)。这一结果无人不满,因为庞培刚因其妻子穆奇娅与恺撒通奸而与之离婚(西塞罗,《致阿提库斯》1.12.3,苏埃托尼乌斯,《尤利乌斯·恺撒》50.1)。在对克劳狄乌斯的审判过程中,西塞罗因为推翻对方不在场证明而遭致了对方极大的仇恨。三年以后,克劳狄乌斯促使西塞罗被流放,报了此仇。

③ 酒神节:祭祀酒神巴克斯的混乱无序的仪式在公元前186年无法控制,而被元老院镇压。详情参见李维39.8—18和Walsh的文章。

一切的夜祭仪式。外来的众神,连同祭祀他们的将黑夜变成白昼的仪式,遭到了最诙谐的旧喜剧诗人阿里斯托芬的讽刺。在他的作品中①,萨巴神和其他外来的众神被起诉,从而在全国遭到唾弃。

接着说:无意的违反行为应谨慎地调节;通过这样,官方祭司应使违反者排除焦虑。但他 < 对肆无忌惮、蓄意违反宗教法律的行为 > 应谴责、呵斥为渎圣。

38 此外,由于公共竞技活动被分为剧院和竞技场两种,赛跑、拳击、摔跤以及战车比赛等运动竞技活动应在比赛场地上举行,直至毫无争议的优胜者产生。剧院则应充满歌声,伴着弦乐和管乐,当然这些表演应该限制在法律许可的范围之内。我十分赞同柏拉图的话②,即没有什么能像丰富多彩的声音那样轻易地影响到年轻而又敏感的心灵。一个人很难表达出那种可能造成更好或更糟的结果的巨大力量。它能激起沉闷的,却能平息不安的;它时而使人的情绪得到舒缓,却又时而使其变得紧张。在希腊,很多地方本可以从保留下这种老式吟唱方式中获益。然而正如事实所示,他们的特点随着其吟唱而改变,最终堕落成柔弱不堪。要么,正如一些人所认为的,是他们被这音乐的甜软诱惑所击垮,要么就是在他们的坚毅被别的恶性所腐蚀后,他们的耳朵和灵魂也变了,从而也给这种音乐的变化留下了空间。

39 这正是为什么希腊最伟大的思想家及其至今最博学的学者对这

---

① 在他的作品中:人们认为西塞罗在此是指失散的作品 Horai(季节)中的一幕场景,其中有一处残片写着"佛里吉亚人、吹笛手萨巴兹乌斯"字样(Kassel-Austin,残页578)。参见 Birds 873—875 和 Wasps 9。萨巴兹乌斯是一名佛里吉亚人的神,其信徒遍布小亚细亚地区,信众尤以妇女和奴隶为主。"其他的神"可能包括阿多尼斯;参见《利西翠妲》387—390 和斯特雷波 10.3.18。

② 我十分赞同柏拉图的话:参见柏拉图《理想国》4.424d。

种致命传染十分担忧的原因。他坚持认为，如果改变关于音乐的法律[①]，便无法避免要改变整个国家的法律。我本人倒不认为这种现象如此严重，也不觉得就应该置之不理。我的确观察到，在以前充满李维乌斯和奈维乌斯朴素和谐的歌声的剧院里，如今的观众们是如何和着演唱者抑扬不定的声音，伸长脖子，瞪大眼珠摇来晃去的。古时候的希腊曾对这种情况施以十分严厉的惩罚。它早就预见到，这种致命的瘟疫日渐渗进市民们的脑中，用扭曲的狂热和有害的念头去侵蚀他们，终将突然导致整个社会的沦亡——如果下面这个传说是真事的话：因严肃而出名的斯巴达要求提莫忒乌斯的乐器上超出7根之外的弦都割断。

接下来的法律主体内容便是规定“祖传仪式的精华部分”应该得 40
到继承。当雅典人去找皮提亚的阿波罗[②]询问他们应该特别继承哪些仪式时，得到的回答是：“继承那些你们祖先形成习惯了的”。当他们又折回来，说他们祖先的习惯经常会变化，又问这么多的习惯中他们应该选择继承哪些，得到的回答是“继承精华部分”。毫无疑问，最好的便被认为是最古老的，也是离上帝最近的。

我已经废止了所有的募捐，除了特别献祭伊达山之母的以外，这个募捐也只持续几天时间[③]。这种募捐活动让人们满脑子都是迷信

---

① 关于音乐的法律：关于音乐的社会含义，参见柏拉图《论法律》3.700—701，亚里士多德《政治学》8.5—7（巴克尔）和贺瑞斯《诗艺》202—219，布林克批本。

② 皮提亚的阿波罗：在色诺芬的《回忆苏格拉底》4.3.16中，神谕说“遵循社会的传统”；参见1.3.1。

③ 几天时间：美高利人（Megalensian）纪念西布莉或伟大母亲的节日（希腊语中megale意思是“伟大的”）就定在4月4—10日之间。卢克莱修就描述了在游行队伍中，看到旁观者们如何向路中间扔银币和铜币（《论量物的本性》2.626—627）。在对西布莉的批判文章中，奥古斯丁提到，其在迦太基的崇拜者们“甚至向商店店主们”索要钱财（《上帝之城》7.26）。另参见Frazer iii 198—202。索要的钱财不是用于慈善，而是用于仪式本身。

观念，同时把他们的口袋掏得空空如也。

41　犯有渎圣行为之人就应受罚。这不仅指偷了“某件圣物”的人，也指偷了“存放在圣所的某件物品”的人。就是在现今，也经常会在神庙里存放一些钱物。亚历山大①在西里西亚的时候，据说在索里的某个神祠里放了些钱。他们说赫赫有名的雅典人克利斯提尼②，当他担心自己的钱财时，曾将自己几个女儿的嫁妆放到了萨摩斯岛上的女神朱诺神祠保管。

至于伪证和乱伦，我认为在这里就不需要多说些什么了。

不虔诚者不得“胆敢用馈赠之物去安抚众神”。他们应该留意柏拉图③的话，他曾要求大家不得怀疑上帝对这种行为到底会有何反应；毕竟，任何善良之人是不会欣然接受无赖之徒的馈赠的。

关于在履行誓言的时候要严肃认真的必要性，在法律条文里已经说得够多的了。<因为再没有什么能比>我们通过发誓而与上帝之间建立起的契约关系更有约束力了。因为某人违反神圣诺言而施以惩罚④，肯定不会有人提出合理的反对理由的。我无需在此列举多少恶人的例子，但凡悲剧之中满眼皆是如此。相反，我想简单提一下大家都知道的事实。我疑心自己想要回忆起来的例子是否会超出一般人的经验之外；不过，既然我是在和你们谈话，我就会言无不尽，希望我所说的话对不朽之神而言是中听的，而不是令人类生厌的。

---

①　亚历山大：关于这个故事似乎没有明证。E. I. McQueen 先生指出，亚历山大在自己组织的庆祝活动中，可能将别人缴付的 200 塔兰特罚款存放在了某个神祠，但他不可能在离开的时候还把钱放在那儿，因为他当时身无分文。参见 Arrian 2.5.5—7，12.2；Q. Curtius 3.7.2。

②　克利斯提尼：这个故事未经证实过。在其他作品中未见过克利斯提尼育有女儿的记录。

③　柏拉图：指柏拉图，《论法律》4.716—717。

④　施以惩罚：此处西塞罗说的并不明确。

在我离开时[①],所有关于宗教的法律都受到了卑鄙可耻之徒的玷污。我在国内供奉的众神都被抛弃;在他们原来的地方建立起了一座特许(Licence)神庙[②];过去看护他们神祠的人都遭到了流放。试想一下(此处点出具体名字实在没有什么意义)由此产生的后果。当我所有的家产都被没收、摧毁时,我决不容许这座城市曾经的守护神[③]遭到不圣洁之徒的亵渎;我把她从我的家中转移到了圣父朱庇特的神庙。因为这一举动,元老院、意大利以及这个世界的所有国家都认为我挽救了我的祖国。一个人还能拥有比这更加辉煌的经历么?至于那些通过罪行而抛弃、践踏宗教的人,有一部分被打散,而泯然无闻。那些罪行的元凶,在亵渎一切神圣方面登峰造极者,终生都承受着各种苦痛和羞辱,而且被剥夺了拥有墓地和举办体面葬礼的权利。 42

昆图斯:是的,马库斯,我完全意识到了你说的这一切;我也十分感激众神。然而很多时候,我们看到的事物结果总是不大一样。 43

马库斯:昆图斯,这是因为我们对于神的惩罚的本质有着错误的认识。我们陷入普遍的误解之中,从而未能关注真理所在。我们用死亡,或生理上的痛苦,或心理上的折磨,或者一个敌对的评判去衡

---

① 在我离开时:因为西塞罗被指未经审判就杀死罗马市民(即一些喀提林阴谋参与者),他于公元前58年3月被处以流放。他在帕拉丁山上的房子被推倒,在塔斯库勒姆和佛尔米厄的别墅也被摧毁,他本人则被禁止在首都周围400英里(640公里)范围内居住。所有这一切都是克劳狄乌斯直接导演的,但克劳狄乌斯知道他有恺撒和庞培的支持。关于此事的描述,参见T. N. Mitchell 133—143和E. Rawson (3)116。

② 特许神庙:这是讽刺的说法。这个神庙是由克劳狄乌斯在西塞罗位于帕拉丁山上被摧毁的房子的地方建立起来的,用于纪念自由之神。

③ 这座城市曾经的守护神:在离开罗马之前,西塞罗将一尊密涅瓦(Minerva)女神像从自己家里移到位于加庇多山上的朱庇特神庙中,并且题上"致罗马守护神密涅瓦女神"字样。密涅瓦女神就这样和朱庇特、朱诺在加庇多山上一起长期被人供奉。参见T. N. Mitchell 138。

量人类的痛楚。我认为这些都是普通的人类经验，对很多好人都发生过。但犯罪是会遭到无情报应的——这种报应本质上比法律上的惩罚要严厉得多。我见过一些人，如果他们没有怨恨自己的祖国，那么他们也不会成为我的敌人，他们都被贪婪或恐惧、或对自己所作所为的罪恶感所吞噬，也即对于自己通过贿赂人类而不是众神的行径腐蚀了的宗教和法庭时而恐惧不安，时而心生厌恶。

44　我该就此打住了，不能继续追究下去，尤其是我的复仇已经超过预期的程度了。我只想简单地总结如下：神的惩罚是双重性的；它不仅让有罪之人在生前遭受心灵的折磨，而且在他们死后声名狼藉，以至于世人对于他们的毁灭不仅欣然接受，甚至拍手称快。

45　田地是不能用来献祭的。关于这一点我完全赞同柏拉图的说法，如果我没翻译错的话，他的意思大致如下："那么，土地就像家里的炉灶，对于所有众神都是神圣的；因而人们不得拿它来献祭两次。城市中的金银物品，不管是私人家庭还是神庙里的，都会引人眼红。同样，象牙，因为取自动物尸体，对于众神来说不够洁净。铜铁则是战争武器所用，而非神庙。但是，无论人们祈愿用的什么木制器具，是可以用于公共神庙的，只要是用一整块木头做成的；石制器具也是可以的，纺织品亦可，只要它没有耗费一个妇人一个月以上的工作量。白色是给众神的所有祭品中最合适的颜色，对于纺织品来说更是如此。应避免使用染色材质，除了军事徽章。最神圣的祭品是一个艺术家一天之内画成的图画和鸟儿。其他的祭品也应与之相类。"这些是柏拉图的愿望①。但是一般情况下我不会列出这么狭窄的条条框框，因为我考虑到人们的不足以及我们这个时代能用资源的局限性。而且我也怀疑，如果有任何迷信要求占用土地、放弃犁铧，农业都会不答应的。

---

① 柏拉图的愿望：参见《论法律》12.955—956。

阿提库斯：您说的我都懂了。现在该您谈谈“永久仪式”和“逝者灵魂的权利”了。

马库斯：庞波尼乌斯，你的记性太好了！我都忘了这些了。

阿提库斯：显然您是忘了，不过我可记得，并且一直在等着您谈 46
论一下这几点，特别是因为它们和祭司法律以及民法都相关。

马库斯：一点儿没错。关于这些话题，伟大的专家学者们已经发表过很多口头和文字性的论述了。在这场谈话里，对于我们的讨论所涉及到的每一个法律分支问题，我想要尽自己所能去阐述我们的民法对它的解释。但是我只能尽量阐释法律各个部分赖以建立的基础要点。这样的话，无论什么新的案例或者问题出现，大家（至少对于任何具有普通智力的人来说）就不会难以理解相关的管辖法律，因为他会明白该到哪个标题部分去查找条律。

但是法律专家们，无论是为了扰人耳目从而让人觉得他们拥有 47
比实际更加广博深奥的学识，或者（更有可能）因为自己没有能力将事情阐述清楚（因为一种艺术并非仅仅是知道什么，它还是一种交流），而经常将建立于某个单个想法之上的某件事情进行无穷的细分。关于这个话题，举例来说，两位都是身为大祭司、同时又都是法律专家的斯凯沃拉将其拓展得多么宽泛！普布里乌斯的儿子①说：“我经常听我父亲说，一个人若是不懂民法就无法当好大祭司。”整部民法？为什么呢？当个大祭司与关于界墙或者供水或者除宗教以外的任何东西的法律规定又有什么关系呢？试想一下那是多么小的一个范围啊。我认为，它仅限于仪式、立誓、节庆、丧葬和其他诸如此类的范围。那么，我们为什么还如此重视这个问题，即使所有其他相关问题都如此狭小，即使连范围较宽一点的宗教仪式领域也被一个规定所涵盖，即那些仪式应该永久保留下来并且在家族之中代代相传，

① 普布里乌斯的儿子：即昆图斯·穆奇乌斯·斯凯沃拉。

48 用我的法律语言来说，“必须永久持续下去”？那些大祭司们颁布的规定确保了当某个家庭父辈逝世，仪式不至于被后代所遗忘；因为他们要求这些仪式必须由那些从父辈之死中经济上受益的人所持续下去。

当这么一条简单的规定被制定下来——这条规定足以令人理解整个体系——数不胜数的其他规定也出现了，充斥着法律专家们的著作。有人曾试图规定谁应该去执行这些宗教仪式。在继承人的案例中①，答案是十分有道理的，因为他们就是逝者的直系后嗣。其次便是因为逝者之死或者遗嘱，收到了与所有继承人加起来一样多的遗产的人。他同样也应该继承义务，因为这和规定的宗旨是相符的。第三种便是没有继承人的情况，责任就转移到了在逝者去世之时通过占有获得其最多财产的人身上。第四，如果没有人占有获得任何
49 东西，责任就落到了持有最大部分遗产的债权人肩上。最后一种便是欠了逝者的钱但未还给任何人的人，他应被视为从逝者财产中继承到了那笔钱。

我们从斯凯沃拉那儿学到了这些不同的类别。古人们区分的方法不一样。他们是这样定义上述法律的：举行仪式的义务通过下列三种方式来强制履行——即通过继承，或者通过接受财产中较多的那一部分，或者，如果财产中较多的部分已经在遗赠中被瓜分了
50 的话，则通过从该来源接受任何东西。但还是让我们听从大祭司②的

---

① 在继承人的案例中：所谓继承人，罗马人是指某个或某些将要接受、承担死者的权利和责任的人，这些权利和责任包括偿还债务、支付遗赠，以及负责家族坟墓的维护和仪式（参见 Crook 120 和 135f.）。而这些在死者诞辰和每年的纪念节日（在 2 月和 5 月）举行的仪式，往往有很多人大吃大喝，可能会产生较大的费用。

② 大祭司：即斯凯沃拉。

话。你们注意到所有事情都建立在一个原则之上,那就是大祭司们关于仪式应该跟随逝者财产去向的愿望,以及他们关于宗教节日和仪式应该由相同的人来主持的观点。斯凯沃拉们还补充道,在分财产的过程中,如果遗嘱中没有规定扣除[①],而遗产受赠人自愿接受少于留给所有继承人的遗产,则他们不应有举行仪式的义务。而在临终赠与事件中[②],他们对规则的解读有所不同。如果某一赠与是某个在家族领头人物管辖下的人所提出的,则在家族领头者的许可下该赠与是有效的。如无家族领头者的许可,则赠与无效,除非他能追加许可。

这些规定中产生了不少小问题。但对于一个聪明人来说,如果 51
他脑中时刻记着基本原则的话,那他肯定很容易就能理解。例如,假设某人接受[③]扣除后的财产以免除承担举行仪式的义务,其后该人的继承者中有一个独自继承了被他先人放弃的部分;又假设这一部分加上先前所得到的部分,总和不比其他所有继承人总共继承的少,那么继承了这部分财产的人将有义务独自而不是和其他继承人共同承担举行仪式的任务。权威机构甚至规定,如果某人收到一笔遗赠超过他所能接受而不会产生宗教义务的数额,他可以通过立约支付的

---

① 如果遗嘱中没有规定扣除:立遗嘱之人可能要求从留给遗产受赠人的遗产中扣除一部分;相应地受赠人无需再负责仪式。西塞罗此处说,如果没有扣除,而遗产受赠人自愿接受少于遗嘱中所说的遗产,则他们可免于举行仪式。在第 53 节中,西塞罗称之为“花招”(maneuver)。

② 而在临终赠与事件中:即在临终前的赠与(donatio mortis causa)。

③ 例如,假设某人接受……:Y 从 X 处接受数额为 A 的财产,减去数额 B,以免除举行仪式的责任。后来,Z 又从 Y 处接受了数额为 A 的财产,但另外又获得了此前 Y 放弃了的数额为 B 的财产。如果 A + B 等于或大于 Y 的总财产数额的一半,那么 Z 就有举行仪式的义务。

方式正式宣布[①]遗嘱中继承人的义务将会被解除。在那种情况下，财产被免除义务，就好像根本就没有产生遗赠一样。

52 针对这种情况以及其他情况，我想问问斯凯沃拉们，也就是最高的大祭司们，并且是在我看来特别精明的人：你们为何要将民法的知识增加到对大祭司法律的理解中去？你们往往是通过前者来将后者销去。宗教仪式随着逝者财产的去向而去，这是大祭司们的权威确定的，而非任何法律上的规定。因此如果你们仅仅是祭司，那么大祭司们的权威将会得到维护；但与此同时你们还是民法方面的大专家，你们是在利用这些知识规避这个权威。大祭司普布里乌斯·斯凯沃拉和提贝里乌斯·科伦卡尼乌斯，以及众多其他大祭司们都认为，如果某人接受的遗赠数目和所有继承人的总和一样多，则该人有义务

53 举行宗教仪式。我理解大祭司们的裁决。但从民法范畴中引入了些什么呢？他们对财产分配的部分进行了认真设计，允许扣除一百努米[②]；于是他们找到了一个解除财产附带的举行宗教仪式这一负担的办法。就像立遗嘱之人并不希望预防这种花招似的，这位法律专家，也即穆西乌斯本人，同时也是大祭司，建议遗产受赠人接受少于其他继承人总和的财产。他们过去总说[③]，遗产受赠人无论接受什么，都有举行宗教仪式的义务。然而这些人现在再一次被免除了这一

① 正式宣布：指一种逃避义务的方法，西塞罗在下文第53节中进行了批评。通过一种称为 solutio per aes et libram（“通过立约支付的方式”）的古代程序，无论钱款是否缴付，某些债务即可撤销（盖尤斯 3.173—175；Jolowicz 164—165）。遗产受赠人使继承人免除向其支付遗赠物的义务。在终止成为遗产受赠人后，他便不再有 sacra 的责任。与此同时，继承人与之立约，向他支付一笔相当于此前遗赠物价值的钱款。该笔钱款不是作为遗赠物被接受的，而是作为履行双方合约而接受的。参见 Bruck 7。负责转移财产的程序 per aes et libram 在盖尤斯 1.119 中有所描述。

② 一百努米：100 努米或塞斯特提等于 25 第纳里，自恺撒时期起相当于一个战士年俸的九分之一。

③ 他们过去总说：在 Watt(1)267 中原文为 semper。

义务。

另一件事和大祭司法并没有多大关系，而是直接摘自民法——即他们借以正式宣布使继承人通过立约支付的方式免除支付遗赠义务的方法。那么这种情况就如同压根没有遗赠任何钱财一样，只要遗产受赠人获得与其受赠财产相关的正式支付承诺，从而该笔财产系合同约定应付款，而非 <遗赠> 的结果…… [在本手稿遗失的部分，西塞罗结束了他关于家庭仪式的讨论，继而展开了关于对逝者灵魂应负义务的讨论。参见前述第 22 节结尾部分。]

……一名博学之士，阿奇乌斯与之保持着十分友好的关系。但 54
我相信，他[德西穆斯·布鲁图斯]坚持传统的看法，认为十二月份就是一年中最后一个月①，而对古人们而言最后一个月应该是二月份。而且，他认为应该向死者祭献最大的家畜，这是一项神圣的责任。

人们对于坟墓怀有诸多的宗教敬畏之情，以至于大家认为，如果 55
坟墓中埋葬了任何不属于本部族或信奉不同教派的人，那就是一种亵渎圣灵的行为。这个决定是在我们先祖时期波皮利乌斯家族案件中奥卢斯·托令图斯所作出的。要不是我们的祖先认为离开这一世的人应该升为众神之列，净化日[denicales]——这一名字来源于死亡②[nex]，因为认为它们与死亡紧密相关——也将不会和其他众神

① 一年中最后一个月：以前罗马的一年是从 3 月开始的，我们如今使用的月份 9 月至 12 月英语单词可以看出来(September 拉丁语是“第七个月”，December 是“第十个月”)。纪念逝者的仪式都是在年终举行的。德奇慕斯·布鲁图斯，塞普罗尼乌斯·图地坦努斯的熟人，一位受过高等教育的、也是对于历法颇有研究的人，显然就认为仪式应该在 12 月份举办，因为如今 12 月份就是一年中的最后一月。至于何时从 3 月调到 1 月，尚无从确定。各种理论在 Michels 附录 4 中都有列举。她本人认为这一调整是十人委员会公元前 450 或 451 年做出的(127—130)。但无论如何，人们依然在 2 月份举行这一节日庆典(祖灵节)。

② 这一名字来源于死亡：西塞罗关于此处的词源理论得到了《牛津拉丁语词典》的支持，其中将 de nece (piare)作为该词的词源。

的安息日一样被视为节日。法律规定应该将这些净化日纳入宗教日历,而且保证不与其他私人或公共假日相冲突。这一大祭司法律规定被如此制定,显示出极大的尊敬和崇拜之情。我无需明确一个家庭必须服丧多久、在向家神[①]祭献阉割的公羊时需要注意哪些细节、在埋葬切下来的肢体部分[②]时应遵守什么程序、和祭献母猪相关的都有哪些规定要遵守,或者埋葬地在什么时候就成为了一个神圣不可侵犯的坟墓。

56 我自己相信,最古老的埋葬形式就是,根据色诺芬的记载[③],由居鲁士为自己规定的。尸身归于大地,安置、摆放好,就好像用它母亲的毯子包裹起来了一样。我们了解到,我们自己的努马王也是用同样的方式安葬在离丰斯(Fons)祭坛不远的坟墓中;我们也知道,科尼利乌斯部落一直沿用这种安葬方式至今。平和安息中的盖尤斯·马里尤斯的骨灰,则按照胜利的苏拉的指示,被抛撒到了安尼奥河里。
57 如果他当初如同自己残暴一般聪明的话,就不至于在心头激起如此的痛恨与愤怒。我情愿相信,苏拉正是由于害怕这样的事会发生在自己身上,才成为第一个命令将其身体火葬的贵族科涅利亚。

在写到阿非利加努斯时,恩尼乌斯写道[④]:"这里躺着……"没错,因为那些被埋葬的人被称为躺着那里。然而他们的葬身之地在

---

① 家神:即家庭守护神。

② 切下来的肢体部分:在死者火葬前,人们通常切下尸体的一个部分(往往是一个手指头),用以埋葬,"以示与老传统的区别"(Keyes)。参见费斯图斯《辞疏》(Lindsay 版 135)membrum abscidi mortuo 下。

③ 根据色诺芬的记载:参见《居鲁士的教育》(*Cyropedia*) 8.7.15。

④ 恩尼乌斯写道:这纪念短诗的开头通常被与塞内加《书信集》108.33 引用的话结合,组成下列句子:"这里躺着一个人,对于他的成就,没有人,无论是同胞还是敌人,能够给予适当的奖赏"(《古拉丁遗迹》i.400)。

举行仪式、祭献牲猪[①]前不能叫做坟墓。如今对于所有被掩埋（即被“埋葬”）的人都适用的这一表达方式，以前专用于那些被用土掩埋的人。大祭司法律证实了这一风俗；因为如果不在尸骨上覆上一点土，那尸体被火化的地方就毫无圣洁可言。一旦尸骨上覆上土，逝者就可谓被埋葬了，这个地方就可称为坟墓。从此之后才有资格举行众多宗教仪式。而对于在船上遇害后被扔入海中的人，普布里乌斯·穆西乌斯认为其家人不会受到玷污，因为死者的尸骨不再存在于地上。然而死者的后人必须祭献一头母猪，过满三天的服丧期，必须屠宰一头母猪以赎罪。如果有人溺水而死，则遵循相同程序，不过无需祭献赎罪和三天的服丧期。

阿提库斯：我明白祭司们的规定了，不过不知道在法律条文里都 58
有些啥。

马库斯：显然没有多少，提图斯；我认为你应该已经明白。那些规定与其说与宗教相关，不如说与管辖坟墓的法律相关。《十二铜表法》中的一个条款[②]规定，“在城市内不得对尸体进行埋葬或火葬”，这大概是为了避免火灾隐患[③]。但条文中增加“或火葬”一词，意指被火葬并非被埋葬，而只有被掩埋才称为被埋葬。

阿提库斯：但是那些在《十二铜表法》颁布后被埋葬在城市里的显赫之人呢？

---

① 祭献牲猪：“只有当祭献一头牲猪后，一个坟墓才能成为合法的坟墓”（Toynbee 50）。根据瓦罗的说法（《论农业》2.4.9），牲猪是最初用来祭献的物品，Frazer 的索引表说明了牲猪被屠宰的各种场合。作为葬礼上的祭献品，牲猪成为葬礼宴会的物品（silicernium）。

② 《十二铜表法》中的一个条款：即第十法表第一条。

③ 避免火灾隐患：这可以解释禁止火葬的做法。土葬占用地方，而且被认为是不健康的。在埃斯奎利诺山上，就在墙外的乞丐们的墓地“已经非常令人生厌，在公元前35年被纳入了米西纳斯花园区”，Reece 17。因为这一禁令，坟墓沿着出城的道路两旁排开。

马库斯：我觉得，提图斯，有一些人，例如普布利科拉和图帕都斯，在法律颁布以前就因其勇猛[①]获得了这一殊荣——这一殊荣由其子孙后裔合法享有；还有一些人，例如盖尤斯·法布里奇乌斯，因其勇猛而被豁免于法，从而获得这一殊荣。但是正如法律禁止在城内葬人一样，祭司院也规定严禁在公共场所修建坟墓。你一定知道哥林门外的荣耀之庙[②]。传说以前在那个地方有一个祭坛。后来人们在附近发现了一块金属牌（牌子上刻着“致荣耀”的字样），于是人们就以此庙献给荣耀。但很多人被埋在那个地方，结果都被挖了出来；因为大祭司们规定，公共场所不得用于履行与私人宗教相关之义务。

59 在《十二铜表法》中还有一些规定是限制丧葬费用和哀悼的。这些规定基本上都引自于梭伦的法典。其中规定“严禁下列行为[③]：不得用泥铲去平整火葬柴堆”。接下来的你也知道了。我们还是小孩儿的时候，就被要求必须把《十二铜表法》背下来。如今没人去学了。随后，将丧葬费用限制在三张布幔、一件小的紫色长套衫、十名吹笛手之后，法律又禁止了哀悼的一些相关内容：“妇女们在葬礼上不得擦脸颊[④]或用 lessus。”古时候的翻译家们，塞克斯都·埃利乌斯和卢西乌斯·阿齐利乌斯，说他们无法确定 lessus 具体是什么含义，但怀疑是某种丧服。卢西乌斯·阿齐利乌斯认为那是一种哀号方式，就像该词自身含义一样[⑤]。我倾向于第二种解释，因为这正是梭伦的法典中所禁止的[⑥]。这些规定都是可圈可点的，总体而言与穷人和富人的相关程度并无二致。这正符合法律的本质，即财富上的差别应该

---

① 因其勇猛：参见普鲁塔克《罗马问题》79。

② 荣耀之庙：参见 Platner 和 Ashby 258。

③ 严禁下列行为：第十法表第二条。

④ 妇女们在葬礼上不得擦脸颊：第十法表第四条。

⑤ 就像该词自身含义一样：此处西塞罗指什么词源并不清楚。

⑥ 梭伦的法典中所禁止的：参见普鲁塔克《梭伦传》21。

消亡殆尽。

另外还有一些会导致增加悲痛程度的丧葬风俗也在《十二铜表 60
法》中被禁止。“不得收集[1]死者尸骨以将来举行葬礼之用。”对于那些在现役中或在国外死亡之人，法律则视之为例外。还有下列规定：“不得使唤奴隶涂抹油膏，亦禁止任何纵饮狂欢[2]之行为。”这一类行为被恰当地废止了；如果没有发生过，也就不可能被废止。“不得<在火葬柴堆上洒昂贵的酒>，不得添加花冠[3]，不得使用香炉”——让我们暂且将这些规定放置一边。重要的是，作为荣誉标志所授予的种种饰物自然属于死者所有；因为法律规定因勇敢而获得的花环[4]应戴在获得者头上及其父亲头上，而不会招致任何处罚。我估计，因为为一个人举行多场葬礼、准备多个棺材的现象已成了习惯，所以这种行为也被法律所禁止。同样的法律还规定“不得加入金子”。请注意，在另一条款中对这一规定补充了一个例外情况，这是十分先进的：“但是如果死者牙齿被金线固定[5]，别人在没有取下金线的情况下埋葬或火化尸体，无需接受处罚。”同时请注意，这里埋葬和火葬依然被当作两种不同事务加以区分。

而且，关于坟墓管理的法律一共有两部。其中一部是保护私人 61
住宅的，另一部则是管理坟墓的。前者禁止在未得到别人许可的前提下，在其住宅 60 英尺范围内堆架任何新的火葬用的柴堆或草垛，以防发生严重火灾。另一部法律则禁止占有“墓前广场”（即进入墓

---

① 不得收集……：第十法表第五条。

② 纵饮狂欢：原文中的用词 circumpotatio 意指人们相互传递酒杯饮用。

③ 花冠：拉丁词是 longae coronae。因为 corona 是花冠的意思（即戴在头上的花环或花冠），那么一个 longae coronae 可能就是两边和背后带有鲜花和绿叶垂饰的花冠。

④ 因勇敢而获得的花环：Maxfield 第 4 章中描述、图示了 6 种不同的花冠。

⑤ 被金线固定：即用金丝线固定。

室的入口厅室)或者土丘,从而保护了坟墓的权利。

我们在《十二铜表法》中发现的这些条款显然和自然本性是一致的,这也正是法律的标准所在。其他的则建立在风俗习惯基础之上:
62 例如如果要举行任何葬礼娱乐活动,应提前公布葬礼的消息,主管葬礼的负责人应有随从和扈从为之服务,如果死者生前任有公职,则死后应在公共会议上举行一场纪念其人的演讲,而且这篇颂词应和有歌声,由一名吹笛手伴奏。这样的歌曲叫做 nenia,这个词在希腊语中也用来指哀歌[①]。

阿提库斯:我很高兴看到我们的法律能够符合自然本性,也对我们祖先们睿智的判断感到欣喜。但是我发现在对其他花费方面虽有限制,可在坟墓花费[②]方面并没有看到有任何限制规定。

马库斯:是的,没错。我想你在盖尤斯·菲古卢斯坟墓的案例中已经看出,如今这种奢侈浪费已经扩展到了坟墓的尺寸。以前几乎没有人摆这种阔气,这是我们祖先时代诸多例子都已经证明了的。我们法律的解释者们,对于要求他们去掉死者丧葬仪式中的费用开支和哀悼的条文规定,应该能够理解这意味着最基本的就是要降低
63 坟墓的奢华程度。这种规定并未被最睿智的立法者们所忽视。在雅典,人们也说,如今的丧礼法律回到了他们第一任国王[③]刻克洛普斯的时代。当近亲举行仪式,遗体被覆上泥土,玉米种子被播下,这样好像母亲的怀抱和膝头可以让死者偎依,而土地又可以被玉米所净化,并且重归于生者。之后人们会举行盛宴,参加者都是戴着花环的亲戚们。在众人面前,会有一场颂扬逝者的演讲(不过一定得要是真

---

① 在希腊语中也用来指哀歌:在希腊语中并没有 nenia 一词。

② 坟墓花费:关于后期的奢侈铺张行为描述,参见 Friedländer ii 210—218。西塞罗本人完全明白,死去的躯体是不再有任何知觉的;不过他认为,关于葬礼仪式,“应该向社会风俗和传统信仰作一定的让步”(《图斯库兰谈话集》1.109)。

③ 他们第一任国王:根据 Müller 的版本,原文是 ab illo primo rege。

实的[1],因为如果虚言假辞的话,会被视为是一种亵渎)。到这时仪式就结束了。来自费勒隆的人[2]写到,此后,当葬礼和服丧变得奢华起来后,这种过度的开支就被梭伦的一部法律禁止了—— 这部法律被我们的十人编纂委员会一字不动地搬到了第十法表中。其中关于三张布幔的条例[3]以及其中大部分规定都引自梭伦的法典。他关于哀悼的规定被逐字地翻译成:“妇女们在葬礼上不得擦脸颊或用 lessus。” 64

然而,关于坟墓,在梭伦法典中却没有什么规定,除了“禁止毁坏它们或将外人埋入其中。”“如有损坏、破坏、拆毁坟茔”(因为我觉得 tumbos 是这个意思)“或墓碑,或纪念柱者”,需受惩罚。但是后来,因为坟墓的尺寸被扩张得很大,就像我们如今在基拉米库斯中看到的一样,法律规定“禁止修建耗费十人超过三日才能完工的坟墓”。65
而且禁止人们用灰泥装饰坟墓和树立他们所谓的头像方柱(herms[4])。除了在公众葬礼上,亦不得使用颂词;后来甚至连演讲致辞都要求由官方专门指定的人员完成。为了减少哀悼的人数,不允许男女成群结队地参加;因为人多容易强化悲哀的气氛。这也是庇 66
塔库斯禁止家族以外的任何人参加葬礼的原因。但是德米特里厄斯也提到,精心雕琢和准备的葬礼和坟墓再度兴盛起来,其奢华程度也和我们今天在罗马看到的几乎一样。他本人颁布了一条法令以减少这种做法。众所周知,他是一位非常博学的人;但他同时也是一位非常尽责的市民,对于维护自己国家的利益十分在行。不管怎样,他不

---

① 一定得要是真实的:大概虚伪表示(suggestio falsi)是禁止的,而隐瞒真相(suppressio veri)是可以宽恕的。

② 来自费勒隆的人:指德米特里厄斯。

③ 关于三张布幔的条例:参见上文第 59 节。

④ herms:指“一个方形石柱,其上刻有赫耳墨斯半身像,后来也刻其他神像”,《牛津拉丁语词典》。

仅通过处以罚款的方式,而且还通过规定一天中可举行葬礼的时间的方式,成功减少了奢侈行为;他坚决要求葬礼必须在拂晓前举行。他还对于新坟墓提出了限制要求,禁止在坟堆上安放任何东西,除了一根柱子(不得超过三肘尺)或一张桌子或一只小碗以外。他还专门指定了一名官员监督这些法令的执行。

67 那么,这些就是你们雅典统治者们的法令。不过让我们来看看柏拉图的观点,他将丧葬仪式归入宗教仪式类别,这也正是我们所保留的做法。关于坟墓他是这样说的①:他不允许任何一块已经开垦或者可以开垦的土地用作坟地;但他坚持认为,可以用于埋葬死者而不会损害生者利益的土地,必须尽其最大可能地埋葬更多的人。而像母亲一样可以栽种作物、生产粮食的土地,则不得被任何人消减,无论生者还是死者。

68 他还严禁人们修建超过五人在五日之内所能完成的高度的坟墓。也不允许在坟前树立或安设任何大于纪念逝者的四行英雄诗②所需碑铭的石头建筑,恩尼乌斯称之为"长"。至此我们可以知道这位杰出智者关于坟墓的重要观点。他还将葬礼上的费用数额限定在一至五迈纳③之间,根据当事人贫富程度而定。在此之后,他写下了那些词句,关于灵魂不朽,关于死后将由善人所享有的安宁的存在,以及关于时刻为恶人所准备着的种种惩罚的词句。

69 那么,我想,诸位听到了整整一个章节关于宗教仪式的解释。

昆图斯:的确如此,马库斯——而且是详尽无遗。请接着往下说。

---

① 柏拉图……这样说的:参见《论法律》12.958d—e。

② 英雄诗:即六步格诗。

③ 一至五迈纳:相当于100至500德拉克马之间。在雅典盛时,一名划桨者一天报酬为1德拉克马。(此处信息以及前文注释中相关信息,幸得 Michael Crawford 教授提供。)

马库斯:我会的。既然大家这么热情地鼓励我,那我会在今天的讨论中把它讲完。无论如何,我希望能够如此,毕竟今天天气如此宜人。我注意到柏拉图也是这样做的,他关于法律的整篇对话就是在一个夏日之内[①]完成的。那么这也是我要做的,然后我会谈谈行政官。因为一旦宗教的话题谈完了,行政官就肯定是国家结构中最重要的元素了。

阿提库斯:那么接着说吧,就按照您已经开始了的计划去说。

① 一个夏日之内:柏拉图说“今天……实际上就是夏天最长的一天”,《论法律》3.683c(企鹅出版社翻译)。

卷　三

1—11. 背景介绍以及提议的法案

1　马库斯:那么好吧,正如我已经开始的那样,我会循着那位受了神灵启示的智者的方向——也许我对他的赞扬有点过多了,因为我是怀着一种崇敬之情去看待他的。

阿提库斯:毫无疑问您是指柏拉图。

马库斯:正是此人。

阿提库斯:啊,不。您再怎么热情或再怎么频繁地赞扬他,都不为过。即使是我们的朋友①,除了自己的领袖以外不喜欢听到别人称赞任何人,他们也会允许我能如己所愿地仰慕这个人。

马库斯:他们这样是对的。对于一个像你这样出类拔萃的人,还有什么仰慕之情能够更加适合的呢?在我看来,此人无论在自己的生活中还是在著作中,都取得了人们难以企及的成就:既有庄严肃穆,又有幽默多姿。

---

① 我们的朋友:指伊壁鸠鲁派。西塞罗故意恶作剧地让阿提库斯批评他那一学派的狭隘思想。

阿提库斯：我很高兴把您打断了，因为您恰到好处地证明了您高度肯定我！不过既然您已经开头了，就请您继续讲下去吧。

马库斯：那么，首先，请让我们用既真诚又合乎其本质的术语来 2
颂扬一下法律本身吧。

阿提库斯：尽力而为，就像您在刚才谈论宗教行为相关法律的时候一样。

马库斯：那么，诸位明白，一名行政官的职责就是负责管理，并且下达正确、有益且符合法律规定的指示。就像行政官们受法律管制一样，百姓们是受行政官管制的。事实上可以说，一名行政官就是一
部有声的法律①，法律就是一位无言的行政官。没有什么能和权威一 3
样与自然的法令和条款（此处我希望人们能体会其意乃指法律）如此紧密相关。没有这个，任何房屋、国家或者部落就都无法存在——不，甚至整个人类、整个自然界、整个宇宙本身都无法存在。因为宇宙臣服于上帝；土地和海洋臣服于宇宙之法；人类则臣服于最高法的规定。

现在，请允许我接着谈一下离我们更近、我们更加熟悉的话 4
题——所有古时候的民族过去都是臣服于国王的。那种权力最初是授予最智慧、最公正的人。（在我们国家，只要还是国王统治，极大程度上就是保持着这种做法的。）到了后来，这种权力也被一代接一代地赋予给了国王的后裔，这种习惯即使到了现代君主政体中还存在着。那些反对君主制的人并非不想臣服于任何人，而是不想总是臣服于某一个人。然而，在这里我是在为自由社会建议一种法律体系；因此我会调整我的法律体系，使之符合我认为最佳的政体形式。（在

① 有声的法律：西摩尼得斯（c. 556—468）曾经说过，绘画就是无言的诗歌，诗歌就是有声的绘画（普鲁塔克《道德论集》346f，洛布版 iv. 500）。

我先前的六卷书[1]中，我曾阐述了自己关于最佳政体的观点。）

5 如此说来，行政官们[2]就是必然的了。没有他们的明智决断和亲近民意，就不可能有国家的存在。事实上一个国家的全部管理都依赖于对他们职能的分配。不仅他们的权威必须明确划定；还要同样明确规定市民们有服从他们的义务。一个能够高效行使自己权力的人在某些阶段是要屈服于他人的，而一个能够平静执行命令的人则显示出他最终应该自己拥有权力。因此事实一定是这样的：任何能够执行命令的人都将希望在某个时候自己能够拥有权力，而目前手握重权的人应该心中谨记，不久的将来他也会不得不臣服于他人。就像卡龙达斯在其法典中所说的一样，我在此规定，人们不仅应该听从并且执行行政官们的命令，而且应该对他们怀着尊重和崇敬之情。我们的朋友柏拉图[3]认为，和行政官们对抗的人都是那些敢于对抗天神的提坦巨人们的后裔。在解释清楚基础背景后，现在让我们来讨论法律本身吧，如果诸位没有其他意见的话。

阿提库斯：当然，我没有任何意见，而且对您处理谈话内容的顺序也没有意见。

6 马库斯：命令必须是公正的，市民们必须安静地去遵从，不应反抗。行政官们应该通过罚款、监禁或鞭笞等方式惩罚那些有罪的和不服统治的市民，除非有同等或者更高级别的权威或全民族反对如此。被告应有权向那些机构提起上诉。当行政官已经传达或宣布其

---

① 先前的六卷书：指《论共和国》，其中指出最佳的政体就是君主政体、寡头统治和民主政治的混合体。

② 行政官们：参见附录。

③ 柏拉图：柏拉图《论法律》3.70c。

决定，就必须在人们面前[1]进行审判，以确定罚款或其他处罚内容。在战场上，不得对指挥官的决定提起上诉[2]；无论战役的指挥官下达什么命令，都应该是确定的，也是最终的。对于不同地方均应任命很多级别稍低的行政官，每位行政官在其所辖区域内有着自己的权威。在战场上，他们必须对自己被指派负责的那些人享有指挥权，担任他们的保民官。而在家里，他们则看护着公共财产[3]，看守囚犯、惩处凶手[4]，在钱币铸造厂内铸造铜币[5]、银币或金币，审理被呈到自己面前的各种案件[6]，执行元老院的任何决定。

还应任命市政官，负责城市各项事务，包括粮食供应和公共娱 7
乐。对他们来说，这应该是通往更高职位的阶梯中的第一步[7]。

监察官们[8]应拟出一份人口清单，记录人口年龄、子女、家庭成员

---

① 在人们面前：此处西塞罗所想的应是早期的公开审判制度（iudicia populi），而不是后来取而代之的陪审法庭。尽管在西塞罗所处时代之前陪审团不再被元老院所控制，但他也许依然觉得不满意，因为这种制度太过麻烦、耗时，而且容易滋生贿赂（见 Jones 3 与 25）。在先前的体系中，就像西塞罗所设想的一样，关系到被告性命或者居民权利（caput）的审判应在百人大会前举行；非极刑类案件则交由平民参议会审判。

② 不得……提起上诉：显然在公元 2 世纪上半叶，上诉往往是准许的。

③ 看护着公共财产：就如同财务官。

④ 看守囚犯、惩处凶手：西塞罗此处是指任命以专门监管监狱、执行死刑（tresviri capitales）的三人委员会。

⑤ 铸造铜币：指掌管铸币厂（tresviri monetales）的三人委员会。

⑥ 审理……案件：掌管案件审判（Decemviri stlitibus iudicandis）的十人委员会决定人们是否获得自由或成为奴隶。

⑦ 阶梯中的第一步：似乎西塞罗认为，财务官职位不应再让人自动进入元老院，就像苏拉时期以来的做法一样。他所想的也许是普鲁塔克《罗马名人传》中《小加图》16 中所描述的情势，即由于“部长”对于财务问题不甚了了，财政部的官员们愈加腐败，而且都不合格。

⑧ 监察官们：苏拉削弱了监察官们的权力，但西塞罗却重新赋予并增加了他们的权力。他们不再需要在任职 18 个月后辞职，而是连续任职 5 年；接着又能毫不间断地继续连任。对于神庙、街道等的监管似乎是额外的职责，婚姻的强制执行也是，这预示了公元前 18 世纪奥古斯都的立法。而且在第 47 节中，我们看到他们将承担希腊法律守护人的职责（nomophylakes），而且为行政官们的表现撰写评价报告。

和财产;他们必须看护城市内的神殿、街道和排水道,以及财务库和税收;他们应将市民们划分开来,分配到不同部落;然后根据个人财产、年龄和阶级进一步划分;他们应将骑兵和步兵的子嗣区分开来;不应允许人们打单身;应规范市民们的言行举止,不得允许声名狼藉者继续留在元老院中;他们应保证两人同任,任职五年;其余官员任职一年;监察官的位置随时不得空缺。

8 还应有一名法律官员,或司法官,来判决民事案件,或者给出意见供人做出决定。他就应是民法的监护人。根据元老院任命或人们要求,可以有很多官员与之权力相等。

还应有两名拥有最高权力者①;从他们的领导、判决和临政中看,他们应被称为司法官、法官和执政官。他们应拥有最高军权,无需接受任何其他人的命令。对他们来说,人民的安全就应是最高法律。

9 一个人担任执政官后,需再过十年才能重新担任这一职务。他们还需遵守年龄法案②中关于任职年龄的规定。

但当国家陷入特别严重的战乱或国内混乱状态中时,如果元老院同意,则由一人③持有与两位执政官同等的权力,时间不超过六个月之久。此人在受到占卜结果支持而被任命后,应成为"人民之主"。

---

① 两名拥有最高权力者:即执政官(consul)。最初,根据他们的军事能力,他们被称为司法官(长官);但很快这个头衔给了立法官员。执政官们保留有行使司法权的权利,"不过他们还有大量别的事要做,因此在共和国后期很少在这方面做过什么"(Crook 68)。关于 consul 这个词的词源尚有争议。

② 年龄法案:在对公元前 180 年《维利亚年龄法案》进行重新编写时,苏拉规定任何人 30 岁前不得担任财务官,39 岁前不得担任司法官,42 岁前不得担任执政官。

③ 一人:即临时任命的行政官,西塞罗称之为"人民之主"(magister populi)。这一职位最初是军队中的(populus 意指服役军士,尤其是步兵),自从公元前 216 年以来就废弃不用了。(苏拉的位置十分不同。)西塞罗在此重新将其引入,也许因为他对元老院颁布的紧急法令(senatus consultum ultimum)并不满意(见 Jones 2)。西塞罗暗示临时行政官是由元老院,而非像以前一样由执政官,所任命的。

他应有一位指挥骑兵的下属官员[①],该官员权力与法律官员[②]的相同。

当没有执政官,也没有人民之主时,也不应有其他行政官。占卜权则掌握在元老院手中,元老院将从自己成员中任命一人,由其持有权力[③],安排通过百人团大会依法选举执政官事宜。

如果元老院命令或者人民要求,则行政官,无论是否持有统治权[④],和外交大使们均须离开城市。他们应以一种正义的方式指挥正义的战争[⑤];应十分周到地对待盟友;应严于律己及其下属;应为自己的祖国增光,载誉而归。

任何人不得为了便于处理私务而被任命为外交大使[⑥]。

由庶民自主选出的保护其不受暴力侵犯的十位官员即为保民官[⑦]。他们通过民众所禁止的和颁布的规定均应有约束力。他们应是神圣不可侵犯的,也不得弃民而去,使之无保民官的保护。

所有行政官均应有占卜问卦和进行审判的权力。元老院应由其 10
成员构成。其颁布的法令应具有约束力。但是如果另外一个[比主持的行政官]持有同等或更高权力的机构否决其法令,则这些法令应被写出来并且保存起来。

---

① 指挥骑兵的下属官员:临时行政官的副官被称为"骑兵之主"(magister equitum)。

② 法律官员:即司法官。

③ 任命一人,由其持有权力……:临时执政者(interrex)被任命5天以行使这一职能。

④ 统治权:即命令权——高级行政官所拥有的一种权力。具体细节参见《牛津古典词典》。

⑤ 以一种正义的方式指挥正义的战争:参见前面《论法律》2.34注释。

⑥ 任何人不得为了便于处理私务而被任命为外交大使:指"自由大使"(参见前面《论法律》1.10注释)。西塞罗在下面第18节中对这种做法表示了不满。参比《论土地法案》(*Contra Rullum*)1.8。

⑦ 保民官:参见下文第19节的讨论。

［元老院］议事团应被视为行为无瑕，应当作其余之典范。

当人民关于行政官的任命、司法判决和立法决策，无论是肯定还是否定，通过投票确定后，其细节应向贵族披露[①]，且应反映平民的自由选择。

但是如果在行政官责任范围以外有任何事情需要处理，则人民应选定某人加以处理，且应授予其处理该事务的权力。

任何执政官、司法官、人民之主、骑兵之主，以及元老院提议的主持执政官选举的任何官员，都应有权主持平民和元老院的大会。庶民们选定的保民官们应有权主持元老院的会议；他们还须将任何要求的内容公示到民众面前。

与平民相关的以及元老院内的会议程序应正式严肃地进行。

11 任何元老院议员缺席须有理由，否则将会受到指责。每位议员在轮到自己发言时须发言，且发言时间长短适中。议员应对公共事务了然于胸。

平民的会议不得受到暴力干扰。任何比［主持的行政官］有同等或更高权力的机构应有权否决[②]。但是如果在会议期间发生任何骚乱，则责任应由主持的行政官承担。任何人阻止有害提案的通过，则应被视为公众的保护者。

主持的行政官应察看占卜结果，且服从于官方占卜师；议案宣读完后，应被建档入库保存；他们不得一次表决多个问题[③]；他们应把所争论的问题告知民众，并且允许其从行政官和私人市民获知消息。

---

① 其细节应向贵族披露：西塞罗试图在下文第38—39节中为这一建议辩护。

② 应有权否决：他应有权驳回大会的决议。

③ 不得一次表决多个问题：他们不得拿综合式的议案进行投票。这种做法在《凯其里亚和迪第亚法案》中就已被禁止。

他们不得针对私人而提出法案建议①。不得提议与居民个人生命②相关的行动，除非是通过主要大会③以及已由监察官在公民机构登记注册的那些人。

他们在寻求、或正在担任、或已经担任公职时，不得收受礼品④或赠送礼品。如有人违反上述任何规定，则应处以相应罚金。

监察官应保有法律条令的真正含义。人们在离职之时，须向监察官们提交一份关于其法案的报告；不过虽然如此，他们还是不得有任何免受起诉的权力。

法令已经宣读完毕。“散会⑤，我将安排分发投票板。”

12—47. 关于法案的评论

昆图斯：马库斯，您能如此简洁地将整个行政官体系描绘给我们 12
看！但是即便您引入了一些新意，它们和我们自己国家的还是几乎没有区别。

马库斯：你这个观点非常敏锐，昆图斯。事实上，我们现在谈论的就是西庇阿在我那几卷书中极力称颂、并且认为优于其他形式的，那种和谐混合起来的政体——而如果没有这么一个行政官体系，那种政体也就不能成功。请记住，国家是由其行政官和那些负责的官员所决定的，而每种政府形式则是由其官员组织起来的方式所决定

① 针对私人而提出法案建议：参见下文第 44 节。

② 居民个人生命：一个居民可以通过被处以极刑或被剥夺居民权利而丧失生命（caput）。

③ 主要大会：指百人大会。

④ 收受礼品：贿赂在这一体系中比较盛行，就像在沃尔波尔的英格兰的体系中一样。

⑤ 散会：行政官在解散某个大众集会时常用的一种套话。

的。因为我们国家的政体被我们的祖先确定了最明智、最完善的形式,我觉得我们的法律体系中几乎没什么要改动。

阿提库斯:那么,就像您应我的鼓动和请求而详细解释宗教法律一样,您能否同样给我们讲讲行政官的问题呢——就是说,解释一下您何以认为您的体系是最好的?

13 马库斯:我乐意之至,阿提库斯。这个问题已经被最敏锐的希腊思想家们探索、讨论过,我会全面进行阐述。我也会引入我们自己的法律,就像我刚才所做的一样。

阿提库斯:这正是我希望听到的高论。

马库斯:关于这个问题我在前面的书里已经说了很多,我不得不详细阐述,因为我想要找到最佳的政体。但是有一些关于行政官的观点是和这个话题相关的——那些观点最初被泰奥弗拉斯托斯探讨过,后来又被斯多葛学派的戴奥真尼斯更加深入地进行过阐述。

阿提库斯:真的吗? 斯多葛学派也讨论过这些问题?

14 马库斯:哦,不;只是我刚才提到的人探讨过,后来又有伟大而博学之士巴内修阐述过。早期的斯多葛学派只是对国家这个问题作过一些敏锐的理论方面的讨论,而没有像我一样,为民众社会提供实践上的指导。可以说所有那些有名的著作都是从学园派中引申而来,都源自柏拉图的思想。后来亚里士多德在其著作中阐述了整个政治学领域的问题,旁图斯的赫拉克里德斯也进行了论述,其思想同样源自柏拉图。众所周知,亚里士多德的学生泰奥弗拉斯托斯在这种问题上花费了大量时间,而亚里士多德的另一位学生迪凯阿尔库斯在这一领域的学习和研究做出了有益的贡献。后来,紧随泰奥弗拉斯托斯之后,费勒隆的德米特里厄斯——此人我先前提到过——用一种惹人瞩目的方式将这一政治理论从学者们安宁静谧、远离尘嚣的象牙塔中带离出来,不仅带进了光天化日的尘土和热浪之中,也带进了战线和真正的战斗之中。我能够说出很多伟大的政治家,他们都相当博学，也能说出很多优秀的学者，他们并不专长于政治学；可是除了德米特里厄斯以外，人们又能轻而易举地找出哪个在两个领域都能出类拔萃的人呢——既能在学术研究方面举足轻重，又能在统治国家方面功名显赫？

阿提库斯：我认为这样的人①是可以找到的——我们三人中就有。不过请您继续往下说。

马库斯：那么好吧，那些思想家们都在思考，是否一个国家里就 15
只能有一位行政官，而让所有其他人都臣服于他。我认为，这便是国
王被赶下台后我们祖先们的想法。但是国王统治政体虽然曾经一度
很受人青睐，而后又被人们废弃，与其说是因为君主政体本身的弊端
所致，不如说更是因为某一个君王的昏庸②所致。显然如果再让一位
行政官来统治所有人，那说明只是国王的名号被废弃了而已，整个政
体本身还在。因此，斯巴达的提奥庞培斯任命五长官③用以与国王抗 16
衡，不是没有正当理由的，而在我们这里，则是任命保民官与执政官
相抗衡。根据法律文典中的规定，一位执政官有权让所有其他行政
官臣服，但保民官却除外。后者后来被任命，用以防止重蹈历史覆
辙④。任命这样一名可以不受执政官权力约束的官员，是削减执政官
权力的第一步。第二步则是这样的事实，即保民官不仅支持其他行
政官，而且还支持那些藐视执政官权威的私人老百姓。

昆图斯：您所指的是一件大灾难。因为随着保民官的诞生，贵族 17
统治的重要性消失了，而民众百姓的力量却积聚起来了。

---

① 这样的人：西塞罗一种创新式的自夸。

② 某一个君王的昏庸：指塔昆纽斯·苏帕巴斯。当然，反对君主统治的理由就是一个人的缺点可能会毁掉整个体系。

③ 五长官（ephors）：公元前5世纪以前，每年选出的斯巴达行政官们，数量为5名。他们的权力很大，包括限制国王行动的权力。

④ 历史覆辙：贵族与平民之间的矛盾。参见下文第19节。

马库斯:并非如此,昆图斯。执政官的权力本身看上去应该是相当孤傲的、压迫性的,这不是不可避免的吗?在到达一个适度、明智的平衡之后……[此处缺失部分文字。下文引自麦克洛比乌斯的片段显然属于西塞罗对于前述第9节中引用的法律的评论,也即"他们应十分周到地对待盟友"。]……如果一个人分不清哪些是自己国家的利益所在而哪些不是,他又如何能够保护自己的盟友呢?(麦克洛比乌斯,De Differentiis et Societatibus Graeci Latinique Verbi, 见于H. Keil,《拉丁语语法》v. 620, 644。)

18 "他们应载誉而归"[见前述第9节]。从敌人或者盟友那里,明智诚实的行政官能带回家的就只应是荣誉。

同样地,如果一个人担任外交大使,却不是为了自己的国家利益,再也没有比这更让人耻辱的事了。至于他们曾经何等作为,如今依然如何作为,我只字不提(那些人利用大使的职务却只是为了追逐遗赠或者债务),因为这也许是人性的一种堕落。但是,我想问,如果一名元老院的大使没有任何责任感,不作任何指示,或者不承担任何官方职责,那还有什么能比这更加丢人的呢?身为执政官,如果不是一名不负责任的庶民保民官①阻止了我的话,我就早已在赢得全元老院支持的情况下,废除这种大使职务的任命了(即便这对元老院议员们来说显然是有利的)。不过我依然成功地缩短了这种职务的任期,以前无限期,如今改为了一年。即使加上了一个时间限制,还是有人滥用职权。

不过说到这里,如果你们不介意的话,让我们跳离行省的话题,回到首都来吧。

阿提库斯:我们当然不介意,不过那些正在行省里四处旅行的人可压根不会高兴的!

---

① 一名不负责任的庶民保民官:此处所指不确定。

马库斯：不过提图斯，如果他们遵守这些法律的话，他们会发现 19
没有什么能比首都和自己的家乡更让人心情愉快，没有什么能比一个行省更单调乏味、让人压抑的。

接下来便是一部规定平民保民官权力的法律——一部目前在我们国家已有的法律。没有必要对此进行讨论了。

昆图斯：可是马库斯，我真的很想知道您是怎么看待那个权力的。在我看来那似乎是有害无益的，因为它是在反叛暴动之时[1]形成的，其效果就是煽动造反。如果我们细心回忆一下它的起源，我们会发现，它是在市民们诉诸武力、首都的主要地点被占领和包围的情况下产生的。它很快就根据《十二铜表法》的规定被扑灭了[2]，就像扭曲变形、让人害怕的小孩子[3]应该得到的结果一样。可是不知道怎么回事，它又借尸还魂，甚至比以前更加丑恶骇人。什么破坏它没有干啊！首先，与其邪恶本质相符，它将每一个荣誉标志从元老院那里撕离开来；所到之处，它都使得最低层次的和最高层次的平起平坐，造成一片混乱和骚动。甚至在它毁坏掉贵族统治那庄严神圣的权力之
后，它都没有稍微平息。我没有指盖尤斯·弗拉弥尼乌斯和那些因 20
为光阴流逝如今似乎变得陈腐的事件；可是提比略·格拉古的保民官给最好的市民们留下了什么权力？在此之前的五年，平民保民官盖尤斯·库里阿提乌斯，地球上最低等最肮脏的生物，将两位伟大而

---

① 反叛暴动之时：公元前494年平民正式退出，在圣山（或阿文丁山）上成立了自己的组织，包括两名保民官。关于斗争的曲折细节，参见Cornell第10、13章，以及Raaflaub收集的文章。

② 它很快就被扑灭了：据称是被十人委员会；参见《论共和国》2.62。

③ 让人害怕的小孩子：第4铜表法第1条。哈利卡纳苏斯的戴奥尼索斯将这种行为归因于罗穆卢斯（《古代罗马》2.15.2），参比塞内加《论愤怒》1.15.2。

受人尊敬的执政官,德西穆斯·布鲁图斯和普布里乌斯·西庇阿[①]送进了监狱——这是史无前例的暴行。

再看看盖尤斯·格拉古吧。通过他的保民官,通过他声称已经掷向论坛的那些匕首而使市民们像角斗士一样彼此残杀,难道他没有把这个国家掀个底朝天吗?我都不用再提什么萨图宁[②]、苏尔比基
21 乌斯以及其他一些人了,这些人如果国家不拿起刀枪是无法打倒的。可是为什么我要提起过去的日子里发生的、别人忍受经历过的那些事,而不是近年我们都知道的事呢?到底是否有人对我们如此大胆、如此充满敌意,以至于想要推翻我们的位置[③],而为了这个目的却没有将反对我们的某个保民官的刀剑磨得锋利呢?当那些肮脏邪恶、铤而走险之徒在任何人家里,或者在任何部落里都找不到这样一件凶器,在国家这个黑暗的时刻,他们就会觉得自己必须在部落之间制造一些混乱[④]。有这样一个值得注意的事实将会提高我们不朽的荣誉,那就是没有哪个保民官甘愿为了任何贿赂而和我们对立起来,除了那些压根没有权利成为保民官的人以外。

22 他制造了何等的灾难——这种灾难只有那些丑恶的、没有任何感觉的或没有任何成功前景的野兽,在被暴民们的疯狂刺激后才制造得出来!所以在这个案例中,我强烈支持苏拉,是他通过自己的法

---

① 普布里乌斯·西庇阿(指 Scipio Nasica):公元前 138 年任执政官,当格拉古鼓动设立第二个保民官职位时,他率一批元老院议员冲进会场杀死了格拉古等多人,引起人民的憎恶。

② 萨图宁(Apuleius Saturnius),公元前 103 年的保民官,后来被马略所杀。

③ ……我们的位置:这里听起来像是马库斯自己的话。

④ 在部落之间制造一些混乱:在公元前 59 年 3 月,克劳狄乌斯把自己的身份变成了平民,这样就可以当上保民官。这是通过大祭司尤利乌斯·恺撒的高等办公室办成的。

律，剥夺了这些庶民保民官的破坏性权力[1]，只留给了他们提供协助的权力。至于我们的朋友庞培，在所有其他事情上我都一如既往对他进行大声、慷慨的歌颂；但是对他关于保民官权力的政策，我无话可说，因为我虽不愿去批判他，也拒绝去颂扬他。

马库斯：你对保民官的不足之处认识得非常清楚，昆图斯。但是 23
在批评任何体制时，忽略其优点而一味挑剔、列举其劣势和不足，这
是不公平的。按照这种原则，那么即便是执政官职位也可以横加指
责了，只要你能收集一些执政官的不良行为——在此我不想指出这
些执政官的名字。我承认，在保民官这个职位上，其本身就带有一种
邪恶的因素；但是要没有那点邪恶，我们就不会有其好处，这也正是
设立这一体制的整个目的所在。"这些庶民保民官们，"你说，"他们
的权力太大了。"谁能否认这个呢？可是老百姓手中的原始权力却来
得更加凶猛野蛮得多。给他们加上一个领导，有时要比没有领导更
加缓和一些。因为领导知道他是在自己冒着危险往前，而汹涌的群
众们往往对自己面临的危险一无所知。"可是有时候人们被煽动起
来了。"没错，但很多时候是被平息下去了。什么样的官僚们如此野 24
蛮，以至于十个中没有一个能有一点判断力呢？提比略·格拉古自
己最终惨遭失败，其原因就在于他践踏了一位保民官的选票，甚至给
其免了职。如果不是因为他免去了一位阻止自己计划的同僚[2]的职
务，那么还有什么会导致他最终败北呢？

试想一下我们的祖先们在这个问题上展示出来的明智判断吧。

① 破坏性权力：即保民官们的否决权。他们还可以代表被监禁的平民们干涉法律。

② 一位阻止自己计划的同僚：即保民官马库斯·奥克塔维厄斯。作为公元前133年的保民官，格拉古（绕过元老院）向人民提议一项给穷人分配公共土地的法律，被此人否决。

自从元老院将那个权力[①]赋予庶民之后，他们放下了手中的武器，叛
乱不复存在了；双方找到一个折衷点，使得更少的民众认为他们和自
己的领袖是平等的。唯有那才挽救了国家。“可是，”你说，“历史上
出现过两个格拉古。”没错，而且除了他们两位之外，你还可以随兴尽
可能多数出几位来。当十位保民官[②]被任命时，你会发现一些不同年
龄层的危险分子，也许会发现更多靠不住的。虽如此，但最高阶层不
是愤怒的发泄目标，普通民众也不会卷入关于他们权力的危险争斗。
25 这就是为什么要么国王根本不应该被废除，要么庶民应该被赋予真
正的而非只是名义上的自由。事实上，普通民众被以这样一种方式
赋予了自由，从而被许多优秀的法规所引导，服从于贵族阶级的
权威。

我亲爱的、令人尊敬的昆图斯，说到反对保民官的权力，我自己并没有发生和保民官制度本身冲突的亲身经历。庶民们没有被煽动起来[③]反对我的位置；没有，倒是监狱的大门被撞开，奴隶们鼓动起来[④]反对我，军队都被调动起来用以威慑了。我当时不得不面对的不是恶毒的卑鄙小人，而是一场最严重的政治危机。如果我当时没有让步[⑤]，那么这个国家早就不会享受到我的服务带来的好处了。这点由后来的结果得到了证实；因为什么样的自由民众——不，是什么样

---

① 那个权力：指否决权。

② 十位保民官：在公元前5世纪中叶，这一数量被增加到了十位。

③ 庶民们没有被煽动起来：也许不是直接的，但在公元前58年1月，克劳狄乌斯通过得到谷物的自由分配而赢得了他们的支持。

④ 奴隶们鼓动起来：克劳狄乌斯使得最近一项针对社团的法令撤销了。他然后组织带有武装的帮派，其中包括奴隶和自由人。这些人被雇用来恐吓大会上的投票人。关于罗马的帮派参见 Lintott(1)第6章。关于克劳狄乌斯的行为，参见 E. Rawson (3)113—116，T. N. Mitchell 134—138。

⑤ 如果我当时没有让步：有一些学者将原文理解为不带有否定词的 si，从而认为此处指喀提林反叛事件。

的值得享有自由的奴隶——不把我的安危放在心上呢？然而，如果 26
在那个事件中，我为了国家安危所做的一切[1]并没有得到所有人的一致认同，如果狂暴民众的愤怒之火被点燃并因而导致我被驱逐，如果保民官的权力煽动民众起来反对我，就像当初被格拉古煽动起来反对雷纳斯、被萨图宁煽动起来反对梅特鲁斯一样，我将会容忍下来，我亲爱的昆图斯。我的慰藉来自于那些生活在雅典、以安慰人为职业的哲学家们，更来自于那些赫赫有名的[2]、被驱逐出那个城市的人们，他们与其继续苟且生活在一个充满邪恶的地方，更情愿被赶出他们忘恩负义的国家。

至于庞培[3]，在那个问题上你对他并不是那么热心。可是我认为，你并没有充分考虑到这个事实，那就是他当时不仅必须确定哪个是最好的，而且要确定哪个是必需的。他意识到这个国家不能没有保民官这一职务。我们的平民在这一职务数量尚未可知的时候就急切地想敦促把它设立起来；如今他们知道这是什么性质的职位后，又怎么能够离得了它呢？在处理某个本身并不是祸害[4]，并且过于受欢迎而无法反对的事件时，作为一位明智市民，其职责就是不让它落入某个煽动政治家的手中。否则那就会是个祸害了。

你也知道，昆图斯，在这样一种谈话中，人们不得不使用“准确地说”或者“绝对正确”这样的词语，从而让谈话者能够转到下一个新话题上去。

---

① 我为了国家安危所做的一切：西塞罗认为他的离开是为了公众利益而采取的行动。

② 赫赫有名的人：例如亚里斯泰迪斯和地米斯托克利。参比《论共和国》1.5，对他们思想的一个崇高解释。

③ 至于庞培：庞培对于克劳狄乌斯的态度很快就从默许或甚至支持，变成了敌对。他开始为召回西塞罗而运作，并且最终劝说恺撒同意（T. N. Mitchell 150 以下）。因此西塞罗态度十分温和。

④ 本身并不是祸害：保民官的恢复。

昆图斯:嗯,事实上我并不赞同您的观点;不过,我还是希望您能继续往下讲。

马库斯:这么说你坚决不让步,也不愿意更改自己先前的观点了?

阿提库斯:嗯,我不得不说,我也十分赞同昆图斯的观点。不过还是让我们听您继续讲下去吧。

27 马库斯:好吧,接着讲。所有行政官都享有"占卜问卦和进行审判的权力"[10]——审判应带有一个规定,即平民应有权旁听诉讼;占卜结果能以正当推迟的方式①使诸多徒劳无效的会议延期。经常是众神利用占卜②来阻止人们不正当的行动。

关于"元老院应由前任行政官组成"的规定[10]显然就是一个民主方式,因为某个人如果不是通过平民选举出来的话(因为监察官们不能继续指派),他就不可能进入最高权力机构。不过这个不足被
28 对元老院权威的确认而直接减轻了,因为我的法律接着规定"元老院的法令应有效"。事实是如果元老院掌控着公共政策,如果大家都支持其法令,如果其他法令都许可整个国家按照最高命令的指导而发展,那么就产生了一种宪政平衡,其中权力被赋予给了平民,但权威还掌握在元老院手中。由于这种平衡的实现,使得先前描述过的国家稳定、和谐的局面得以保存,尤其是当接下来一条法规得到遵守的时候。那条法规便是"元老院议事团应被视为行为无瑕,应当作其余之典范"[10]。

昆图斯:这法律太棒了,马库斯,但是您所坚持的元老院行为无瑕有着非常丰富的内涵,需要请一位监察官解释一下。

29 阿提库斯:固然,整个议事团就在您身后,并且极为珍视您担任

① 正当推迟的方式:如果占卜结果宣布是不宜的,则会议不允许继续。

② 经常是众神利用占卜:人们会认为这句话带有一种讽刺的意味。

执政官期间的诸多愉快记忆；但是请允许我说一句，这法律不仅会让监察官们[①]，而且会让整个审判团穷于应付！

马库斯：再不要那么说了，阿提库斯！我们不是在讨论现今的元老院或者今天的世人，而是在谈论将来的——如果真的有人愿意遵守那些法律的话。因为法律规定的是完全行为无瑕，任何有缺点的人甚至都无法进入那种议事团[②]。那当然是很难达到的，除非是通过一种特别的教育和培训[③]。关于这一点也许我后面还会再提到，到时候就看时间和时机了。

阿提库斯：时机肯定是会有的，因为您是要按顺序将所有法律过 30
一遍，而且整个一天也有足够的时间。不过即使您漏掉了关于教育和培训的部分，我也会提醒您补充的。

马库斯：很好，阿提库斯。直接提醒我就是，同样我要是遗漏了任何其他问题，也只管提醒我。

“应当作其余之典范”[10]。如果做到了这一点，我们就没有什么做不到。因为就像整个社会易于受到其领导者们邪恶欲望的影响一样，它也能够因他们的自制而得到救治、纠正。当卢奇乌斯·卢库卢斯，这个我们大家都知道的伟人，因其位于塔斯库勒姆的豪华别墅而受人诟病，人们希望他给出一个非常恰当的解释。他说，他有两位邻居，一位是罗马骑士，住在山上边，一位是自由民，就住在他下边。他们的别墅非常奢华，所以他就有权享有比他地位低的人所许可享有的一切。难道你就没有看出来，卢库卢斯，他们的贪婪都是因你而激发出来的么？你要没有自己追求这些东西，他们也就不会被允许

① 这法律不仅会让监察官们……：监察官的职责之一便是监督元老院议员们的行为。

② 任何有缺点的人甚至都无法进入那种议事团：当然这是希望式的想法。

③ 教育和培训：这些在残存作品中并未有描述。

享有这些奢侈。人们看到别人的房子里堆满雕像和画像,其中有一
31 些属于公共财产,有一些是庄严神圣的那种,有谁能容忍这样的人?
如果不是因为那些本应阻止这种行为的人犯了同样的贪婪之罪,我
们所有人都将阻止他们的攫取。那些市民领导们的罪恶的严重性还
在其次(尽管它们本身也是一种严重的恶),更严重的是那些人身后
有了一批效仿者①。如果诸位愿意回溯一下历史的遗迹,就会很清楚
地看到,我们国家是从其领头的人们那里继承了这些特点。在其领
32 导者行为中发生过的任何变化都被复制到了平民的生活中。这个观
点要比我们的朋友柏拉图的观点②来得更加合理一些,他认为国家本
质的改变来自于其音乐家们发声方式的变化。我认为,国家行为的
变化反映了贵族阶层生活和生活方式的变化。腐败的领导者们给国
家带来的是更加要命的伤害,因为他们不仅自己犯下了罪恶,还传染
给了这个社会。他们就是一个威胁,不仅是因为他们自己腐败堕落
了,而且因为他们把别人也带坏了。他们起了坏榜样造成的危害,比
他们自己所犯之罪的危害还要大。这部法律延伸至元老院的议事团
全体,事实上其范围还可以紧缩一下;因为极少数人,真的是极少数
人,在声望和地位上显赫到能够败坏或纠正国家的道德风气。

到此为止这些评论已经足够多了。在我的另外一部作品中③已经更加详细地对此进行过阐释。那么让我们接着来看还有什么要讨论的吧。

33 下一个话题是关于投票的问题,根据我的法律这“应该披露给贵族阶级,且应该反映平民的自由选择”[10]。

---

① 那些人身后有了一批效仿者:这一观点在后文中重复提到了七次,这种变体形式在修辞学派中得到培训。

② 我们的朋友柏拉图的观点:柏拉图《理想国》4.424c。参比上文《论法律》2.38—39。

③ 在我的另外一部作品中:西塞罗《论共和国》的相关章节已经遗失。

阿提库斯：我可以保证我一直很认真地听您在说。可我并没有完全理解这部法律或您使用的术语的意义所在。

马库斯：我会解释的，提图斯，在解释的时候我会探讨一个曾被多次而且详细讨论过的难题。在指派行政官、审判法律案件、通过法令和法案时，表决情况是公开登记好还是秘密登记好？

昆图斯：这还有什么疑问么？恐怕我还得反驳你一次。

马库斯：我可不这么认为，昆图斯。因为我的观点和我所知道你一直持有的观点并没有什么区别，也就是说，表决的时候，没有什么能比口头表决更好的办法了。不过我们需要看看这种方式是否可行。

昆图斯：如果您不介意，马库斯，我想说这个保留意见对于普通 34
市民来说尤其具有误导性，对于公众利益也是无益的——我是指当某件事被说成无比正确、恰当但却不切实际的时候——换句话说就是必须让给平民作主。当某个十分严格的程序被采纳时，平民是可以被否决的；而且，在守护某个正当目标时被武力压制要比服从于某个不正当目标要好得多。众所周知，投票选举完全取缔了贵族统治阶级的所有权利。当人们欢享自由时，他们从来都不想要那个法律。只有在被市民领导者们的统治权利所压制时，他们才会大嚷着要法律。（所以对真正有权力的人物宣布的判决结果中，那些口头记录的要比写在板子上的更加不利。）因此，领导者们本应该被剥夺他们把不良措施付诸投票的过多特权；而平民本不该获得一个逃避手段，让记录板确保了那些执迷不悟的投票的机密性，从而不让贵族统治阶级知道每个人的真实想法。所以没有一个好人能被说服去采用或支持像你提出的那种建议。

目前现有四部投票法[①]。第一部是关于分配行政官职位的，即 35

---

① 四部投票法：第一部是盖比纽斯在公元前 139 年引入的。关于投票程序的细节，参见 Greenidge(1)258—259。

《盖比纽斯法案》，这是由一位粗陋平庸、微不足道的家伙提出来的。两年之后产生了关于平民法庭的《卡西乌斯法案》，是由卢奇乌斯·卡西乌斯引入的——此人出身高贵，可惜（希望这样说不会冒犯其家族）脱离了令人尊敬的一边，而靠其人民党主义政策去追逐人们些许表示支持的闲话。第三部是《卡波法案》，与采用和拒绝措施相关。此人是一个令人憎恶的麻烦制造者，甚至当他回归到让人尊重的一
36 边时，也未能使自己免受同一边的成员们的攻击。口头表决法似乎只在一种类型的案例中适用，而这是连卡西乌斯本人都加以排除的，也就是对叛国罪的审判。盖尤斯·科利乌斯也为这类审判引入了投票法；然而他生前都一直在后悔自己毁了这个国家，仅仅是为了毁掉盖尤斯·波皮利乌斯。在这个小城，我们的祖父在终其一生反对马库斯·格拉提丢斯时展示了非凡的勇气，后者当时在提议一个投票法案（即便他娶了格拉提丢斯的妹妹，我们的祖母）。正如人们所说的，格拉提丢斯在小茶杯中搅起了一阵风暴[①]；（后来他的儿子[②]，马利乌斯，在爱琴海[③]也搅起了一阵风暴。）当此事被上报至元老院时，执政官马库斯·司考路斯对我们的祖父说："我希望，马库斯·西塞罗，你当初能选择在这个国家的最高级议会里运用你的能量和正直来帮助我，而不是在一个乡村小镇上。"

37 因此，既然我们现在不仅仅是在回顾罗马人民的法律，而且还在恢复已经消失了的法律，或者编纂新的法律，我想你们应该说的不是能从现今社会中得到什么，而是什么才是最好的。你们颇受人敬仰的西庇阿因为卡西乌斯法案承受了骂名，因为人们认为是在他的推

---

① 在小茶杯中搅起了一阵风暴：即在当地政治上。拉丁文 simpulum 意指酒勺。

② 他的儿子（Marius Gratidianus），任行政长官（Praetor，约公元前 85 或前 84 年）时宣布了一项规定币值的法律。

③ 爱琴海：即国家政治。

荐下[①]才引入这部法案的。如果是你引入一部投票法案，那么你自己就得为之承担责任。我不喜欢它，我们的朋友阿提库斯也不喜欢，从他的表情就看得出来。

阿提库斯：我从未喜欢过任何人民党主义的措施。我认为最佳政府就是由马库斯担任执政官时建立起来的那种——就是由贵族阶级统治的那种。

马库斯：嗯，我留意到你在没有投票的情况下说出了我的法案！38
不过，尽管在其他几本作品中，西庇阿对他的立场作了充分的辩护，
在这里我只是给人们一点点自由，可以允许兴盛的贵族阶级去行使
其权威。这是我设计投票法案的方式："其细节应向贵族统治阶级披
露，且应反映平民的自由选择。"[10]这部法案暗示了一种意图，即它
应该替代更近期间通过的所有法案——那些法案采用各种手段隐瞒
投票结果，包括防止任何人查看记录板，询问某个人是如何投票的，
或者拉票。马略法案[②]甚至将过道都规定得更窄了。如果这些措施 39
被设计用来防止贿赂，就像它们总体上的情况一样，我并不反对。可是，如果法律从来不能成功地消除贿赂，那么通过一切方式让平民享有投票权，作为一种自由的保证，但必须将投票情况披露[③]，真正展示给最佳的、最可靠的市民们。通过那种方式，自由就会真正存在，因为平民享有了光荣地支持贵族阶级的机会。

因此，昆图斯，你不久前提到的情形现在就产生了，即受到投票

---

① 在他的推荐下："如果西庇阿不能依靠勒索案法庭的元老院陪审员来给他的敌人定罪，他在平民大会中运气可能会更好一点，尤其是如果投票是秘密的话"（Gruen 39）。

② 马略法案：作为公元前119年的保民官，马略引入了一部法案，规定将投票者穿过的过道变窄一点。这种设计是为了减少贿赂和恐吓事件的几率。

③ 但必须将投票情况披露……：如果此处是认真地说出来的（没有相反的迹象），西塞罗一定是在自己误导自己。以典型的克制方式，How称其为"一种无用的平衡"（31）。

结果声讨的人要比过去遭到口头谴责的人更少了，因为人们都乐于行使宪法权力。前提是他们保留这权力，在其他方面他们的意愿将被移交给具有权威和影响力的机构。所以，暂且不提购买选票的腐败行为，你一定看得出，如果没有了游说拉票的声音，平民们将会在轮到他们投票时却不知道贵族统治者们的想法。结果就是，由于我的法案，自由的表象被赋予给了平民，贵族阶级的权威得以保留，而争吵的导火线却被消除殆尽。

接下来是关于谁“有主持平民或元老院会议的权力”的规定
40 [10]。这之后便是一条十分重要的，在我看来也是十分值得称颂的法令：“与平民相关的以及元老院内的会议程序应正式严肃地进行，”也就是说，应安静有序地进行。主持会议的行政官控制、塑造的不仅是与会人员的态度和意愿，而且几乎还包括他们的脸部表情。<施加这种影响力①>并不困难，除了在元老院会议中以外。因为元老院议员可不是那种脑子需要由会议主持官员施加引导的人，他急于想凭自身而吸引人们的注意。对于议员有三个要求：他必须在场（因为当众多议员出席会议时，则事务的重要性便增加一分）；他必须在轮到自己时才发表意见②（也就是说，只有当他被邀请说话时方可），并且发言时间长短适中，而不应滔滔不绝[11]。简明扼要地阐明自己的观点，这是一项十分令人欣赏的本领，不仅对元老院议员如此，而且对任何演讲者都是如此。任何人都不应长篇大论③，除非是元老院犯了方向性错误（而这由于不正当因素的影响经常会发生）且没有行

① 施加这种影响力：另一建议的增补版本为：“<保持礼节>在元老院中不难。”

② 在轮到自己时才发表意见：元老院议员们都是根据其级别被依次邀请发表意见。具体细节见 Greenidge(I)268—271。

③ 任何人都不应长篇大论：毫无疑问，西塞罗会指出，他自己的长篇大论在下文列出的特例场合中是有正当理由的。

政官试图挽救这种局势的时候(那样的话耗上一整天倒是一种帮助①),或者是当问题十分严重而要求演讲者大展其雄辩口才以劝阻或告知议院的时候。我们的朋友加图就是在上述两种演讲方面都很擅长的大专家。

法律接着规定:“议员应对公共事务了然于胸。”②[11]作为一名元老院议员,熟悉本国情况是十分重要的(这有着十分广泛的含义——要了解关于军队的具体情况怎样,经济情况如何,有哪些盟国、友人、附庸国,各方适用何种法律、条件和契约),了解立法程序、知道传统先例也十分重要。你们现在可以看到作为元老院议员所应有的整个知识、应用和记忆体系,做不到这些,就不能胜任其职务。

接下来便是平民集会。此处首要的也是最重要的规则便是“不 41
得有任何暴力行为”[11]。当一个国家已经建立起了一个稳定完善的宪法体系,还要用暴力去通过某项法令措施③,再没有什么能比这对国家带来更大的危害,再没有什么能如此反对正义和法律,再没有什么比这更不适合发生在一个文明化社会的了。法律进一步规定,行政官提出的否决意见必须遵守。再没有什么规定能比这更好了,因为宁可阻止一项好提案,也不可通过一项坏的提案[11]。

至于我的那条规定“主持的行政官应负其责”[11],整个条款都是我从那位审慎明断的人克拉苏④所表达的观点中摘取过来的。当执政官盖尤斯·克劳狄乌斯提起由格涅乌斯·卡波煽动起来的动

---

① 那样的话耗上一整天倒是一种帮助:阻挠议案的通过不仅仅是现代才会发生的现象。

② 议员应对公共事务了然于胸:至于这一点如何进行确定,让人怀疑。

③ 用暴力去通过某项法令措施:在公元前63—53年间每年都会发生暴力事件(其中很多便属此类)。详见Lintott(I)附录A。

④ 克拉苏:即卢奇乌斯·利奇尼乌斯·克拉苏,著名演说家,西塞罗用他作为《论雄辩家》中的主讲人。

乱[①]这件事时，元老院采纳了他的建议。法令规定在平民集会中，如没有主持行政官的同意，不得发生骚乱；因为一旦否决权被行使，骚乱开始，行政官有权终止会议。谁若在一事都不能成的情况下还允许继续下去，那就是在邀请暴力的降临。依据这条法令，他失去了免于起诉的权力[②]。

43 接着便是那条法令“任何人阻止有害提案的通过，则应被视为公众的保护者”[11]。有谁不会忠诚地为国家做贡献呢，如果他知道自己会受到如此优秀的法令之音的颂扬？

在这之后便是我们在我国的法律和风俗中也能找到的一些法规了：“他们应察看占卜结果，且服从于官方占卜师。”[11]一名尽职尽责的占卜师，其职责便是牢牢记住，自己必须在全国性的重大时刻随时做出贡献，自己已经被任命为一名顾问，也是最好最伟大的朱庇特的仆人（就像那些官员被分派给他按照他的命令查看占卜结果一样），而且天空中有一片特定的区域被划分给了他，这样他便可以从那个区域经常向国家提供服务。

随后是关于宣读议案的规定，包括每次只能处理一个问题，以及向行政官和私人民众咨询的权力[11]。

在这之后，我们便能看到两条摘自《十二铜表法》中的值得称颂的法规。其中一条不允许针对私人而立法[③]，另一条则禁止提议采取与市民个人生命相关的行动，除非是通过主要大会[11]。在煽动性

① 由格涅乌斯·卡波煽动起来的动乱：具体事件未知。

② 失去了免于起诉的权力：即保民官的神圣特权（sacrosanctitas）。

③ 针对私人而立法：在《为塞斯提乌斯辩护》65 中，西塞罗抗议说他被一条特别提到他自己的法令所驱逐，此法令是由保民官克劳狄乌斯向平民委员会提出的；见《为家园辩护》47。有意思的是，帝国早期的一名律师阿泰乌斯·卡皮托，将召回西塞罗的法令加入了特权（privilegium）范例当中（奥卢斯·格利乌斯 10.20.3）。关于西塞罗辩护的讨论，参见 Greenidge(2)361—365。

的平民保民官还没有产生、甚至还没有被人想到的时候，我们的祖先
们为子孙后代留下了多么优秀的法律条例啊！他们不允许针对私人
而通过法案（因为这正是 privilegium 的含义所在）。还有什么能比这
样的法律更不公正呢？——既然根据定义，一部法律就是禁止、约束
所有人的东西。他们禁止针对私人立法，除非是在百人大会上通过
的；因为当人被根据财富、阶层和年龄区分开来时，他们要比在各自
部落里毫无区别地碰面的时候更加认真地对待自己的投票。因此卢
奇乌斯·科塔，一位颇具才能和洞察力的人，无比正确，他说在我的 45
案件中，根本就没有通过任何针对我的法律条例。他指出，除了那些
程序是在全副武装的奴隶们面前完成的这一事实外，还应看到，平民
委员会无法形成关于某位公民性命的任何有效决定，任何集会也不
能针对某个私人达成决定；因此我不需要任何法律 < 来恢复我的一
切 >，因为压根就没有对我采取任何法律行为①。然而，你们和其他
一些赫赫有名的人都愿意相信，整个意大利②都应该讲清楚它对于一
个人的观点，针对此人奴隶们和强盗们都声称通过了一部法案。

再往下便是关于收受钱财和行贿的规定。由于法令必须经由法 46
庭裁决而非口头套话来支持，我加入了这条：“惩罚应与罪行相当”［11］。通过这种方式，每个犯法的人都会罚得其所——暴力犯罪的被处以死刑或流放，贪婪之罪被处以罚金，不正当拉票之罪被处以羞辱。

最后的法令在我们国家并未实施，但它们也是为了利于国家所需要的。我们没有保护自己法律的方法，因此我们的法律就成了我

---

① 压根就没有对我采取任何法律行为：参见《为塞斯提乌斯辩护》73。

② 整个意大利：“在8月8日［公元前57年］，我还在布隆迪西姆，就从昆图斯那里听说将我的召回合法化的法令已经在百人大会上通过了。在整个意大利四面八方涌入罗马的令人吃惊的人群中，各个年龄段和社会阶层的人们都对这一事件表现出了异于寻常的兴奋（《致阿提库斯》4.1.4）。

们的书记员们所希望的样子。我们从抄写员们那里得到它们,但却缺少某个官方文件确证的官方记录①。希腊人②过去在这方面表现得更加谨小慎微。他们曾经专门任命“法律护卫”,这些人所监管的不仅仅是法律条文(这种方式在我们的祖先时期也存在),而且包括
47 人们的言行,当人们偏离正途时,他们会将其叫回来。这一职责应由监察官来担任。(还记得吗,我就颁布了这样的规定,“监察官的位置随时不得空缺”[11]。)在同样这些人面前,即将离职的行政官们应该向公众解释他们在任职期间的作为[11],监察官们则须宣布对他们的初步判决。在希腊,这项工作都是由官方指定的原告们执行的。然而这些人如果不是主动愿意承担这项工作的话,他们就不会认真严格。因此最好是要求在监察官面前说明解释、陈述案情。不过,应在法庭上为审判预留一场有起诉人出席的充分听审会③。

关于行政官,所要说的就是这些,除非诸位认为我还遗漏了什么东西。

阿提库斯:嗯,哪怕我们什么都不说,难道我们现在已经完成的话题还不能提醒您接下来该谈论什么东西吗?

马库斯:接下来?我想你是在说法庭吧,庞波尼乌斯,因为在行政官的话题之后便是这个了。

---

① 缺少某个官方文件确证的官方记录:议案应放到国库存档(见前文11)。早期就曾有过这种方式(李维3.55.13);但可能这种体系的运转并不能使西塞罗满意。显然在奥古斯都统治时期,大约公元前11年,因为官员们的疏忽大意,导致进行了改革(Dio 54.36)。

② 希腊人:大概西塞罗此处的说法引自费勒隆的德米特里厄斯,此人在其他地方提到过。

③ 应在法庭上……听审会:行政官们在任期结束的时候一般都可以受到起诉。西塞罗的建议比较新颖,因为它要求行政官即使业绩优良,也要提交一份报告。

48—49. 一场关于行政官法律权力的讨论即将进行

阿提库斯:什么?难道您不觉得应该说一些关于罗马人民的法律吗,就像您开始计划的那样? 48

马库斯:那么请问一下,关于这个你到底想要些什么?

阿提库斯:想要什么?好吧,要一些我认为如果政治家不知道的话会很丢脸的东西。您先前说过法律文本都是来自于抄写员们。同样地,我注意到大部分行政官们因为对自己法律体系的一无所知,他们的理解并不比其书记员们所希望的多一丁点。因此,如果当您开始讲述关于宗教的法律时,您认为谈论宗教职责的转移是没有错的,那么您应该负责到底,如今既然您的行政官也被适时任命,那么您也要谈谈那些处于权威地位者的法律权力。

马库斯:如果我做得到,我会简单地阐述一下;因为马库斯·尤尼乌斯[①]针对这个问题给你父亲、他的朋友写过一部完整的解释文字,而且(不管怎样,在我看来)是通过专业、细致的方式完成的。至于我们,我们应该对自然法律这个问题进行独立的思考和讨论,但对于罗马公共法律,我们则应该陈述那些从祖辈传承到我们手中的东西。 49

阿提库斯:这正是我的观点,我期待能看到您所提到的这种处理办法……

---

① 马库斯·尤尼乌斯(Marcus Junius):他写过一本关于行政官的起源和权力的著作。

《论法律》残文

1. 我们应该觉得庆幸,因为死亡会带来的状态与我们所知道的生命相比,要么更好,要么至少不差。因为当思想在脱离躯体而活动的时候,那种生命便是神性的;而如果思想没有了意识,那么我们肯定就不会经历痛苦(拉克坦提乌斯,《神圣制度》3.19)。

2. 就像同一个大自然凝聚在一起支撑整个宇宙、其中各个部分彼此之间和谐相处一样,整个人类也是通过本性而彼此相融;但是由于他们的邪恶,他们会相互不合,而不能理解彼此是血缘亲戚,被置于同一把保护伞之下。人们要是能理解这一点,毫无疑问他们会过上众神才有的生活(拉克坦提乌斯,《神圣制度》5.8)。

3. 那么,大家可以看到,既然太阳现在已经偏离了天顶一点点,这整个地方不再有这些小树足够的荫蔽了,如果诸位不反对,让我们下到利里斯河边,在那些桤木的树荫下继续我们剩下的讨论内容吧(麦克洛比乌斯,《农神节》6.4.8)。

附　　录

罗马政体注释

官方机构

元老院(Senate)是一个有300名成员的机构,其中由30个投票区(curiae)各区选出10人组成,而这30个投票区又分别属于最初的三大部落。元老院议员们,或者叫家族长老们,代表着最富有、最有权势的家族。曾有一段时期,其规模还小得多的时候,就能向君主进谏。在共和国时期,他们就对向他们咨询的行政官们充当顾问,但由于他们集体的经验,其在政府各个领域的影响远比其表面上看起来的重大得多。

库里亚大会(comitia curiata)或投票区大会,最初全部由贵族组成,批准新国王的任命。它根据国王的要求而召集,宣誓战场上效忠或批准某个死刑。它还有一些其他小职能,例如见证遗嘱订立和收养子女。其重要性随着时间的推移而日益减弱。

百人团大会(comitia centuriata)最初由国王召集,在战神广场

(Campus Martius)召开。大会的组织和程序在66—67页中进行了描述。该组织的职能是通过法案;选举执政官、司法官和监察官;对重大刑事案件问题进行投票表决(即那些涉及到人们生命或流放的刑罚);宣布战争与和平。

部落大会(comitia tributa)代表着全体公民,由执政官或司法官召集。它负责选举财务官和高等市政官。因为它是在城市内召集的,而且比百人团大会更加民主,其重要性逐渐增加。到公元前339年前,其通过的决议显然需要经过元老院的批准。

平民委员会(concilium plebis)和部落大会一样由部落所召集,但不让贵族参加。大会由一名保民官主持,选举出保民官和平民市政官。它还通过决议(plebiscita),其决议在公元前287年后具有法律同等效力,而且还参与非极刑类案件的听证审判。该委员会在职能上与部落大会相接近(部落大会中贵族经常没有参加),这两个机构经常在我们的资料中无法区分开来。

平民领袖们不是穷困的城市无产者。他们的家族往往是有显赫地位的乡绅地主,一旦他们成功踏上通往统治阶级的道路,他们很快就形成了一个新的贵族阶级,此时也就成了排他的了。在共和国时期最后150年中,有十位新人获得了执政官职位。西塞罗是在公元前93年到公元前48年间唯一成功的。

在元老院中,成员们按照资历顺序依次被邀请发言。在其他机构中不进行辩论,成员们只是对呈上来的问题进行投票。(然而,在预备会上,官员们会十分激烈地为提案进行辩护或反驳。)与会者们被按照百人团或部落用绳子分离开来,围起来后通过过道与行政官的讲台相连。每个百人团或部落都会产生一个多数票,然后传给行政官。到公元前241年,因为增加了新的公民,部落也有所增加,但自此之后,这个数字就固定在了35个:4个在城市,16个在周边邻区,还有15个则是因为罗马在意大利的扩张而位于其他地区。自此以后，新的公民，尤其是公元前 84 年以来的意大利人，被分配到了已有的部落中，这些部落也因此不再算作行政区域单位了。

国王穿着一身紫色长袍，坐在一把象牙椅上——象牙凳子（sella curulis，此词来自于 currus = 战车）。他身边站着官员（侍从官），一个个都手持束棒（fasces，一把斧头周围缠着笞棒），这象征着国王的绝对权力。尽管他是国家宗教的领导，但他还是将举办仪式和解释宗教法律的责任分配给了祭司们。他任命仲裁官审判民事诉讼，任命特派官员审判叛国和凶杀案件。他负责外交事务，负责组建和指挥军队。他的财政资源来自于公共领域出租、海关、颁发食盐贸易许可，以及罚款。

行　政　官

执政官（Consuls）由两位同等地位的“同僚”组成，他们由百人团大会每年选举一次。他们继承了君主的礼服（尽管全紫官袍留下来只在特殊场合穿），以及君主的侍从和王权标志。他们掌管外交，指挥军队。在国内他们是首席行政官，召集和主持元老院工作会议。公元前 300 年第一位平民成为执政官；但由于罗马行政官并不享受工资待遇，因此这些人必须家境富裕。

独裁官（Dictator）或人民统领，只是在危急时刻才予以任命，最长执政期限为六个月。他不是由公民选举出来的，而是由一名执政官提名的。他的决策不能被否决。

骑士统领（Magister Equitum）由独裁官任命为自己的助手，和司法官官阶相等。

从大约公元前 443 年起，两位监察官（Censor）由百人团大会从前任执政官中选举出来。其职责就是每五年制订一次公民姓名及财产清单，以便于征税。他们都是春季到任，任期为 18 个月，不允许连任。他们还负责修订元老院的名单，审核骑士名单，即招纳新成员，或在发生损害名誉的事件中驱逐老成员。在这些工作完成后，会在战神广场举行一次公开仪式，进行赎罪和为所受的福佑感恩表演。

司法官(Praetor)最初由两名军队长官(prae + ire)组成；但在早期他们都被称作执政官。在公元前366年，这个名称被授予一个新设立的法务官员，此人必须是贵族。他由百人团大会选出。在公元前3世纪中叶，人数增加一倍，其中一位司法官成为“城市司法官”，另一位(处理与外人相关的事务)则成为“外交司法官”。随着省份的增加，这一数字慢慢增为4个(西西里和撒丁尼亚)，然后又是6个(近西班牙和远西班牙)。苏拉将这个数字提高到了8个，为其调查法庭提供主席。到了恺撒时期变成了16个。

在公元前5世纪早期，市政官(Aediles)包括两名平民官员，由平民委员会选出，主要负责阿文丁山上的谷神克瑞斯和自由神利柏耳的神庙(aedes)的管理，以及其档案文件的管理。渐渐地他们的职责扩大到包括城市(街道、公共建筑、市场、供水和食物供应、公共秩序)的管理。公元前367年，两名高等市政官(最初也是贵族)被增补进来，共同承担这些职责。他们是由部落大会选出的。这些市政官们还共同承担组织公众竞技会的任务。

财务官(Quaestor)是执政官的两名法务和财务助手，自公元前447年以后由部落大会选出。公元前421年这一数字被提高到了4名，平民也被允许加入。随着罗马势力在意大利日益扩大，公元前267年又增加了4名。最终苏拉提高到了20名，并且决定这一职位可以自动升到元老院。公元前2世纪他们的职责便主要集中到了财务上。主要包括财政记录的监管、税收和罚款的收缴，以及武力征服的财产的出售。

公元前449年平民保民官(Tribunes of the Plebs)的名额提到了10名。其职责主要是代表处于麻烦中的平民参与法律事务。相应地，平民们也宣誓服从并且保护他们。他们主持平民委员会，将冤情呈给执政官和元老院。公元前216年他们可以召集并主持元老院会议。因为保民官们有否决权，他们被元老院势力用来作为阻挠不受欢迎的立法的手段。

祭 司

罗马宗教与其说是教义问题，不如说更是仪式问题。祭司职位由世俗的行政官担任，在公元前300年前仅限于贵族阶级。后来增加了4名平民祭司（pontiff）和5名平民占卜师（augur），将其数字分别提高到了8和9名。还有一个专门的祭司院，根据元老院的命令，专门解读女预言家的神谕。公元前367年，他们的名额从2名增加到了10名，然后在苏拉时期又增加到了15名。还应提到缔约神官（fetiales），他们主要负责与战争和契约相关的宗教仪式。

一直到公元前3世纪，祭司和占卜师们都由各自院团所任命；在此之后他们由35个部落中通过抽签确定的17个部落选出。祭司院还包括3名主要侍神祭司（flamens），即服侍朱庇特、战神和奎里纳斯的（一共有15人，分别从贵族家族中任命）。除了监管国家祭仪，大祭司（pontifex maximus）还负责历法。这其中包括定期地在历法中插入一个月置闰，使罗马历年与太阳的运行相一致。在每年的开始，大祭司都会在其居所外的板子上贴出将要发生的事件表。祭司和占卜师都是元老院的常设委员会，但占卜师从占卜传统中赢得了更大的政治影响。通过在天上搜索征兆，他们试图确定众神的意愿。因为没有神的批准就不得举行任何公众活动，统治机构就经常劝说占卜师们通过寻找相反的征兆来防止不受欢迎的决策。这整个体系依靠的是民众的轻信，以及贵族阶级（至少）双重的信念。关于祭司名单及其职责，参见Beard与North 20—21。

骑士阶级

另外还需要对骑士阶级(equites)进行解释。这些人最初是组成罗马军队中骑兵的成员,他们的坐骑都是靠公共资金供给的。他们往往出生于乡镇里的显赫家族,而且必须拥有不少于40万塞斯特提的家产。如果他们愿意,也可以获得进入元老院较低级别职位的机会;但由于对元老院议员从事商业活动的限制,他们中很多人更愿意从商,经常从事一些出租合同之类的赢利活动,包括到各省收缴税费的权利。在盖尤斯·格拉古和西塞罗时期之间(除了苏拉统治的短暂时期),骑士阶级至少供应了专门审判敲诈勒索案的法庭的三分之一。这也给他们带来了巨大的政治影响。在社会上他们与元老院议员家族混合在一起,二者共同组成了全民中很窄的一个高等阶层领域。

参考书目

最适合一般阅读的作品用星号（*）标记。

Astin, A. E., *Scipio Aemilianus* (Oxford, 1967).

Barker, E. (ed.), *The Politics of Aristotle* (Oxford, 1958).

* Barnes, J., 'Antiochus of Ascalon', in M. Griffin & J. Barnes (ed.), *Philosophia Togata* (Oxford, 1989), 51—96.

Beard, M. and North, J. (ed.), *Pagan Priests* (London, 1990).

Beare, E., *Technik und Szenerie des ciceronischen Dialogs* (Osnabrück, 1938).

Bickerman, E. J., *Chronology of the Ancient World*, rev. edn. (London, 1980).

Boyancé, P., 'Les Méthodes de l'histoire littéraire; Cicéron et son œuvre philosophique', *REL* 14 (1936), 288—309.

Bréguet, E. (ed.), Cicéron, *La République* (Budé), 2 vols. (Paris, 1980).

Broughton, T. R. S., *The Magistrates of the Roman Republic*, 2 vols. (New York, 1951—1952); supplementary vol., Atlanta, 1986.

Bruck, E. F., (1), 'Cicero vs. the Scaevolas: Law of Inheritance and Decay of Roman Religion', *Seminar*, 3 (1945), 1—20.

* Brunt, P. A. (1), 'Laus Imperii', *Roman Imperial Themes* (Oxford, 1990), ch. 14.

—— (2), 'Cicero and Historiography', in *Miscellanea di studi classici in onore di Eugenio Manni* (Rome, 1979), i. 311—340.

Büchner, K. (1), 'Die Beste Verfassung. Eine philosogische Untersuchung zu den ersten drei Bücheron von Ciceros *Staat*', *SIFC* 26 (1952), 37—140.

—— (2), *M. Tullius Cicero, De Re Publica* (Heidelberg, 1984).

Campbell, D. A., *Greek Lyric*, iii (Loeb Classical Library, 1991).

Cornell, T. J., *The Beginnings of Rome* (London and New York, 1995).

Crawford, M. H. (ed.), *Roman Statutes*, 2 vols. (London, 1996).

Crook, J. A., *Law and Life of Rome* (London, 1967).

Cumont, F. (1), *Oriental Religions in Roman Paganism* (1911; repr. New York, 1956).

—— (2), *After Life in Roman Paganism* (1992; repr. New York, 1959).

Douglas, A. E., 'Cicero the Philosopher', in T. A. Dorey (ed.), *Cicero* (London, 1965), 133—170.

* d'Entrèves, A. P., *Natural Law*, 2nd edn. (London, 1970).

Favonius Eulogius, *Disputatio de Somnio Scipionis*, ed. R. E. van Weddingen, Collection Latomus, 27 (1927).

Ferrary, J.-L. (1), 'Le Discours de Laelius dans le triosième livre du de *re publica* de Cicéron', *Mélanges de l'École Française de Rome: Antiquité*, 86 (1974), 747—771.

—— (2), 'Le Discours de Philus (Cicéron, *de re publica* 3. 8—31) et la philosophie de Carnéade', *REL* 55 (1977), 128—156.

—— (3), 'L'Archéologie du *de re publica* (2, 2, 4—37, 63): Cicéron entre Polybe et Platon', *JRS* 74 (1984), 87—98.

—— (4), 'The Statesman and the Law in the Political Philosophy of Cicero', in A. Laks and M. Schofield (ed.), *Justice and Generosity: Studies in Hellenistic Social and Political Philosophy* (Cambridge, 1995), 48—73.

Forrest, W. G., *A History of Sparta*, 950—192 B. C., 2nd edn. (London, 1980).

Frazer, J. G., *The Fasti of Ovid*, 5 vols. (London, 1929).

Frede, D., 'Constitution and Citizenship: Peripatetic Influence on Cicero's Political Conceptions in the *De re publica*', in W. W. Fortenbaugh and P. Steinmetz (ed.), *Cicero's Knowledge of the Peripatos* (New Brunswick, NJ, 1989), 77—100.

Freeman, K., *Ancilla to the Pre-Socratic Philosophers* (Oxford, 1956).

Friedländer, L., *Roman Life and Manners under the Early Empire*, 4 vols. (repr. London, 1965).

Frier, B., *Libri annals pontificum maximorum: The Origins of the Annalistic Tradition* (Rome, 1979).

Garton, C., *Personal Aspects of the Roman Theatre* (Toronto, 1972).

Geddes, A. E. M., *Meteorology: An Introductory Treatise*, i (Glasgow, 1921).

Geiger, J., 'Contemporary Politics in Cicero's *De Republica*', *CP* 79 (1984), 38—43.

Glucker, J. (1), *Antiochus and the Late Academy* (Göttingen, 1978).

—— (2), 'Cicero's Philosophical Affiliations', in J. Dillon and A. Slong (ed.), *The Question of 'Eclecticism'* (Berkeley and Los Angeles, 1988).

* Goar, R. J., *Cicero and the State Religion* (Amsterdam, 1972).

Görler, W. (1), see Ziegler, K.

—— (2), 'Silencing the Troublemaker: *De Legibus* 1.39 and the Continuity of Cicero's Scepticism', in J. G. F. Powell (3), 85—113.

Greenidge, A. H. J. (1), *Roman Public Life* (London, 1901).

Greenidge, A. H. J. (2), *The Legal Procedure of Cicero's Time* (1901; repr. New York, 1971).

* Griffin, M., 'Cicero and Rome', in *The Oxford History of the Classical World* (Oxford, 1986), 454—478.

Gruen, E. S., *Roman Politics and the Criminal Courts, 149—178 B. C.*

(Cambridge, Mass., 1968).

Hardingham, G. G. (ed.), *The Republic of Cicero* (London, 1884).

Hart, H. L. A., *The Concept of Law*, 2nd edn. (London, 1994).

Hathaway, R. F., 'Cicero *De Re Publica* II and his Socratic View of History', *JHI* 29 (1968) 3—12.

Heck, E., *Die Bezeugung von Ciceros Schrift De re publica* (Hildesheim, 1966).

Hopkins, K., *Death and Renewal* (Cambridge, 1983), ch. 4.

Horsfall, N. (ed.), *Cornelius Nepos* (Oxford, 1989).

* How, W. W., 'Cicero's Ideal in his *De Republica*', *JRS* 20 (1930), 24—42.

Hudson, W. D. (ed.), *The Is-Ought Question* (Oxford, 1969).

Jocelyn, H. D. (ed.), *The Tragedies of Ennius* (Cambridge, 1967).

Jolowicz, H. F., *A Historical Introduction to Roman Law*, 3rd edn. (Cambridge, 1972).

Jones, A. H. M., *The Criminal Courts of the Roman Republic and Principate* (Oxford, 1972).

* Kelly, J. M., *A Short History of Western Legal Theory* (Oxford, 1992).

Kenter, L. P. (ed.), *Cicero, De Legibus Book 1* (Amsterdam, 1972).

Kerferd, G. B., *The Sophistic Movement* (Cambridge, 1981).

Keyes, C. W., *Cicero: De Re Publica, De Legibus* (Loeb Classical Library: Cambridge, Mass., and London, repr. 1988).

Lewis, C. S., *The Discarded Image: An Introduction to Medieval and Renaissance Literature* (Cambridge, 1964).

Liebeschuetz, J. H. W. G., *Continuity and Change in Roman Religion* (Oxford, 1979).

Lintott, A. W. (1), *Violence in Republican Rome* (Oxford, 1968).

—— (2), '*Provocatio*: From the Struggle of the Orders to the Principate',

ANRW 1.2 (1972), 226—267.

Lloyd, D., *Introduction to Jurisprudence*, 6th edn., M. D. A. Freeman (London, 1994).

Long, A. A., *Hellenistic Philosophy* (London, 1974).

MacKendrick, P., *The Philosophical Books of Cicero* (London, 1989).

Maritain, J., *The Right of Man and Natural Law* (London, 1945).

Maxfield, V. A., *The Military Decorations of the Roman Army* (London, 1981).

Michels, A. K., *The Calendar of the Roman Republic* (Westport, Coon., 1978).

Mitchell, R. E., 'The Definition of *partes* and *plebs*: An End to the Struggle of the Orders', in Raaflaub, 130—174.

* Mitchell, T. N., *Cicero, the Senior Statesman* (New York and London, 1991).

Nash, E., *Pictorial Dictionary of Ancient Rome*, 2 vols. (New York, 1981).

Nicolet, C., *L'Ordre équestre à l'époque republicaine* (Paris, 1966).

Ogilvie, R. M., *A Commentary on Livy Books 1—5* (Oxford, 1965)

Pallottino, M., *The Etruscans* (London, 1974).

Pease, A. S. (ed.), *M. Tulli Ciceronis De Natura Deorum*, 2 vols. (Cambridge, Mass., 1955 and 1958).

Peterson, I., *Newton's Clock: Chaos in the Solar System* (New York, 1993).

Platner, S. B. and Ashby, T., *A Topographical Dictionary of Ancient Rome* (London, 1929).

Powell, J. G. F., (1) (ed.), *Cicero: On Friendship and The Dream of Scipio* (Warminster, 1990).

—— (2), 'The *rector rei publicae* of Cicero's *De Republica*', *Scripta Classica Israilica*, 13 (1994), 19—29.

—— (3) (ed.), *Cicero the Philosopher. Twelve Papers* (Oxford, 1995).

—— (4), 'Second Thoughts on the Dream of Scipio', *Proceedings of the Leeds International Latin Seminar*, 9 (1996), 13—27.

Purcell, N., 'On the Sacking of Carthage and Corinth', in D. Innes, H. Hine and C. Pelling (ed.), *Ethics and Rhetoric* (Oxford, 1995).

Raaflaub, K. A. (ed.), *Social Struggles in Archaic Rome* (Berkeley and London, 1986).

Rawson, B., *The Politics of Friendship: Pompey and Cicero* (Sydney, 1978).

Rawson, E., (1), 'Cicero the Historian and Cicero the Antiquarian', *JRS* 62 (1972), 33—45.

—— (2), 'The Interpretation of Cicero's *De Legibus*', *ANRW* 1.4 (1973), 334—356.

—— * (3), *Cicero, A Portrait* (London, 1975; repr. Bristol, 1983).

Reece, R. (ed.), *Burial in the Roman World* (London, 1917).

Reitzenstein, R., 'Die Idee des Prinzipats bei Cicero und Augustus', *Nachrichten der Göttinger Gesellschaft der Wissenschaften* (1917).

Reynolds, L. D. and Wilson, N., *Scribes and Scholars*, 3rd edn. (Oxford, 1991).

Rich, J. W., *Declaring War in the Roman Republic in the Period of Transmarine Expansion* (Brussels, 1976).

Riginos, A. S., *Platonica: The Anecdotes concerning the Life and Writings of Plato*, Columbia Studies in the Classical Tradition, 3 (Leiden, 1976).

Rudd, N. and Wiedemann, T. (ed.), *Cicero, De Legibus 1* (Bristol, 1987).

* Sabine, G. H. and Smith, S. B., *Cicero on the Commonwealth* (Columbus, Oh., 1929).

* Sandbach, F. H., *The Stoics* (London, 1975).

Schmidt, P. L., 'Cicero, "*De re publica*": Die Forschung der letzten fünf Dezennien', *ANRW* 1.4 (1973), 262—333.

Schofield, M., 'Cicero for and against Divination', *JRS* 76 (1986), 47—64.

Scullard, H. H., *From the Gracchi to Nero*, 4th edn. (London, 1976).

Shackleton Bailey, D. R. (1), *Cicero's Letters to Atticus*, *I* (Cambridge, 1965).

—— (2), *Cicero* (London, 1971).

Sharples, R. W., 'Cicero's *Republic* and Greek Political Theory', *Polis*, 5.2 (1986), 30—50.

Skutsch, O., *The Annals of Quintus Ennius* (Oxford, 1985).

Sorabji, R., *Animal Minds and Human Morals* (London, 1993).

Stahl, W. H. (tr.), *Macrobius*, *Commentary on the Dream of Scipio* (New York, 1952).

Staveley, E. S., *Greek and Roman Voting and Elections* (London, 1972).

Suerbaum, W., 'Studienbibliographie zu Ciceros *De re publica*', *Gymnasium*, 85 (1978), 59—88.

Sumner, G. V., *Orators in Cicero's Brutus* (Toronto, 1973).

Syme, R., *The Roman Revolution* (Oxford, 1939).

* Taylor, L. R. (1), *Party Politics in the Age of Caesar* (Berkeley and Cambridge, 1949).

—— (2), *Roman Voting Assemblies from the Hannibalic War to the Dictatorship of Caesar* (Ann Arbor, 1966).

Toynbee, J. M. C., *Death and Burial in the Roman World* (London, 1971).

Traglia, A. (ed.), *Marco Tullio Cicerone: I Frammenti Poetici* (1962).

* Walbank, F. W., *Polybius* (Berkeley and London, 1972).

Walsh, P. G., 'Making a Drama out of a Crisis: Livy on the Bacchanals', *Greece & Rome*, 43 (1996), 188—203.

Watt, W. S. (1), 'Notes on Cicero, *De Legibus*', *Collection Latomus* 196 (1986), 265—268.

—— (2), 'Tulliana', *Hermes*, 125.2 (1997), 241—243.

Wood, N., *Cicero's Social and Political Thought* (Berkeley and London,

1988).

Zelzer, M., 'Die Umschrift lateinscher Texte am Ende der Antike und ihre Bedeutung für die Textkritik', *Wiener Studien* 94 = NS 15 (1981), 211—231, esp. 227ff.

Zetzel, J. E. G. (ed.), *Cicero*, *De Re Publica*, 5th edn. (Leipzig, 1960).

—— (2), M. Tullius Cicero, *De Legibus*, rev. W. Gürler (Freiburg and Würzburg, 1979).